GTB
Gütersloher Taschenbücher
1444

Jonathan Magonet

Schöne Heldinnen Narren

Von der Erzählkunst der hebräischen Bibel

Aus dem Englischen übersetzt von
Sieglinde Denzel und Susanne Naumann

Gütersloher Verlagshaus

Deutsche Erstausgabe

Die englische Originalausgabe erschien 1992 bei SCM Press Ltd,
26-30 Tottenham Road, London, N1 4BZ, unter dem Titel »Bible Lives«.

Die Deutsche Bibliothek – CIP-Einheitsaufnahme

Magonet, Jonathan:
Schöne – Heldinnen – Narren; von der Erzählkunst der
hebräischen Bibel / Jonathan Magonet. Aus dem Engl. übers.
von Sieglinde Denzel und Susanne Naumann. – Dt. Erstausg. –
Gütersloh: Gütersloher Verl.-Haus, 1996
(Gütersloher Taschenbücher; 1444)
Einheitssacht.: Bible lives <dt.>
ISBN 3-579-01444-7
NE: GT

ISBN 3-579-01444-7
© Gütersloher Verlagshaus, Gütersloh 1996

Umschlaggestaltung: Dieter Rehder, Aachen,
unter Verwendung eines Motives der Megillat Esther (Esther-Rolle)
von Moshe ben Avraham Pescarol (Italien 1616),
© Jewish National & University Library, Jerusalem
Satz: Weserdruckerei Rolf Oesselmann GmbH, Stolzenau
Druck und Bindung: Clausen & Bosse, Leck
Gedruckt auf chlorfrei gebleichtem Werkdruckpapier
Printed in Germany

Für Doro, Gavriel und Avigail

Inhalt

Vorwort

Als ich mit dem Schreiben dieses Buches begann, mußte ich an einen Cartoon von Jules Feiffer denken. Es war einer seiner sprechenden Köpfe, ein Literaturkritiker, der eine Rezension zur Bibel verfaßte. Ich kann mich nicht mehr genau an alle Einzelheiten erinnern, aber soviel ich weiß, lobte der Kritiker den knappen Erzählstil des Autors, die Vielfalt der Charaktere und die gefühlvollen poetischen Passagen. Daneben beklagte er wohl auch gewisse Längen in der Darstellung, zum Beispiel die allzu ausführlich geratene Beschreibung der bei bestimmten kultischen Verstößen darzubringenden Opfertiere. Zu den eindeutig schwächeren Stellen des Buches gehörten auch die in seinen Augen recht banal anmutende Sammlung von Sprüchen und Sprichwörtern und ähnlich trockene Kapitel, die neben dem dichterischen Höhenflug beim tragischen Ende eines König Saul doch stark abfallen. Trotzdem, so schloß der Kritiker, sei es ein vielversprechendes Erstlingswerk, und man dürfe auf das nächste Buch des Verfassers gespannt sein.

Das zweite Buch scheint immer schwieriger zu sein als das erste. Nachdem man beim ersten so ganz aus dem vollen schöpfte, verlangt das zweite eine neue Art der Selbstdisziplin. Außerdem werden mit dem zweiten Buch meist sehr viel höhere Erwartungen verknüpft, zumal, wenn das erste bei den Leserinnen und Lesern ankam. Ein Nachfolgeprodukt herstellen zu wollen, hat daher immer leicht etwas Masochistisches an sich.

Nichtsdestoweniger ermutigte mich der Erfolg meines Buches *Wie ein Rabbiner seine Bibel liest* (SCM Press, 1991; Gütersloher Verlagshaus, 1994), mich noch einmal auf das Wagnis einzulassen. Zudem reizte es mich, den Vorschlag eines Rezensenten aufzugreifen, mich auf die Exegese bestimmter Texte zu konzentrieren. Doch welcher Texte? Es bot sich an, auf eine Reihe kurzer Essays zurückzugreifen, die ich unter dem Titel *Bible Lives* in den achtziger Jahren für den Londoner *Jewish Chronicle* verfaßt hatte – das Buch also um eine Reihe biblischer Charaktere herum aufzubauen, unter Bezugnahme auf die Texte, in die ihre jeweilige Geschichte eingebettet ist. Der englische Originaltitel *Bible Lives* sollte zugleich ein Hinweis darauf sein, daß die Bibel selbst noch immer höchst lebendig ist.

Ich möchte dem *Jewish Chronicle* an dieser Stelle für die Erlaubnis danken, diese Essays hier in erweiterter Fassung noch einmal vorzustellen, wobei mein besonderer Dank Meir Persoff gilt, der die Reihe damals betreute.

Bei den drei längeren Kapiteln, die in diesem Buch aufgenommen sind, handelte es sich um Vorträge, die nach und nach veröffentlicht wurden: *Abraham* (*Abraham and God*) und *Esther* (*The Liberal and the Lady*) in der Zeitschrift *Judaism*, und *Jonah* (»*Whither Shall I Go From Your Spirit*«, *A Study of the Book of Jonah*) als ein Pamphlet für den Analytical Psychology Club. Dieser letztere Aufsatz machte eine zweite Karriere als Anhang der zweiten Auflage meines Buches *Form and Meaning*, einer Studie über die literarische Struktur des Buches Jona. Auch in diesen Fällen möchte ich meinen Dank für die Erlaubnis zum Wiederabdruck der Beiträge in etwas erweiterter Form aussprechen.

Die Möglichkeit zur Fertigstellung des Buches bot mir ein ›Mini-Sabbatjahr‹, ein dreimonatiger Aufenthalt als Gastprofessor an der Kirchlichen Hochschule in Wuppertal im Sommersemester 1992. Ich danke dabei vor allem dem Ephorus, Siggy Kunath, für die Einladung und die große Mühe, die er und seine Kollegen, vor allem Professor Berthold Klappert und Professor Klaus Haacker, sich während meines Aufenthalts mit mir gaben. Obwohl ich einen großen Teil des Stoffes bereits vorliegen hatte, war ich doch dankbar für die Zeit und den Freiraum, das Material für seinen neuen Zweck umzuschreiben und neu zu gliedern.

Auch meinen Kollegen am Leo Baeck College schulde ich Dank, daß sie es mir gestatteten, mich einfach davonzumachen und es ihnen zu überlassen, die Stellung zu halten. Allen voran Joanna Weinberg, die meine Pflichten als Direktor übernahm, und John Olbrich, der auch ohne mein tägliches Dazwischenfunken für einen reibungslosen Ablauf der Verwaltungsgeschäfte sorgte!

John Bowden von SCM Press danke ich dafür, daß er mein erstes Manuskript so positiv aufnahm und mir grünes Licht für weitere schriftstellerische Versuche gab.

In allererster Linie aber möchte ich, wie schon bei meinem ersten Buch, meiner Frau Dorothea und meinen Kinder Gavriel und Avigail danken, daß sie mich wieder einmal für längere Zeit ziehen ließen, und dies schon so kurz nach meinem ausgedehnten Israel-Aufenthalt. Ohne ihre liebevolle Unterstützung wäre die Arbeit an diesem Buch nicht möglich gewesen.

Einführung

Ich erinnere mich noch gut an eine Diskussion mit einem Rabbiner-Kollegen, der gerade dabei war, ein neues Buch über die Bibel zu rezensieren. Es war aus psychologischer Perspektive geschrieben, was ihn zutiefst irritierte. »Wie kann man eine biblische Gestalt wie Abraham psychoanalytisch erklären wollen, wo wir doch wissen, daß die Geschichten alle aus ganz verschiedenen Quellen stammen?!«

Ich konnte seine Verärgerung nachfühlen. Als überzeugter Verfechter der Quellenkritik ertrug er es nur schwer, wie die Anhänger neuer exegetischer Schulen sorglos einfach über die ganze Theorie hinwegtrampelten und die Bibel wieder als »Einheit« lasen, ganz zu schweigen von dem in seinen Augen völlig hirnrissigen Unterfangen, nun auch noch die Psychologen auf die Texte loszulassen.

Ich selbst habe jahrelang einen literarischen Ansatz zur Exegese der hebräischen Bibel vertreten, stelle jedoch immer wieder fest, daß ich es spannend finde, die Grenzen dieser Methode auszuloten.

Die biblischen Erzählungen sind auf ihre Art genial konzipiert. Oft reizen sie unsere Neugier gerade durch ihre Knappheit, und sie gehen grundsätzlich äußerst sparsam mit beschreibenden Details zu den dargestellten Personen um. Dabei merken wir, wie unsere Phantasie die Lücken ohne Schwierigkeiten füllt. So wird mit ein paar Zeilen eine Persönlichkeit lebendig, ein ganzes Leben rollt vor uns ab. Manchmal mühen wir uns aber auch verzweifelt herauszubekommen, was da in Wirklichkeit vorging, wer mit wem agierte – und wieweit die Ereignisse auf einer rein menschlichen Ebene spielten bzw. wo die Hand Gottes zumindest das Bühnenbild gestaltete, wenn nicht gar das Handeln der Akteure lenkte. All das wird noch erschwert dadurch, daß wir so wenig über das soziale, religiöse und politische Milieu wissen, in dem ein Großteil der Bibel entstand, wie auch über die Zielgruppe, für die sie geschrieben wurde.

Wie weit kommt man nun aber, wenn man eine Person einzig und allein aufgrund der minimalen Informationen, die der hebräische Text uns liefert, analysiert? – das war die besondere Herausforderung, der ich mich gerade in den hier zusammengetragenen kürzeren Porträts zu stellen versuchte. In Ausnahmen habe ich für wichtige Hintergrundinformationen auf andere Bibeltexte zurückgegriffen; was die Personen selbst angeht, habe ich jedoch meines Wissens nicht gemogelt. An einigen Stellen sind, um noch weitere Facetten des Geschehens einzufangen, rabbinische Einsichten in die Betrachtungen eingeflochten.

Die Idee zum Aufbau des Buches verdanke ich letztlich der verstorbenen Pearl Bailey. Pearl machte eine spektakuläre internationale Karriere als Sängerin, Komikerin, Schauspielerin und Filmstar. Sie war aber auch eine der bedeutendsten Botschafterinnen Amerikas (tatsächlich trat sie einmal vor den Vereinten Nationen auf). Bei ihren Reisen um die ganze Welt und ihren Auftritten gewann sie unzählige Freunde, die ihre ungekünstelte, herzliche Art liebten.

Die Anregung, die ich ihr verdanke, hat jedoch mit einem ganz anderen Aspekt ihres Lebens zu tun. Sie erlitt einen Herzanfall und war einige Augenblicke klinisch tot. Während ihrer Genesung begann sie sich intensiv für Religion zu interessieren, und da sie nie etwas halb tat, schrieb sie sich an einer amerikanischen Universität ein und erwarb einen akademischen Grad in Theologie. Bei einem Tourneeaufenthalt in London, wo sie am Talk of the Town gastierte, beschloß sie, ihre Studien fortzusetzen, und besuchte in ihrer Freizeit Kurse am Leo Baeck College.

Pearl blieb auch beim Studium ganz sie selbst – sie bestritt einen Großteil der Konversation und sprudelte nur so über von Anekdoten und eigenen Erfahrungen. Aber sie konnte auch einfühlsam zuhören und besaß eine rasche Auffassungsgabe. Mir fiel es zu, Pearl in die Exegese einzuführen, und angesichts ihres Hintergrundes im Showbusiness bot es sich an, den Anfang mit einem spektakulären biblischen »Auftritt« zu machen – dem berühmten »Lied vom unfruchtbaren Weinberg« in Jesaja 5.

Wir lasen die Passage gemeinsam, und ich erklärte, wie der Prophet seine Zuhörer vorbereitet, indem er ihnen ein Gleichnis von seinem Freund erzählt, der einen Weinberg besaß. Wie der Freund den fruchtbarsten Boden aussuchte, die Steine aus der Erde klaubte, den Acker umgrub, die allerbesten Weinreben erwarb und sie sorgsam pflanzte. Doch zu seiner Überraschung brachten die Reben statt der erwarteten vollkommenen Trauben nur verdorbene Früchte hervor. An dieser Stelle wendet der Prophet sich seinen Zuhörern zu und fordert sie auf, über seinen Freund und diese verdorbenen Trauben zu urteilen – hat er nicht alles nur Erdenkliche für seinen Weinberg getan? Als die Zuhörer zustimmen, berichtet ihnen der Prophet, daß sein Freund nun alles, was er gepflanzt hat, umpflügen werde, und als sie wieder alle zustimmend nicken, offenbart er ihnen die eigentliche Botschaft seines Gleichnisses. Sie, die Hörer, sind die Weinreben, die Gott gepflanzt hat, und ihr verderbtes Verhalten läßt Gott keine andere Wahl, als sie zu vernichten.

Pearls Reaktion kam völlig unerwartet. »Das ist genau wie mein Kabarett-Auftritt! Zuerst singt man eine schnelle Nummer, um mit dem Publikum warmzuwerden. Dann eine langsamere. Danach plaudert man ein bißchen mit den Leuten, um ihr Interesse wachzuhalten, und reißt sie dann mit einem besonders rasanten Stück vom Stuhl.« Vielleicht war die Reihenfolge bei ihr etwas anders, aber sie hatte eindeutig begriffen, worum es ging, und auch ich sah den Jesaja-Text auf einmal in völlig neuem Licht. Die Nähe, die Pearl zu ihrem Publikum herstellte, war das Ergebnis geschickter Choreographie und doch in keiner Weise unecht. Sie verdiente die Zuneigung und Bewunderung, die wir ihr entgegenbrachten.

Als ich nun den Aufbau dieses Buches plante, dachte ich an Pearl und versuchte, ihre Erfahrungen zu beherzigen. Auch bei mir wechseln mehrere kürzere Stücke mit eingestreuten längeren Beiträgen ab, in der Hoffnung, das Publikum auf diese Weise immer wieder neu zu fesseln. Ich habe keine Ahnung, ob diese Technik auch bei einem Buch funktioniert, aber Pearl wäre sicherlich sehr angetan davon gewesen.

Aber ich habe noch etwas anderes von ihr gelernt: Wenn man mit einer Band spielt, sagte sie, dann muß man mit den Musikern im Gespräch bleiben und sie mitreißen, sonst wird es ihnen langweilig, sie driften ab und spielen nur noch mechanisch vor sich hin. Es gibt Sängerinnen und Sänger, die nur für das Publikum spielen und die Band ignorieren – das merkst du sofort, wenn du darauf achtest, was hinter dem Rücken des Sängers passiert. So gesehen ist ein Auftritt eigentlich eine Begegnung zwischen dem Sänger und der Band, und das Publikum ist nur ein privilegierter Lauscher bei dem Gespräch, das sich zwischen den beiden entspinnt. Hier vollzieht sich in zweifacher Weise Begegnung, und es zeugt für Pearls Genie, daß es ihr gelang, diese Begegnung auf beiden Ebenen mit Leben zu erfüllen.

Hat all das irgend etwas mit der Art zu tun, wie wir die Bibel lesen? Vielleicht. Denn auch wenn wir den Text für uns selbst und für unser zeitgenössisches Publikum interpretieren, müssen wir ihm gegenüber doch immer offen bleiben, *mit* ihm ins Gespräch kommen und nicht nur *über* ihn reden, sonst wird es ihm womöglich langweilig mit uns. Vielleicht ist das eine weitere Erklärung für den rabbinischen Gedanken, daß der Text »niemals seinen schlichten Wortsinn verliert«, wie phantasievoll oder bedeutungsschwer die Interpretationen, die wir ihm geben, auch sein mögen. Wir müssen die Musik respektieren, wenn wir für andere spielen wollen.

In Kapitel 9, am Ende des Buches, sind einige Texte zusammengetragen, die sich vom übrigen Inhalt etwas abheben. Es handelt sich um drei Artikel, die ich anläßlich des Purimfestes, der jüdischen Version des Karnevals, für den *Jewish Chronicle* verfaßt habe. An Purim werden alle üblichen Formalitäten und Konventionen umgekehrt, auch die Art, die Tora, die Lehre Gottes, zu lesen und zu studieren. Es gibt jede Menge Parodien der rabbinischen Lehre zu diesem Tag, und so schien es angebracht, als Purimspiel eine Art verballhornter Bibelexegese zu betreiben. Einige Resultate dieser Übungen habe ich hier aufgenommen – zur Entspannung für die Lesenden, aber auch, weil Humor ein wesentlicher Bestandteil des jüdischen Selbstverständnisses und des jüdischen Lebens ist.

Im Falle von On ben Pelet, einer meiner liebsten biblischen Gestalten, sind sogar zwei Versionen abgedruckt. Die kürzere Fassung war für die Leserschaft des *Jewish Chronicle* gedacht, die andere war eine persönliche Verulkung auf Kosten meiner Exegeten-Kollegen.

Zum Schluß noch einige technische Hinweise. Meist habe ich von der »Bibel« gesprochen, nicht vom »Alten Testament«, was für Juden problematisch wäre (für uns ist es nicht »Alt«, und es gibt auch kein »Neues« Testament, das es ersetzen könnte), und auch nicht von der »hebräischen Bibel«, wie es eigentlich korrekter heißen müßte, aber ein wenig umständlich hinzuschreiben ist.[1]

1. Für die Zitation wurden die Ökumenische Einheitsübersetzung und die Elberfelder Bibel zugrundegelegt. Wo deren Text, wie es an den meisten Stellen der Fall ist, zu stark vom englischen Text, der direkt aus der hebräischen Bibel übersetzt wurde, abwich, wurde der Text des Autors übertragen; d.Ü.

Da es unmöglich ist, ein angemessenes Wort für »Gott« zu finden, das die Komplexität des hebräischen Terminus, der gewöhnlich mit »Herr« übersetzt wird, richtig wiedergibt, habe ich mich für die Bezeichnung »der Ewige« entschieden (mehr zur Bedeutung der verschiedenen Gottesnamen im Kapitel über Bileam).

Was die Transliteration der hebräischen Wörter betrifft, so sind einige Widersprüche, vor allem im Blick auf die Namen und Begriffe, für die sich eine gewisse Aussprache eingebürgert hat, unvermeidlich.[2] Ich würde mir wünschen, daß die Lesenden Lust bekommen, sich mit dem Originaltext vertraut zu machen und sich damit auch diese wichtige Dimension der Bibel zu erschließen.

Während der Arbeit wurde mir bewußt, wie viele Namen in diesem Buch auftauchen und wie schwer es manchmal ist, sie alle im Kopf zu behalten, zumal in unserer Zeit, in der die biblischen Geschichten, ihr Aufbau und ihre Personen nicht mehr fester Bestandteil unserer Kultur und Erziehung sind. Die vielen Namen, die genannt werden, um einer Geschichte den erforderlichen Hintergrund zu geben, wirken vielleicht hier und da ein bißchen erschlagend. Doch ein Ziel dieses Buches ist es nicht zuletzt, gerade einige der weniger bekannten Gestalten in den Mittelpunkt zu stellen. Bitte lassen Sie sich also nicht entmutigen!

Ein nicht geringer Teil des Vergnügens, das mir das Schreiben dieses Buches bereitete, lag in der Detektivarbeit, die nötig war, um so viele Hinweise wie möglich auf die Persönlichkeit oder die Geschichte der betreffenden Person zu finden und daraus dann ein stimmiges Bild zusammenzusetzen. Bei der Zusammenstellung und Überarbeitung wurde mir jedoch auch noch ein anderes Ziel wichtig: meine Leserinnen und Leser dazu zu ermutigen, selbst auf den Text zurückzugreifen und meine Auslegungen zu überprüfen (oder auch in Frage zu stellen!). Auf diese Weise haben wir vielleicht gemeinsam teil an einer Erfahrung, die schon einer der anonymen Verfasser der Psalmendichtung besungen hat:

»Öffne mir die Augen für die wunderbaren Dinge in deiner Tora!« (Psalm 119,18)

---

2. Für die deutsche Übersetzung wurde die Schreibweise der Loccumer Richtlinien zugrundegelegt; d.Ü.

1

Die Heldinnen und Helden

Schifra und Pua

Der Anfang des Buches Exodus überrascht unter anderem dadurch, daß es eine Handvoll Frauen ist, die eine so entscheidende Rolle für das Geschick des Volkes Israel spielt. Mit Ausnahme von zweien bleiben diese Frauen anonym. Die Namen der Mutter Moses und seiner Schwester erfahren wir zwar noch, aber erst sehr viel später – vielleicht, weil der Duktus der Geschichte so mächtig vorwärtsdrängt, weil die Geburt und das Heranwachsen dieses Kindes, Mose, so wichtig sind, daß einfach keine Zeit bleibt, die Beteiligten eigens vorzustellen. Wie Exodus 6 zeigt, muß man ja offenbar, wenn man erst einmal anfängt, Moses Verwandte aufzuzählen, gleich den gesamten Stammbaum folgen lassen.

Anders liegt der Fall bei der Tochter des Pharao. Ihr Name wird vermutlich deshalb nie genannt, weil sie schon aufgrund ihres Ranges prominent genug ist, die Neugier der Lesenden zu wecken. Angesichts ihrer hohen Herkunft fragen wir uns, was diese Frau wohl bewogen hat, gegen den ausdrücklichen Wunsch ihres Vaters ein jüdisches Kind zu adoptieren. In der rabbinischen Tradition wird die Pharaonentochter allerdings etwas genauer identifiziert, und zwar anhand einer geheimnisvollen Anmerkung im Buch der Chronik. In 1. Chronik 4,18 findet sich ein rätselhafter Verweis auf eine gewisse Bitja, Tochter des Pharao, die Mered heiratete. In den Augen der Rabbinen bestand kein Zweifel, daß jene Bitja die Frau war, die Mose gerettet hatte, mußte sie sich doch nach diesem Schritt den Israeliten schicksalhaft verbunden fühlen und hatte sich deshalb sicherlich dem Exodus aus Ägypten angeschlossen. Wie aber kommt sie ausgerechnet zu dem Namen »Bitja«, »Tochter des Ja«? Immerhin ist »Ja« ein Name für den Gott Israels. Ganz einfach - Gott hatte ihr einen neuen Namen gegeben:

»Weil du einen meiner Söhne als deinen eigenen Sohn angenommen hast, will ich dich als Tochter annehmen.«

Zwei Frauen aber *werden* namentlich genannt: Schifra und Pua, die beiden hebräischen »Hebammen«. In mancher Hinsicht sind sie vielleicht überhaupt am allerwichtigsten in der ganzen Geschichte, weil ohne sie alles gar nicht möglich gewesen wäre. Ihre Weigerung, den geheimen Völkermordplan Pharaos in die Tat umzusetzen, war ein großartiger Akt des Widerstands gegen eine despotischer Willkür entsprungene Anordnung und damit letztlich gegen den gesamten Staatsapparat. Auf jeden Fall haben diese beiden Frauen es verdient, daß man ihre Namen bewahrt und ihre Geschichte erzählt. Doch wie konnte es geschehen, daß sie ungestraft davonkamen?

Die Order kam von Pharao persönlich – ein klares Indiz dafür, daß die Morde geheimgehalten werden sollten:

»Wenn ihr den Hebräerinnen Geburtshilfe leistet, dann achtet auf das Geschlecht! Ist es ein Knabe, so laßt ihn sterben! Ist es ein Mädchen, dann kann es am Leben bleiben. Die Hebammen aber fürchteten Gott und taten nicht, was ihnen der König von Ägypten gesagt hatte, sondern ließen die Kinder am Leben (bzw.: halfen, sie am Leben zu erhalten).« (Ex 1,16-17)

Der ausdrückliche Hinweis, daß die Anweisung vom »König von Ägypten« selbst und damit von der höchsten weltlichen Autorität, die sie kannten, ausging, unterstreicht, welch ungeheuren Mut die beiden Frauen aufbrachten, als sie diesem Befehl zuwiderhandelten.

Im Text heißt es von ihnen, sie »fürchteten Gott«. Was bedeutet das im biblischen Kontext? Beim Besuch in Gerar gab Abraham seine Frau Sara als seine Schwester aus. Daraufhin nahm König Abimelech sie in seinen Harem auf. Später fand er die Wahrheit heraus und fragte Abraham, warum er ihn getäuscht habe. Abraham rechtfertigte sich mit der Begründung, er habe befürchtet, daß an diesem Ort keine »Gottesfurcht« herrsche (Gen 20,11). Abimelechs ganzes Umfeld hatte ihm offenbar das Gefühl vermittelt, daß »Recht und Ordnung« in dieser Gesellschaft außer Kraft gesetzt waren, und er witterte von vornherein irgendwelche Übergriffe. Aber auch zur Zeit Moses ging es um die »Gottesfurcht«. Als die ägyptischen Zauberer versuchten, die Plagen, die Gott über das Land gesandt hatte, nachzumachen und letztlich an diesem Unterfangen scheiterten, begründeten sie die Vergeblichkeit ihrer Bemühungen mit dem Hinweis, daß hier »der Finger Gottes« am Werk sei (Ex 8,15). In beiden Fällen ist das Wort »Gott« wohl eher im Sinne von »Vorsehung« oder, noch allgemeiner, im Sinne irgendeiner »natürlichen Ordnung«, die in der Welt wirkt, gebraucht. Die Zauberer wollten im Grunde zum Ausdruck bringen, daß es sich bei den Plagen nicht um »Zauberei« handelte, sie also nicht in ihr »Arbeitsgebiet« fielen, sondern in einen Bereich gehörten, der in den entsprechenden Paragraphen von Versicherungspolicen etwas vage unter »höhere Gewalt« figuriert. Angesichts des breiten Bedeutungsspektrums, das der Begriff Gottesfurcht offensichtlich hat, fragt es sich, ob die Hebammen tatsächlich »gottesfürchtige« Frauen im engeren, religiösen Sinn waren, oder ob sie vielleicht nur von einem starken natürlichen Gerechtigkeitsempfinden und einem strengen persönlichen Moralkodex geleitet wurden. In jedem Fall aber handelten sie zweifellos aus echter Überzeugung.

Der »König von Ägypten« – hier wieder der volle Hoheitstitel – befahl die Hebammen zum Rapport. Im Text heißt es, daß sie ihre Antwort an »Pharao« richteten, und wir überlegen unwillkürlich, ob diese Abwandlung des Titels etwas zu bedeuten hat. Die beiden Frauen erklärten:

»Diese Hebräerinnen sind nicht wie die ägyptischen Frauen, sie sind ›lebenskräftig‹: Wenn die Hebamme zu ihnen kommt, haben sie schon geboren.« (Ex 1,19).

In dieser Entgegnung verstecken sich mehrere Anspielungen. Während die Ägypterinnen als »Frauen« gekennzeichnet werden, werden »diese Hebräerinnen« einer solchen Ehrenbezeichnung nicht für würdig gehalten – »sie sind nicht wie unsere (zarten) ägyptischen Damen!« Sie sind allzu »lebenskräftig«, *hajot*, eine eher ungebräuchliche Form des hebräischen Verbs »sein« oder »leben«, fast gleichlautend mit dem Wort für »wilde Tiere«, *hajjot*. Vielleicht sollte Pharao also aus den Worten der Hebammen so etwas wie Verachtung heraushören. Sie stellten die jüdischen Frauen als robuste »Muttertiere« hin, die immer schon »geworfen« hätten, bevor die Hebamme zur Stelle sei. Aus diesem Grund, so die Argumentation der Hebammen, können wir die männlichen Neugeborenen leider nicht auf diskrete Art im Augenblick der Geburt, wo es keiner merken würde, umbringen.

Schifras und Puas Ausführungen sind durchaus dazu angetan, Pharao in der Ansicht zu bestärken, daß sie beide unter äußerst schwierigen Bedingungen bestmögliche Arbeit leisten. Und mit »Pharao« wird er vielleicht deshalb angeredet, weil hier nicht »der König von Ägypten« gemeint ist, sondern der Mann, der die Nachkommen Jakobs mit wildem Haß verfolgt. »Was sollen wir mit diesen Kreaturen anfangen«, jammern die Hebammen, »du weißt ja, wie sie sind! Wir können wirklich nichts dafür!«

Bis zu diesem Zeitpunkt spielte Pharao noch mit verdeckten Karten. Sein Plan war auf die meuchlerische Mitarbeit der Hebammen aufgebaut. Doch inzwischen fühlt er sich anscheinend stark genug, offener vorzugehen – und so ergeht Befehl an das gesamte ägyptische Volk, alle männlichen Neugeborenen der Israeliten in den Nil zu werfen (1,22).

Die tapferen Hebammen werden von Gott nicht vergessen, wenn auch aus dem Text nicht eindeutig hervorgeht, was ihr Lohn war:

»Gott tat Gutes durch die Hebammen; und das Volk vermehrte sich und wurde sehr stark. Weil die Hebammen Gott fürchteten, machte er *ihnen* Häuser.« (1,20-21)

Die Schwierigkeit liegt hier in dem Wörtchen »ihnen« im zweiten Satz, das im Text Maskulinum ist, wo wir doch eigentlich eine Femininum-Form, die sich auf die Hebammen bezieht, erwarten würden. Denkbar wäre, daß die beiden Verse parallel aufgebaut sind, daß jeweils die erste Hälfte von den Hebammen handelt und die zweite von den Kindern Israel – die »Häuser« also den Israeliten zugehören. Das würde zum Anfang des Kapitels passen. Dort wird berichtet, wie die Israeliten mit ihrem Vater Jakob nach Ägypten kamen, »jeder mit seinem Haus« (1,1). Es waren also die Kinder Israel, deren Familien sich vermehrten. Trotz aller Anschläge Pharaos wuchs Jakobs Nachkommenschaft weiter, wie Gottes Segen es Abraham zugesagt hatte und wie bereits der Anfang des Kapitels deutlich macht (Ex 1,7).

Die gängigere Auffassung ist jedoch, daß der Halbsatz sich trotz der merkwürdigen grammatischen Form auf die Hebammen bezieht. Gott belohnte sie nicht nur (V. 3), er baute ihnen auch »Häuser«, das heißt, er machte sie zu Stammüttern von Dynastien.

Damit aber stehen wir vor einem Problem, mit dem sich bereits die Rabbinen herumschlugen. Waren Schifra und Pua ägyptische Frauen oder Hebräerinnen? Die Wendung »hebräische Hebammen«

kann vom Urtext her beides besagen: Entweder waren sie Hebammen, die selbst Hebräerinnen waren, oder aber sie waren Hebammen *für die* Hebräerinnen, konnten also jeder beliebigen Nation angehören.

Hier drängen sich sofort weitere Fragen auf, denn wenn Pharao auch davon ausgehen konnte, daß ägyptische Hebammen persönlichen Anordnungen ihres Königs wohl gehorchen würden, war es doch kaum vorstellbar, daß hebräische Frauen bereit wären, ein derartiges Verbrechen an Kindern ihres eigenen Volkes zu begehen. Dessen ungeachtet identifiziert Raschi, der große jüdische Bibelkommentator des Mittelalters, in Anlehnung an eine ältere rabbinische Tradition die Hebammen als Jochebet und Mirjam, Moses Mutter und Schwester.

Doch gleichgültig, wer die beiden nun wirklich waren, der Mut, mit dem sie sich dem Befehl zum Mord widersetzten, macht sie zu frühen und in mancher Hinsicht ganz besonders beeindruckenden Beispielen für Zivilcourage und passiven Widerstand gegen ein Regime, das sich seiner Rechtsgrundlage begeben hat. Für ihre moralische Integrität, ihre Menschlichkeit und ihr diplomatisches Geschick verdienen sie es, daß ihre Namen der Nachwelt überliefert werden: Schifra und Pua, die beiden Hebammen, die mithalfen, eine Generation gesunder Kinder zur Welt zu bringen und damit ein Zeichen setzten für den großen biblischen Impuls zur Freiheit der Menschen in der Welt.

Rizpa

Manche Gestalten der Bibel lernen wir durch eine Begebenheit beiläufig kennen, verlieren sie wieder aus den Augen und sind dann überhaupt nicht darauf gefaßt, ihnen später, womöglich unter tragischen Umständen, wiederzubegegnen.

Nach dem Tode König Sauls festigte David seine Herrschaft über den Süden des Landes und begründete in Hebron im Hause Juda seine Dynastie. Im Norden war Sauls Sohn Ischboschet durch Protektion des ehemaligen Oberbefehlshabers seines Vaters, Abner, als

König über den Rest des Landes eingesetzt worden. Dem biblischen Bericht nach war Ischboschet ein schwacher Mensch und Abner die graue Eminenz hinter dem Thron. Das Verhältnis der beiden Männer zueinander war offenbar gespannt. Die Situation eskalierte, als Ischboschet Abner beschuldigte, eine Affäre mit der Konkubine seines Vaters, Rizpa, zu haben (2 Sam 3,6-7). Wir begegnen in Rizpa also einer Frau, die einst einen König liebte und dann in den politischen Querelen um die Thronfolge als Druckmittel eingesetzt wird.

Nun könnten Ischboschets Anschuldigungen zwar der persönlichen Sorge um Rizpa oder dem Gefühl, das ehrende Andenkens seines Vaters verteidigen zu müssen, entsprungen sein, ganz sicher aber war seine Anklage daneben auch politisch motiviert, denn mit der Übernahme der Mätresse des vorigen Königs ging zumindest symbolisch auch ein Teil der Macht jenes Königs auf seinen Nachfolger über.

So führte eine Generation später Absalom den endgültigen Bruch mit seinem Vater herbei, indem er, als Zeichen seines Machtanspruchs, demonstrativ zu den Konkubinen Davids ging (2 Sam 16,21-22). Adonija schließlich wurde sogar von seinem Bruder Salomo umgebracht, weil er Abischag, die letzte Frau, die Davids Lager geteilt hatte, ehelichen wollte (1 Kön 2,17-25).

In dem Streit zwischen Abner und Ischboschet, der sich in der Folge entspann (2 Sam 3,6-11), kündigte Abner dem Haus Sauls die Treue auf und trug dem Haus Davids seine Dienste an. Mit diesem Schritt setzte er jenen Prozeß in Gang, der schließlich zu Davids alleiniger Herrschaft über das vereinigte Königreich – und zu seinem, Abners, eigenem Tod durch die Hand von Davids Oberbefehlshaber Joab führen sollte.

All diese Palastintrigen erlebt Rizpa als Zuschauerin und passiv Betroffene mit. Was sie für Saul empfand, wissen wir nicht, auch darüber, ob sie je tatsächlich ein Verhältnis mit Abner hatte, schweigt sich der Text aus – wir haben nur den dürren Bericht von Ischboschets Anklage und Abners ungehaltene, aber gleichwohl ausweichende Entgegnung:

»Bin ich denn ein Hundskopf aus Juda? Ich erweise dem Haus Sauls, deines Vaters, und seinen Brüdern und Verwandten auch heute mein Wohlwollen und habe dich nicht in die Hände Davids fallen lassen. Und du willst mich jetzt wegen eines Vergehens mit einer Frau zur Rechenschaft ziehen?« (2 Sam 3,8)

Über Rizpas weiteres Schicksal erfahren wir nichts. Mit Abners Tod verlor sie vermutlich einen wichtigen Beschützer. Entweder blieb sie im Norden, solange das Nordreich noch existierte, oder sie kam an den Hof Davids.

Doch dann, völlig unerwartet, erscheint Rizpa noch einmal auf der Bühne, unter nicht minder tragischen Umständen. Wir begegnen ihr am Ende des zweiten Buches Samuel, im Zusammenhang mit einem Vorfall, der zeitlich nicht genau einzuordnen ist, sich aber wohl am Anfang der Gesamtherrschaft Davids über Israel ereignete.

Über dem Ganzen (2 Sam 21,1-14) liegt einmal mehr jener Hauch von Zweideutigkeit, der Davids politisches Handeln in so vielen Situationen vexierbildartig verschwimmen läßt, so daß unser Urteil immer wieder ins Leere zu gehen scheint. Nachdem eine dreijährige Hungersnot sein Land heimgesucht hatte, bat David Gott im Gebet um eine Antwort. Gott ließ ihm sagen, daß die Katastrophe durch einen politischen Verstoß Sauls ausgelöst worden sei, der nicht auf die vorgeschriebene Weise gesühnt worden war.

Die Geschädigten waren die Gibeoniter, ein kanaanitischer Stamm, der Josua zur Zeit der Landnahme durch eine List dazu bewogen hatte, ihn zu verschonen, und der nun Israels »Holzfäller und Wasserträger« (Jos 9,3-27) stellte. Saul aber hatte wider die Absprachen »in seinem Eifer für die Söhne Israels und Judas« mehrere Gibeoniter getötet.

Die Gibeoniter forderten nun von David für die Ermordung ihrer Leute den Tod von sieben Söhnen Sauls. Jonatans Sohn wollte David aus persönlichen Gründen schonen, immerhin war Jonatan in der Zeit seiner Flucht vor Saul sein Bundesgenosse gewesen. Ischboschet wiederum war in der Zwischenzeit ermordet worden.

Also wurden die beiden Söhne Rizpas und die fünf Söhne von Merab,[1] Sauls Tochter, an die Gibeoniter ausgeliefert und »in den ersten Tagen der Ernte, zu Beginn der Gerstenernte« durch den Strang hingerichtet.

Das alles wird so erzählt, als ob hier ein Vergehen auf die einzig mögliche Weise wiedergutgemacht würde, wobei zugleich in ziemlich unbequemer Weise daran erinnert wird, daß Gott die Israeliten dafür zur Rechenschaft zieht, wie sie mit den anderen Völkern, die

1. S. 1 Samuel 18,19.

unter ihnen wohnen, umspringen. Dennoch ist der Gedanke nicht von der Hand zu weisen, daß David mit diesem Schritt zugleich auch die letzte Gefahr bannte, die ihm von eventuellen Thronanwärtern aus der Dynastie Sauls drohte. Wieder einmal hat David es geschafft, das Rechte zu tun und sich dabei noch selbst einen Gefallen zu erweisen.

Die Gibeoniter verlangten, daß die Leichen hängen blieben, obwohl dies nach Deuteronomium 21,22-23 verboten ist, und so blieben sie »vom Beginn der Ernte, bis sich Wasser vom Himmel über die Toten ergoß« – die Dürre war also offensichtlich tatsächlich zu Ende.

»Rizpa, die Tochter Ajas, aber nahm Sackleinen und legte es für sich auf den Felsen ... Sie ließ nicht zu, daß bei Tag die Vögel des Himmels und bei Nacht die Tiere des Feldes an sie herankamen.« (2 Sam 21,10)

Diese aufsehenerregende, tragische Totenwache zwang David schließlich zu handeln. Er sammelte die Gebeine von Saul und Jonatan bei den Männern von Jabesch-Gilead, die die Leichname vor den Philistern gerettet hatten, und bettete sie gemeinsam mit den Leichen der sieben toten Enkel Sauls im Land Benjamin in Sela, im Grab von Kisch, Sauls Vater, zur letzten Ruhe.

Wer war diese ungewöhnliche Frau, die sich weigerte zu akzeptieren, was als ein Gottesurteil über Saul galt, ja die höchstwahrscheinlich ihr Leben riskierte mit ihrem gefährlichen politischen Protest gegen die Entscheidung des Königs? Sie hatte ihre Söhne verloren, aber sie erstritt ihnen wenigstens ein ehrenvolles Begräbnis.

Ihre dunkle, gepeinigte Gestalt, die den Schlaf verscheucht und bei den verwesenden Leichen ihrer Söhne gegen wilde Tiere und Geier kämpft, ragt wie ein düsterer Schatten vor uns auf. Sie wirkt wie das Gegenstück zu Hanna, jener anderen »Mutter in Israel«, die die Geschichte des jüdischen Volkes durch ihre Liebe, ihren Mut und ihre Hingabe entscheidend geprägt hat.

Doch Rizpa verkörpert zugleich alle Mütter, die zusehen müssen, wie ihre Söhne vor der Zeit aus Gründen der Staatsräson geopfert werden, sei es in Friedens- oder in Kriegszeiten. Ihr bleibt nur, ihnen ein ehrenhaftes Andenken zu sichern und weiterzuleben als Zeugin, die sich nicht zum Schweigen bringen läßt und die Rechenschaft fordert von den Mächtigen der Welt.

Zippora

Sie hat ihren Auftritt in einer der klassischen Heldenerzählungen. Mose, nach einem Verbrechen aus Ägypten verbannt und auf der Flucht, kommt in das Land Midian. Er schlägt sein Lager beim Brunnen auf, Mittelpunkt des Gemeinschaftslebens und zugleich der Ort, an dem der Held, ähnlich wie in anderen biblischen Geschichten (s. das Kapitel über Elieser), seine Braut finden wird.

Es gibt einen Priester in Midian, Jitro mit Namen. Aus irgendeinem Grund, der nie genauer erläutert wird, verschafft ihm seine Stellung offenbar nicht den gesellschaftlichen Respekt und Schutz, den man eigentlich beim Träger eines solchen Amtes erwarten würde. Als seine sieben Töchter zum Brunnen kommen, um ihre Schafe zu tränken, jagen die Hirten sie weg. »Da stand Mose auf, kam ihnen zu Hilfe und tränkte ihre Schafe und Ziegen« (Ex 2,17).

Es mag eine Art derber Humor im Spiel sein, daß die Gestalt des Jitro gerade auf diese Art eingeführt wird. In der Welt der Bibel hat es mit der Zahl sieben eine ganz besondere Bewandtnis, und in einer patriarchalen Gesellschaft gelten Söhne als großer Segen. Als die Frauen von Betlehem Rut das größte nur denkbare Kompliment machen wollen, bezeichnen sie sie deshalb als »besser als sieben Söhne« (Rut 4,15). Und Elkana, der seine unfruchtbare Frau Hanna trotz ihrer Kinderlosigkeit seiner Liebe versichern will, fragt sie tröstend, ob er ihr nicht lieber sei als zehn Söhne (1 Sam 1,8) – eine gut gemeinte, wenn auch unter diesen Umständen vielleicht ein wenig taktlose Frage. Als Hanna schließlich doch noch Samuel zur Welt bringt, preist sie Gott bezeichnenderweise mit den Worten: »Die Unfruchtbare bringt Sieben zur Welt« (1 Sam 2,5).

In einer solchen Welt ist ein Mann, der mit sieben Töchtern geschlagen ist, für die er Ehemänner finden muß, eine Witzfigur, wie denn auch in den Volkssagen deutlich wird. Daher der auffallende Eifer, mit dem Jitro auf die Erzählung seiner Töchter, ein Ägypter habe ihnen gegen die Hirten beigestanden und ihre Schafe getränkt, reagiert:

»Wo ist er? Warum habt ihr den Herrn dort gelassen? Holt ihn und ladet ihn ein, mit uns Brot zu essen!« (Ex 2,20)

Diese schlichte Einladung zum Brotessen ist möglicherweise eine handfeste Anspielung, hat doch »Brot essen« in der Geschichte von Josef und der Frau des Potifar einen eindeutig sexuellen Hintergrund. In Genesis 39,6 heißt es zu Josefs Stellung in Potifars Haushalt:

»Er ließ seinen ganzen Besitz in Josefs Hand und kümmerte sich, wenn Josef da war, um nichts *außer um das Brot, das er aß*...«

Bei dem Versuch, die Avancen der Frau seines Herrn in die Schranken zu weisen, schildert Josef seine Lage mit ganz ähnlichen Worten, doch anstelle der Wendung vom »Brot, das er aß«, steht da:

»Keiner hat eine wichtigere Stellung in diesem Haus als ich, und er (Potifar) hat mir nichts vorenthalten, *als nur dich, denn du bist seine Frau*.« (Gen 39,9)

Noch unverhüllter tritt die Gleichsetzung von Essen mit Sexualität in der ziemlich frauenfeindlich klingenden Aussage in Sprüche 30,20 hervor:

»So benimmt sich die ehebrecherische Frau: Sie ißt, wischt sich den Mund und sagt: Ich habe nichts Böses getan.«

Wie auch immer, am Ende wird eine der bewußten sieben Töchter Jitros Moses Frau: Zippora. Sie ist die Mutter seiner beiden im Exil geborenen Söhne.

Als Zippora das nächste Mal in der Geschichte genannt wird, hat Moses Leben durch das Erlebnis am brennenden Dornbusch eine entscheidende Wende erfahren. Trotz seiner Bedenken und Ausflüchte hat er sich schließlich seiner Berufung gestellt, nach Ägypten zurückzukehren, um als Werkzeug Gottes die Kinder Israel in die Freiheit zu führen. Er erbittet sich bei seinem Schwiegervater die Erlaubnis, die Sippe verlassen zu dürfen, und bricht mit seiner Frau und den Söhnen auf.

Auf dieser zunächst völlig ereignislos verlaufenden Reise dann kommt es völlig unerwartet zu einem der schockierendsten und verstörendsten Zwischenfälle in der ganzen hebräischen Bibel. Der äußerst knapp gehaltene Bericht verschleiert dabei ebensosehr wie er enthüllt, was sich da abspielte:

»Unterwegs am Rastplatz trat der Ewige ihm entgegen und wollte ihn töten. Zippora ergriff einen Feuerstein und schnitt ihrem Sohn die Vorhaut ab, berührte damit seine Füße und sagte: Ein Blutbräutigam bist du mir. Da ließ Er von ihm ab. Dann sagte sie: Ein Blutbräutigam wegen der Beschneidung.« (Ex 4,24-26)

Es gibt an dieser Stelle mehrere Auslegungsprobleme, weil sprachlich nicht klar wird, wer hier jeweils was mit wem tut. Wen greift Gott an, Mose oder einen seiner beiden Söhne? Zippora berührte mit der Vorhaut ihres Sohnes »seine« Füße – um wessen Füße geht es hier? Nicht einmal das Wort »Füße« ist ganz klar, weil damit jeder Teil des Beins, von den Zehen bis zu den Genitalien, gemeint sein kann.

Der seltsam anmutende Ausdruck »Blutbräutigam« mag mit der Zeremonie der Beschneidung in Verbindung gebracht worden sein, doch taucht er nirgendwo sonst in der Bibel auf. Entstammt er vielleicht der midianitischen Tradition, in der Zippora aufgewachsen ist?

Über diese grundlegenden sprachlichen Probleme hinaus gilt es jedoch noch weitere Rätsel zu lösen. Warum sollte Gott Mose (oder einen seiner Söhne) ausgerechnet jetzt umbringen wollen, wo er sich ernsthaft daran macht, seine Mission zu erfüllen? Warum bleibt Mose in dem ganzen Geschehen so völlig passiv? Und was brachte Zippora dazu, ihren Sohn zu beschneiden und dann seine oder Moses »Füße«, was auch immer damit gemeint sein mag, mit der Vorhaut zu berühren?

Selbst wenn die Behauptung, Gott habe versucht, Mose zu töten, lediglich eine biblische Metapher dafür ist, daß Mose schwer krank wurde; selbst wenn das geschah, weil er es versäumt hatte, seine Söhne vor dem Aufbruch zu beschneiden, und er deshalb bestraft wurde; ja, selbst wenn die ganze Episode einfach nur eine bildliche Vorwegnahme späterer Ereignisse sein soll: der Tötung der Erstgeborenen in Ägypten, des Blutes an den Türpfosten der israelitischen Häuser in jener Nacht, der schweren Zeit in der Wüste, in der Gott die Israeliten und auch Mose immer wieder mit harter Hand beugt – all diesen möglichen Erklärungen zum Trotz bleibt das Ganze ein dunkles und erschreckendes Begebnis. Der nächtliche Besuch des Todes, das Vergießen von Blut, das mysteriöse Ritual mit dem Zauberspruch, der die Bedrohung bannt.

Hätte nicht Zippora großes geheimes Wissen, eine hochentwickelte Intuition und entschlossene Tatkraft bewiesen, dann wäre die Geschichte möglicherweise an dieser Stelle mit dem mysteriösen Tod Moses zu Ende gewesen.

Ganz anders als die anderen mutigen Frauen, die in den Anfangskapiteln des Buches Exodus eine so wichtige Rolle spielen, die diplomatischen Hebammen (s. das Kapitel über Schifra und Pua), die großherzige Pharaonentochter und die kluge Schwester Moses, beschwört Zippora dunkle, geheimnisvolle Mächte, die nichts mit den rationalen Kräften zu tun haben, die sonst in der Bibel solche Hochschätzung erfahren.

Vielleicht deshalb das Gemisch aus Mystifizierung und Offenbarung, das die ganze Geschichte kennzeichnet – die ja immerhin nicht totgeschwiegen wird. Des Rätsels Lösung bleibt unserer Phantasie überlassen.

Ist dies das letzte Mal, daß wir von Zippora hören? Am Sinai wird sie wieder zu Mose zurückkehren, nachdem sie eine Zeitlang bei ihrem Vater lebte. Wie lange, wissen wir nicht, da der Text uns nur nebenbei mitteilt, daß Mose sie zu ihrer Familie heimgeschickt hatte (Ex 18,2). Ob Zippora aber auch jene »kuschitische Frau« ist, von der Mirjam und Aaron bei einer späteren Begebenheit sprechen (Num 12), bleibt zweifelhaft, denn eine »Kuschiterin« war schwarz, und nichts im Text deutet darauf hin, daß die Midianiterin Zippora von dunkler Hautfarbe war.

Vermutlich hatte sie ein langes Leben und starb in Ehren als Gemahlin Moses, doch im breiten Strom der Ereignisse bedurfte dieses selbstverständliche Detail keiner besonderen Erwähnung. Dennoch bewahrt sich die Tochter des Priesters von Midian ihre eigene, mysterienumwitterte Kraft neben der imposanten Gestalt ihres Mannes, dem sie durch ein Steinmesser und durch die geheimnisvolle, heilende Macht eines Rituals aus Blut und Beschwörung anvermählt wurde.

Jiftach

Jiftach, der Gileaditer, einer der Richter aus der Zeit, bevor Israel einen König hatte, ist, sofern man sich überhaupt an ihn erinnert, als der Mann bekannt geworden, der seine Tochter opferte.

Die Geschichte aus Richter 11 ist rasch erzählt: Jiftach, der vor einer entscheidenden Schlacht mit den Ammonitern stand, gelobte, Gott im Falle eines Sieges das erste Lebewesen, das ihm bei seiner Rückkehr nach Hause entgegenkam, um ihn zu begrüßen, zu opfern. Er erfocht einen großen Sieg, und das erste, das ihm daheim freudig entgegenlief, war seine Tochter!

Der Gedanke, daß ein Vater sein Kind opfern kann, ist uns aus der Geschichte von der Bindung Isaaks (Gen 22) vertraut; wenn auch jenes Kind damals verschont wurde. (Die Geschichte wird uns im Zusammenhang mit Abraham noch beschäftigen.) Doch was bewog einen Mann wie Jiftach, ein so übereiltes Gelübde abzulegen? Sehen wir uns den Text einmal genauer an.

»Jiftach, der Gileaditer, war ein tapferer Held, doch er war der Sohn einer Dirne, und Gilead war sein Vater. Auch Gileads Ehefrau gebar ihm Söhne, und als die Söhne der Ehefrau herangewachsen waren, jagten sie Jiftach fort und sagten zu ihm: ›Du sollst im Haus unseres Vaters nicht erben; denn du bist der Sohn dieser anderen Frau!‹

Jiftach floh vor seinen Brüdern und ließ sich im Land Tob nieder, und Männer, die nichts zu verlieren hatten, scharten sich um ihn und zogen mit ihm zu Streifzügen aus.

Nach einiger Zeit begannen die Ammoniter Krieg mit Israel. Als nun die Ammoniter Israel angriffen, machten sich die Ältesten Gileads auf den Weg, um Jiftach aus dem Land Tob zu holen. Sie sagten zu Jiftach: ›Komm, sei unser Anführer, dann können wir gegen die Ammoniter kämpfen.‹ Doch Jiftach erwiderte den Ältesten Gileads: ›Habt ihr mich nicht gehaßt und aus dem Haus meines Vaters verjagt? Warum kommt ihr jetzt zu mir, da ihr in Bedrängnis seid?‹

Die Ältesten Gileads antworteten Jiftach: ›Eben darum haben wir uns jetzt dir wieder zugewandt. Komm mit uns, damit wir gegen die Ammoniter kämpfen können, dann sollst du der Anführer aller Bewohner Gileads werden.‹« (Ri 11,1-8)

Auf den ersten Blick scheint das, was sich da zwischen den Ältesten und Jiftach abspielt, leicht zu durchschauen. Die Ältesten sind in

Bedrängnis, Jiftach dagegen ist zu Recht verbittert. Doch die Verhandlungen orientieren sich zugleich noch an einer zweiten, verborgenen Tagesordnung.

Am Ende des vorigen Kapitels wird kurz angemerkt, daß die Ammoniter den Krieg angefangen haben und welche Diskussionen dies bei den Gileaditern auslöste (10,18).

»Da sagten die Soldaten, die Offiziere Gileads, zueinander: ›Der Mann, der als erster den Kampf gegen die Ammoniter aufnimmt, soll das Oberhaupt aller Bewohner Gileads werden.‹«

Die Generäle hatten sich inoffiziell auf eine Linie geeinigt, vielleicht hatten sie aber auch öffentlich angekündigt, denjenigen, der ihnen zum Sieg über die Ammoniter verhalf, zum *Rosch* (wörtlich »Haupt«), d.h. zum Anführer Gileads machen zu wollen. Die Ältesten jedoch, also die politischen Führer, die oft andere Ziele verfolgen als das Militär, hatten Jiftach lediglich angeboten, *Kazin* zu werden, ein relativ allgemein gehaltener Begriff für eine Führungsposition, häufig im militärischen Bereich. Vermutlich hielten die Ältesten Jiftach wegen seiner Herkunft immer noch für unwürdig, ihrem Stamm vorzustehen.

Bei genauem Hinsehen zeigt sich also, daß zwischen der militärischen und der politischen Führung offenbar interne Meinungsverschiedenheiten darüber bestanden, welche Stellung vergeben werden sollte, und Jiftachs Ablehnung mag durchaus ein taktischer Schachzug gewesen sein; er verlangte die vollständige Rehabilitation. So scheinen es jedenfalls die Ältesten aufzufassen, denn in ihrer Entgegnung bessern sie ihr Angebot nach und sprechen nun selbst davon, daß er *Rosch*, das heißt oberster Anführer werden soll.

Daraufhin nimmt Jiftach an und zeigt sich von einer ganz anderen Seite (V. 9):

»Wenn ihr mich zum Kampf gegen die Ammoniter zurückholt und der Herr sie vor meinen Augen preisgibt, dann werde ich euer Oberhaupt (*Rosch*) sein.«

Die Ältesten sind einverstanden und setzen ihn in einer öffentlichen Zeremonie offiziell in sein Amt ein (V. 11). An dieser Stelle sollten wir wieder ganz genau auf die Nuancierung im Hebräischen achten.

Das Wort *am* wird gewöhnlich mit »Volk« übersetzt – Gott etwa spricht von Israel als *ammi*, »mein Volk«. Häufig ist der Terminus jedoch in einem sehr viel eingeschränkteren Sinn gebraucht und bezeichnet lediglich die Zahl der kampffähigen Männer – genauso habe ich den Begriff oben (10,18) verwendet. Nun, in Vers 11, taucht der Begriff wieder auf, und wir stehen vor der Entscheidung, ob »das Volk« von Gilead als ganzes Jiftach in der Führungsposition sehen will oder ob es wieder die »Soldaten« waren, die beschlossen hatten, ihm den Posten zu geben.

»Daraufhin ging Jiftach mit den Ältesten Gileads, und ›das Volk/die Soldaten‹ machten ihn zu ihrem Oberhaupt (*Rosch*) und Anführer (*Kazin*). Jiftach aber brachte in Mizpa alle seine Angelegenheiten vor den Ewigen.«

Jiftach hat den Kampf um die Anerkennung seiner Volksgenossen gewonnen, und er begeht diesen Augenblick mit einer religiösen Zeremonie. Wir können nicht genau ausmachen, ob das ein weiterer politischer Schachzug war, um seine Stellung zu festigen, oder ob er wirklich ein frommer Mann war, der in diesem Wendepunkt in seinem Leben Gott am Werk sah.

Wie der weitere Gang der Geschichte zeigt, war der Geist des Ewigen auf jeden Fall mit ihm – Jiftach siegte. Am Abend vor der entscheidenden Schlacht legte er sein berühmtes Gelübde ab (V. 30):

»Wenn du die Ammoniter wirklich in meine Gewalt gibst und wenn ich wohlbehalten von den Ammonitern zurückkehre, dann soll, was immer mir als erstes aus der Tür meines Hauses entgegenkommt, dem Ewigen gehören, und ich will es ihm als Brandopfer darbringen.«

Die Formulierung ist nicht sehr präzise. Man gewinnt den Eindruck, daß Jiftach dabei an ein Tier dachte. Doch was veranlaßte ihn, überhaupt das Risiko eines solchen Gelübdes auf sich zu nehmen?

Jiftachs Gelübde ist auf der einen Seite ein Ausdruck der Frömmigkeit, auf der anderen steckt dahinter aber auch Kalkül, der Versuch, Gott zu manipulieren. Es ist, als ob in diesem entscheidenden Augenblick für Jiftach einfach zu viel auf dem Spiel stand. Dem Außenseiter, dem Sohn der Dirne, bot sich die Chance eines triumphalen Comebacks. Noch wichtiger als der Sieg über die Ammoniter war, daß er den Fleck auf seinem Wappenschild auslöschen konnte, die Kränkung, von der eigenen Familie verstoßen worden zu sein, und die Erinnerung an die Jahre, die er in der Verbannung verbrachte. Dies alles vor Augen, verlor er sein inneres Gleichgewicht und versuchte, den Erfolg um jeden Preis zu erzwingen.

In der Geschichte heißt es weiter, daß das erste, was ihm grüßend bei seiner Rückkehr entgegenkam, seine Tochter war. Der Text merkt eigens an, daß sie sein einziges Kind war. Jiftach verliert also mit ihr zugleich die Möglichkeit, eine Dynastie zu begründen, seinem frisch rehabilitierten Namen ein Denkmal zu setzen.

Die rabbinische Tradition hielt nicht besonders viel von Jiftachs Verhalten. Gelübden und Schwüren und dem ganzen Drumherum standen die Rabbinen äußerst distanziert gegenüber, vielleicht aufgrund der Aussagen des Predigers.

»Wenn du Gott ein Gelübde machst, dann zögere nicht, es zu erfüllen. Denn Gott hat kein Gefallen an Narren. Was du gelobst, erfülle. Es ist besser, nichts zu geloben, als etwas zu geloben und es nicht zu erfüllen. Laß nicht zu, daß dein Mund deinen Leib in Schuld stürzt und dem Eintreiber sagt: Es war nur ein Versehen. Warum soll Gott zürnen über deine Rede und vernichten, was du erreicht hast?« (Pred 5,3-5)

Im Talmud wird berichtet, wie Rabbi Meir und Rabbi Juda über diesen Punkt debattierten:

»Rabbi Meir sagte: ›Besser als die, die Gott etwas geloben und tun, wie sie gelobt haben, oder jene, die etwas geloben und nicht tun, wie sie gelobt haben, sind die, die Gott niemals etwas geloben, aber ihren religiösen Pflichten still und getreulich zur rechten Zeit und auf die rechte Weise nachkommen.‹

Rabbi Juda war anderer Ansicht: ›Am besten sind die, die Gott etwas geloben und es einlösen.‹« (Chullin 2a)

Rabbi Juda vertritt in dieser Passage eine sehr viel risikofreudigere Auffassung vom Dienst für Gott als Rabbi Meir. In dem besonderen Fall Jiftachs aber konnten die Rabbinen nicht begreifen, warum er seinen Schwur nicht einfach für nichtig erklärte, als das Ganze eine solch tragische Wende nahm. Ihrer Ansicht nach gab es speziell für solche Gelegenheiten die Möglichkeit, für ein schadhaftes oder auf andere Weise den Vorschriften nicht genügendes Opfer eine finanzielle Ersatzzahlung zu leisten, indem man sich einfach an den Hohenpriester wandte. Und überhaupt, meinten sie, was war das für ein merkwürdiges Gelübde! Es hätte ihm ja alles mögliche aus dem Haus entgegenkommen können – womöglich ein Kamel oder ein Esel oder ein Hund, und wie hätte er Gott ein unreines Tier opfern können? (Genesis Rabba 60.3)

Warum leistete Jiftach keine Ausgleichszahlung? Die Rabbinen machten seinen unbeugsamen Stolz dafür verantwortlich. Doch nicht nur Jiftach zeigte sich halsstarrig, sondern auch der Hohepriester Pinhas. Letzerer meinte:»Soll ich etwa auf ihn zugehen, wenn doch er mich braucht?! Schließlich bin ich der Hohepriester und Sohn eines Hohenpriesters, und ich soll zu diesem ungebildeten Mann gehen?«Jiftach dagegen sagte sich:»Soll etwa ich, der oberste Führer Israels, dem Pinhas nachlaufen?!«Auf dem Altar des Hochmuts dieser beiden Männer wurde das Mädchen geopfert (ebd.).

Da wir bisher versucht haben, den Text wirklich sorgfältig zu lesen und in all seinen Nuancen zu erfassen, sollten wir an dieser Stelle eine glänzende Anmerkung von Rabbi David Kimchi (RaDaK), einem der großen mittelalterlichen Bibelkommentatoren (Provence, ca. 1160 – ca. 1235) in unsere Überlegungen einbeziehen. Radak verwebt in seine Ausführungen immer wieder Zitate seines Vaters. In diesem Fall war seinem Vater eine Zweideutigkeit im hebräischen Wortlaut des Schwurs von Jiftach aufgefallen. Der Satz lautet, *wehaja l'adonai weha'aleitihu ola*, wörtlich:»Es wird für den Ewigen sein, und ich werde es als ein Brandopfer darbringen.«Das Problem liegt in dem hebräischen Buchstaben *Waw* vor dem Wort *ha'aleitihu*,»und ich will es darbringen«. *Waw* wird gewöhnlich mit»und«übersetzt, kann aber noch mehrere andere Bedeutungen haben. Manchmal dient es nur zur näheren Bestimmung der grammatischen Form des folgenden Verbs und ist überhaupt nicht zu übersetzen. Eine seiner anderen Bedeutungen aber ist»oder«, so zum Beispiel in Exodus 21,15. Das hebräische Wortpaar *awiw we'immo* an dieser Stelle bedeutet zweifelsfrei»wer immer seinen Vater *oder* seine Mutter schlägt«, und nicht»seinen Vater *und* seine Mutter«. Ausgehend von dieser Stelle möchte Radak unseren Text folgendermaßen verstanden wissen:

»Was immer aus meinem Haus kommt, soll Gott geweiht sein, oder, (wenn es ein angemessenes Brandopfer darstellt), will ich es als ein Brandopfer darbringen.«

Immer noch in Anlehnung an seinen Vater erläutert Radak den rätselhaften Schluß des Kapitels:

»Und sie sagte zu ihrem Vater: ›Nur das eine möge mir gewährt werden: Laß mir noch zwei Monate Zeit, damit ich in die Berge gehe und zusammen mit meinen Freundinnen meine Jungfräulichkeit beweine.‹ Er entgegnete: ›Geh nur!‹, und ließ sie für zwei Monate fort. Sie aber ging mit ihren Freundinnen hin und beweinte ihre Jugend in den Bergen. Als zwei Monate zu Ende waren, kehrte sie zu ihrem Vater zurück, und er tat mit ihr, was er gelobt hatte; und sie kannte keinen Mann (oder: hatte keinen Mann gekannt). So wurde es Brauch in Israel, daß Jahr für Jahr die Töchter Israels in die Berge gehen und die Tochter des Gileaditers Jiftach beklagen, vier Tage lang, jedes Jahr.« (Ri 11,37-40)

Was ist mit dem Satz »und sie kannte keinen Mann« oder, wie es auch lauten könnte, »sie hatte keinen Mann gekannt«, gemeint? Zwar heißt es, daß Jiftach »mit ihr tat, was er gelobt hatte«, doch nirgendwo steht explizit, daß er sie wirklich opferte. Nach Radak weihte Jiftach seine Tochter Gott, wie man die ersten Früchte oder erstgeborenen Tiere Gott darbringt – sie werden das Eigentum Gottes und sind den übrigen Menschen von da an entzogen. Jiftach opferte seine Tochter also nicht, aber sie mußte unverheiratet bleiben und konnte keine eigenen Kinder haben. Im Grunde war sie so etwas wie die erste »Nonne«.

Abgesehen davon, daß dieser Auslegungsvorschlag schon an sich brilliant ist, löst sich damit auch das Rätsel, warum im Text weiter kein Wort über eine so skandalöse Angelegenheit wie ein Kindesopfer verloren wird. Die Bibel nennt sonst auch die heikelsten Dinge beim Namen, und dieser Vorfall hätte sicherlich einen ausführlicheren Kommentar am Ende des Kapitels verdient, wenn man nicht davon ausgehen will, daß der Abschnitt später redaktorisch verändert wurde. Auf jeden Fall aber trifft Radaks Erklärung das Ethos der Bibel.

Auch wenn Jiftachs Tochter nicht wirklich starb, so blieb ihr Opfer doch ein Opfer, besonders in einer patriarchalen Gesellschaft, in der die Fruchtbarkeit der Frau einen so großen Stellenwert hatte. Der Möglichkeit, Kinder zu bekommen, entsagen zu müssen, kam in diesem Umfeld einer Tragödie gleich.

Doch um wieder auf Jiftach selbst zurückzukommen, so spannt das Ende seiner Geschichte den Bogen zurück zum Anfang. Die jungfräuliche Tochter symbolisiert den denkbar stärksten Gegensatz zu der Tatsache, daß Jiftachs Mutter eine Dirne war. Eine psychoanalytische Auslegung könnte aus dieser Tatsache sicherlich die tiefgründigsten Schlußfolgerungen ableiten. Die tragische Ironie, die Jiftachs Schicksal überschattet, hat aber noch eine andere Dimension. Sein Problem war, daß die Familie seines Vaters ihn nicht akzeptierte. Er hatte keinen Platz in der Gesellschaft gefunden, weil er im Grunde keine Vergangenheit hatte. Durch eine Zwangslage seines Volkes bot sich ihm die Chance, seine Situation radikal zu verbessern und zum Oberhaupt genau der Leute aufzusteigen, die ihn aus ihrer Mitte ausgestoßen hatten. Deshalb die verzweifelte Dringlichkeit seines Gelübdes, das zugleich ein Versuch war, Gott in die gewünschte Richtung zu lenken. Und dann, am Ende, stand er wieder mit leeren Händen da! Seine einzige Tochter durfte keine Kinder haben, also konnte er seinen neu erworbenen Status nicht weitergeben. In seinem Wunsch, seine Vergangenheit auszutilgen, hatte er seine Zukunft zerstört!

An dieser Stelle wäre Jiftachs Geschichte eigentlich zu Ende, doch wie so oft in der Bibel greift eins ins andere. Die Geschichte Jiftachs steht nicht für sich. Zwei Kapitel zuvor finden wir im Buch der Richter die Geschichte von Abimelech, mit der ich mich in meinem Buch *Wie ein Rabbiner seine Bibel liest* beschäftigt habe. Die ersten sechs Verse von Richter 9 berichten von Abimelechs Aufstieg zur Macht. Die Parallelen zu Jiftach springen ins Auge, und schon allein die räumliche Nähe der beiden Geschichten zueinander – sie sind nur durch ein Kapitel getrennt – läßt es durchaus berechtigt erscheinen, Vergleiche zwischen ihnen zu ziehen. Auch Abimelech ist der Sohn »der anderen Frau«, in diesem Fall nicht einer Dirne, sondern einer kanaanitischen Konkubine (Ri 8,30-31). Wir erfahren zwar nicht, wie seine Brüder mit ihm umgingen, aber immerhin ist er Außenseiter genug, um den Tod von neunundsechzig dieser siebzig Brüder zu planen und sie auch tatsächlich umzubringen. Auch er tut sich mit »Männern, die nichts zu verlieren hatten«, zusammen – ein Terminus, der einiger Erläuterung bedarf. Wörtlich bedeutet das hebräische *reikim* soviel wie »leer«. Es bezieht sich vermutlich auf Leute ohne Landbesitz, für die es in der Gesellschaft keinen Platz gibt. Solche Außenseiter schart Jiftach um sich, wohingegen Abimelech sie gezielt anheuert. Die »Söldner« Abimelechs werden außerdem nicht nur als »leer« geschildert, sondern auch noch als *pochasim*, »rastlos«, »entwurzelt«, was durchaus auch »gewalttätig« implizieren kann.

Während Jiftach sich zum geachteten Oberhaupt seines Volkes hocharbeitet, reißt Abimelech die Macht mit Gewalt an sich, und ebenso gewaltsam ist dann auch sein Ende. Beide Geschichten nebeneinander betrachtet scheinen auf unterschiedlichen Ebenen den inneren Kampf um ethische Werte zu symbolisieren, denen Genüge getan werden muß, ganz gleich, welches Mißgeschick uns heimsucht. Die Hauptpersonen sind beide Male Outlaws – Männer, die auf die eine oder andere Weise am Rand der Gesellschaft stehen, die der eine zu zerstören sucht und der der andere dienen will. Natürlich ist das Ganze nicht so einfach, doch die Plazierung der beiden Geschichten fordert dazu heraus, die beiden letztlich doch auch wieder so unterschiedlichen Schicksale einander gegenüberzustellen.

Übrigens läßt sich zum Schluß doch noch ein gewisser Freudscher Touch ins Spiel bringen: Abimelech, dessen problematischer Lebensweg mit der Außenseiterstellung seiner Mutter beginnt, wird am Ende ermordet; von den Mauern einer Stadt herab, die er belagern läßt, wird ihm ein Stein auf den Kopf geworfen – von einer Frau. Wie die Geschichte von Jiftach wird auch sein Schicksal letztlich durch Frauengestalten bestimmt, ein Einfluß, sei er nun real oder symbolisch, der von der Geburt bis zum Tod an den Protagonisten haftet. Die Symmetrie dieses Geschehens fällt mir auf, doch ich rätsle noch, was sie zu bedeuten hat.

Der Freiheitsdichter

Es gibt zahllose Gestalten in der hebräischen Bibel, Nebenfiguren in Geschichten, Statisten in der Menge, die für immer anonym bleiben. Nur bei ganz wenigen von ihnen läßt sich auch nur annähernd erahnen, welche Motive sie bewegten oder was ihr Leben in seine besondere Bahn lenkte.

Ein Dokument aber ist auf uns gekommen, ein poetisches Werk von ungeheurer Dichte, das uns einige Hinweise auf seinen unbekannten Verfasser und die Welt, in der er lebte, gibt. Gemeint ist Psalm 137:

»An den Strömen von Babel, da saßen wir und weinten, wenn wir an Zion dachten.«

Der Verfasser dieser Zeilen – und es ist davon auszugehen, daß wir es hier mit einer Einzelperson zu tun haben – gibt sich als Levit zu erkennen. Er war offenbar einer der Sänger und Musiker am Jerusalemer Tempel, die nach der Eroberung der Stadt in die Gefangenschaft nach Babylon verschleppt worden waren.

Dort bekamen sie den ganzen gesättigten Hohn der Sieger zu spüren – »Auf, Musikanten, singt uns ein Lied!«

»Singt uns eins der Lieder von Zion!« (137,3)

Diese spöttische Aufforderung könnte von den Bewachern stammen, die sich die langweiligen Dienststunden verkürzten, indem sie die Gefangenen zum Zeitvertreib ein bißchen piesackten. Vielleicht steckte aber auch noch ein ganz anderer Zynismus dahinter, hatten die Worte eine weit tiefere, für die Geknechteten sehr viel quälendere Bedeutung.

Denn die »Lieder von Zion«, das sind die religiösen Hymnen und Gesänge des Tempelgottesdienstes. Nach biblischer Vorstellung verkörpern sie das irdische Gegenstück zu den Engelchören, die Gottes Lobpreis singen, wie in Jesajas Vision (Jes 6,3). Diese Lieder sind ein Teil des Geheimnisses der kosmischen Rolle, die Israel als Verkünderin des Einen Gottes in der Welt spielt.

Die Zerstörung des Tempels und die Verbannung der Führungsschicht Judas kam in den Augen der Babylonier einer Niederlage des Gottes der Israeliten gleich – in der Verbannung nun auch noch die Lieder von Zion anzustimmen, das hätte das schmachvolle Eingeständnis bedeutet, die Unterwerfung des Gottes Israels unter die Sieger anzuerkennen.

Gleichgültig, ob der Psalm aus dem persönlichen Schmerz über das Erlittene oder im Bewußtsein dieser weitreichenden religiösen und politischen Implikationen entstand, das Entsetzen und der ohnmächtige Zorn angesichts der frivolen Forderung der Feinde verleiht dem Gedicht einen Unterton tiefer Bitterkeit, der sich am Ende zu einem leidenschaftlichen Crescendo, einer haßerfüllten Verfluchung der Gegner, steigert.

Die Entgegnung des Psalmisten oder auch der ganzen Gruppe der Leviten auf das Ansinnen ihrer Peiniger klingt wie ein Aufschrei:

»Wie können wir die Lieder des Ewigen singen in einem fremden Land?« (137,4)

Die Frage allein klingt schon renitent genug. Ihr folgt eine der berühmtesten Passagen der Bibel überhaupt.

Unvermittelt wechselt der Verfasser vom »Wir« zum »Ich« – er spricht von und für sich selbst. Statt von »Zion« zu singen, im Buch der Psalmen gewöhnlich das Symbol für das geistliche Zentrum des israelitischen Glaubens, denkt er an »Jerusalem«, die religiöse und politische Hauptstadt seines Volkes.

Als wollte er sagen: Ihr wollt ein frommes Lied zum Zeichen unserer Unterwerfung hören? Tut mir leid, damit kann ich nicht dienen. Aber wenn ihr durchaus ein Lied von mir hören wollt, dann will ich euch eins singen, ein ungebrochenes, ein trotziges Lied. Es handelt von dem Gelübde, daß ich meine Heimat nie vergessen werde und daß eines Tages die Abrechnung für das kommt, was ihr uns angetan habt.

»Wenn ich dich je vergesse, Jerusalem,
dann laß meine rechte Hand vergessen;
laß meine Zunge am Gaumen kleben,
wenn ich an dich nicht mehr denke,
wenn ich Jerusalem nicht
zu meiner höchsten Freude erhebe.« (V. 5-6)

Während die Verse davor und danach im Plural formuliert sind (»wie können *wir* singen ... was du *uns* getan hast«), sind diese beiden Verse eine ganz persönliche Aussage, in der Ich-Form gehalten. Damit stehen sie für sich, genau in der Mitte des Psalms, ein in sich geschlossenes, eigenes Lied, das sogar gereimt ist (*j'mini; eskerechi; simchati*).

Man hat diese Verse meist als einen Ausdruck leidenschaftlicher Liebe zu Jerusalem verstanden, doch sollte daneben nicht die Schrecklichkeit des Fluches, den der Verfasser über sich selbst heraufbeschwört, übersehen werden: »Wenn ich Jerusalem je vergesse, dann möge meine rechte Hand vergessen ... wie meine Harfe zu spielen ist« – der wohl schlimmste Fluch, den ein Musiker auf sich ziehen kann. Ganz ähnlich die Wendung »möge meine Zunge an meinem Gaumen kleben ... so daß ich nie mehr singen kann«.

Es ist, als habe der Komponist dies kleine Lied mit seinen zwei Versen, das vielleicht unabhängig als Schwurformel, Jerusalem wiederaufzubauen, existierte, bewußt in den Kontext seines Psalms gestellt, um ihm eine neue, besondere Bedeutung zu verleihen.

Der Tag der Niederlage Jerusalems wird hier zum aufrüttelnden Kampfruf und zur Warnung an die Adresse von Israels Feinden: Wenn der Psalmist Jerusalems gedenken will, dann muß auch Gott derjenigen gedenken, die es zerstört haben. (In diesem Zusammenhang fällt der Name der Edomiter, wobei nicht ganz klar ist, welchen Vorteil sie aus der Zerstörung Israels durch Babylon gezogen haben könnten.)

»Gedenke, o Ewiger, gegenüber den Kindern von Edom an den Tag von Jerusalem!« (137,7)

Vor dem bitteren Hintergrund der Vernichtung wird die wilde Heftigkeit des Fluches über Babylon am Ende vollkommen verständlich.

Auffallend ist das Wortspiel mit dem Namen Jerusalems (*Jeruschalajim*) im ersten Satz (V. 8). »Glücklich sind jene, die dir heimzahlen (*aschreh scheh'schalem lach*) für alles, was du uns getan hast.« »Wohl dem, der deine Kinder packt und sie am Felsen zerschmettert.« Mögen die, die einst dich erobern, genauso mit dir verfahren wie du mit uns!

Das ist kein frommes Gebet, das sich mit Vertröstungen auf später zufriedengibt, sondern der haßerfüllte, verzweiflungsvolle Ausbruch des Volkes inmitten seiner Niederlage und Ohmacht. Es ist ein Partisanenlied, ein Lied von Befreiungskämpfern. Hier erhebt ein Dichter fern von seiner Heimat die Stimme für all jene, die auf die Rückkehr hoffen und warten – für die Sache der Freiheit.

Daß dieser Text einen Platz im Buch der Psalmen fand, hat etwas Geheimnisvolles. Auch in anderen Psalmen wird dem Zorn auf die Feinde Ausdruck verliehen, doch selten auf dermaßen heftige, plastische Weise.

Psalm 137 ist ein leidenschaftliches Gebet zu Gott, er möge für die göttliche Stadt und sein Heiligtum eintreten. Daß es von einem Leviten stammt, mag dazu beigetragen haben, daß es in den Psalter aufgenommen wurde. Berühmt geworden ist dieses Lied aber sicherlich deshalb, weil es dem Empfinden des Volkes eine Stimme gab und den Menschen half, die siebzig Jahre des Exils zu überstehen.

Der unbekannte Sänger hielt seinen Schwur weit besser, als er damals voraussehen konnte, denn auch in späteren Jahren des Exils gerieten weder sein Lied noch Jerusalem je in Vergessenheit, als religiöses Symbol ebensowenig wie als gesellschaftliche und politische Realität.

— 2 —

Der Patriarch – Abraham

Es gibt in der hebräischen Bibel Gestalten von so überragendem Format, daß sie sich auf keinen Fall in einen kurzen Abschnitt pressen lassen – tut man dies doch, so läuft man Gefahr, sie und ihr Handeln gefährlich mißzuverstehen. Aus diesem Grund muß Abraham, dem Mann aus Ur, mit dem das große Abenteuer des Glaubens, von dem die Bibel erzählt, überhaupt erst seinen Anfang nahm, ein ganz besonderer Platz eingeräumt werden.

Über den »historischen« Abraham wissen wir gar nichts. Archäologische Funde mögen zwar das eine oder andere schillernde Streiflicht auf die längst versunkene Zeit werfen, in der er lebte, doch diese spärlichen Details sind allenfalls mit Vorsicht zu betrachten. Das einzige echte Zeugnis dafür, daß es einen Mann dieses Namens und mit diesem Schicksal gegeben hat, ist die Bibel.

Wir wissen nicht einmal genau, warum die Geschichten von Abraham und den anderen Patriarchen in die Bibel aufgenommen wurden. Sie werden als Historie erzählt, obwohl es im Grunde so etwas wie eine »objektive Geschichtsschreibung« gar nicht gibt und jeder Historiker bewußt oder unbewußt schon in seiner Themenwahl von zahlreichen Faktoren beeinflußt ist. Warum zum Beispiel erfahren wir so gut wie nichts über die ersten fünfundsiebzig Jahre in Abrahams Leben und über die Vorgänge, die zu seiner Berufung führten? Welcher gesellschaftlichen Schicht gehörte er an? Wie war sein Verhältnis zu den politischen Mächten seiner Zeit? Solche und ähnliche Aspekte, die heute den Sozial- oder Kulturgeschichtler interessieren, waren in den Augen derjenigen, die uns die biblischen Erzählungen überliefert haben, völlig nebensächlich. Ihr Interesse galt ganz anderen Dingen. Man kann ihre Arbeit wohl am ehesten als »prophetische Geschichtsschreibung« bezeichnen – Historie, die versucht, die Spuren Gottes im menschlichen Handeln zu entdecken und sichtbar zu machen. Dabei trafen sie ihre eigene Auswahl aus dem Material an Legenden, überlieferten Geschichten und Fragmenten alter

Berichte, das ihnen zur Verfügung stand. Und sie präsentierten dieses Material in einer sorgfältig überarbeiteten und gestalteten Form, die ihren Zielen am ehesten gemäß war. Was wir heute lesen, ist deshalb nicht »die wahre Geschichte von Abraham«, sondern die Deutung einer Gestalt, die aus vielen Gründen eine herausragende Stellung in der Geschichte einnimmt. Vor allem aber war Abraham der erste Mensch, der versuchte, sein Leben nach dem Willen des Einen Gottes auszurichten.

Wir kennen den oder die Verfasser, Kompilatoren oder Redaktoren der Bibel nicht. Selbst die spärlichen Hinweise, die wir manchmal aus dem Text herauszulesen meinen, sind ambivalent und möglicherweise irreführend. Wir wissen nicht viel über seine oder ihre literarischen Voraussetzungen, Gepflogenheiten und Begabungen. Auf jeden Fall waren sie Künstler von hohem Rang, wenn wir auch annehmen müssen, daß sie Kunst nicht als Wert an sich begriffen. In ihren Augen waren ihnen ihre Gaben einzig und allein dazu verliehen, das Wort Gottes so gut wie möglich zum Ausdruck zu bringen. Sie schrieben in einer Sprache, von der uns nur das geblieben ist, was in der hebräischen Bibel auf uns gekommen ist, so daß wir kaum erahnen können, wie bunt und vielgestaltig ihr Ausdrucksreichtum vielleicht war. Vieles, das bis heute rätselhaft oder unübersetzbar bleibt und häufig als Entstellung des Textes durch die Kopisten gewertet wird, spiegelt vielleicht in Wirklichkeit nur unsere eigene Unkenntnis. Daß wir trotzdem noch so gut mit der Bibel arbeiten können, ist das unschätzbare Verdienst der Kompilatoren und zugleich ein großes Wunder.

Ich schicke diese lange Vorrede ganz bewußt voraus, weil ich alles, was ich im folgenden über Abraham, seinen Glauben und seinen Gott sagen werde, mit Vorbehalt betrachtet wissen möchte. Immerhin ist das einzige, was wir haben, der hebräische Text. Bei ihm müssen wir beginnen. Es mag ein guter Ausgangspunkt sein, sich einen Überblick darüber zu verschaffen, wie die Geschichten von Abraham aufgebaut und angeordnet sind.

Den Bibelkundigen ist das besondere Problem, vor das sich die Bibelwissenschaftler in diesem Zusammenhang gestellt sehen, vielleicht vertraut. Ich spiele hier auf die Besonderheit an, daß sich einige der Geschichten zu wiederholen scheinen. So gibt es zwei Erzählungen, in denen Abraham einem fremden König gegenüber seine

Frau als seine Schwester ausgibt. Es ist die These aufgestellt worden, daß es sich dabei um zwei Versionen derselben Geschichte handle, die in verschiedenen Überlieferungssträngen weitergegeben wurden. Desgleichen wird zweimal erzählt, wie Hagar mit ihrem Sohn Ismael Abrahams Zelte verlassen muß, in die Wüste wandert und dort von einem Engel gerettet wird. Diese und andere Verdoppelungen sind für den Leser verwirrend; umso mehr lohnt es sich zu überprüfen, an welchen Stellen im Zyklus der Abraham-Erzählungen sie zu finden sind.

In Genesis 12 ergeht an Abraham der Ruf *lech lecha*, wörtlich »geh du«. Die Bedeutung dieser Worte wird uns später noch beschäftigen, schon jetzt sei jedoch darauf hingewiesen, daß sie noch einmal auftauchen, und zwar in Genesis 22, jenem Kapitel, das von der »Bindung Isaaks« handelt. Schon die Rabbinen erkannten die Verbindung zwischen den beiden Kapiteln, die ganz eindeutig eine Art Klammer um den Erzählzyklus bilden.

Abraham, endlich im Verheißenen Land, sieht sich durch eine Hungersnot gezwungen, nach Ägypten zu ziehen (Kap. 12). Dort gibt er seine Frau Sarai als seine Schwester aus – das erste Auftauchen des sogenannten »Ehefrau-Schwester«-Motivs. Wenn wir für den Augenblick die Tatsache ignorieren, daß Kapitel 21 von Ismael und Hagar handelt, so fällt auf, daß im vorangehenden Kapitel 20 ebenfalls das »Ehefrau-Schwester«-Thema aufgegriffen wird, diesmal jedoch, als Abraham Abimelech, den König von Gera, besucht. Die beiden Erzählungen bilden also offenbar eine weitere, innere Klammer um den Rest der Geschichten.

In Kapitel 13 und 14 hören wir von Abrahams Neffen Lot, der sich von seinem Onkel trennt und in der Ebene von Sodom ansiedelt. Als in der Region ein Krieg zwischen verschiedenen Königen ausbricht, wird Lot entführt und auf Intervention Abrahams beim König von Sodom gerettet. Schauen wir uns die entsprechende Stelle am anderen Ende des Zyklus an, also die Kapitel 18 und 19, so lesen wir wiederum von der Rettung Lots aus Gefahr. Diesmal feilscht Abraham um die Verschonung der Stadt Sodom, die in der Folge zerstört wird. Auch diese Kapitelpaare entsprechen sich also, was Thema und Schauplatz angeht.

Damit nähern wir uns dem Zentrum des Erzählzyklus. Die Kapitel 15 und 17 handeln von Gottes Gesprächen mit Abraham und von der Errichtung der *Berit*, des Bundes zwischen ihnen. Sie erfolgt durch Gottes Verheißung in Kapitel 15 und wird aufgenommen durch Abrahams »Ja« zur Beschneidung, dem Zeichen des Bundes, in Kapitel 17. Das zentrale Kapitel ist damit Kapitel 16, die Geschichte von Sarais Unfruchtbarkeit, Hagars Schwangerschaft und der Geburt Ismaels. Auf die Bedeutung all dieser Ereignisse soll später genauer eingegangen werden.

Der Erzählzyklus der Abrahamsgeschichte läßt sich also in das folgende Schema gliedern:

Kapitel

12a	Der Ruf. *Lech lecha.*	Verheißung des Segens.
b	Abraham in Äypten.	Ehefrau-Schwester-Motiv.

13 ⎫
          ⎬   Lot in Gefahr. Sodom.
14 ⎭

15	Bund.
16	Hagar und Ismael.
17	Bund.

18 ⎫
          ⎬   Lot in Gefahr. Sodom.
19 ⎭

20	Abraham in Gerar	Ehefrau-Schwester-Motiv.
21		Hagar und Ismael.
22	Der Ruf. *Lech lecha.*	Bekräftigung des Segens.

Die Kapitel bilden ein konzentrisches Muster, das heißt, bei der Anordnung und redaktionellen Überarbeitung des Materials wurde eine Abfolge gebildet, innerhalb derer sich jeweils das erste und letzte, das zweite und vorletzte Kapitel usw. entsprechen: Da ist zunächst der Ruf, die Aufforderung, etwas völlig Außergewöhnliches zu tun. Darauf folgt eine Episode, in der Abraham seine Frau als seine Schwester ausgibt. Dann wird eine Geschichte über Lot in Gefahr und über die böse Stadt Sodom erzählt. Schließlich kommt es zum Bundesschluß. Den Kern des Geschehens bildet die Problematik der Nachkommenschaft Abrahams. Daraufhin wird die Sequenz in umgekehrter Reihenfolge noch einmal abgespult. Am Ende steht der zweite Ruf, sich auf den Weg zu machen.

Wo immer die einzelnen Kapitel und die Details, die sie enthalten, auch herstammen mögen, ihr Aufbau entspringt eindeutig einer bestimmten literarischen Absicht: Es soll eine Steigerung erzielt, und einzelne Aspekte sollen hervorgehoben werden.

Als Gott Abraham zum ersten Mal beruft, sagt er, *lech lecha*, »geh fort aus deinem Land, von deinen Verwandten (oder deinem Geburtsort) und dem Haus deines Vaters«. Ein Augenblick des Nachdenkens belehrt uns rasch, daß diese Anweisungen nicht nur geographisch gemeint sein können[1] – man kann sein Land nicht verlassen, ohne zunächst einmal seine Verwandten und das Vaterhaus zu verlassen. Die Reihenfolge bezeichnet also eine Steigerung zunehmend schwererer Entscheidungen – fort aus deinem Land, von der Familie, in der du aufgewachsen bist, von deiner Kultur und Gesellschaft, und schließlich fort vom eigenen Vaterhaus, das heißt das stärkste emotionale Band zerreißen, das einen Menschen an seine Heimat bindet. All das soll Abraham hinter sich lassen, um einem unbekannten, geheimnisvollen Gott zu folgen.

Eine klare Entsprechung findet diese fast erschreckend wirkende Forderung in Kapitel 22, wenn von Abraham verlangt wird, seinen Sohn zu opfern. Die Rabbinen sahen in diesem letzteren Kapitel denn auch nicht die erste, sondern die zehnte einer ganzen Reihe von Prüfungen, die Gott Abraham auferlegte, angefangen mit dem Verlassen der Heimat. Beim aufmerksamen Lesen des hebräischen Textes stoßen wir tatsächlich auch hier wieder auf die Worte *lech lecha*.

»Nimm, bitte, deinen Sohn, deinen einzigen, den du liebhast, den Isaak, und *lech lecha*, geh du in das Land Morija, und bringe ihn dort als Opfer dar.« (22,2)

Die Einleitungsworte steigern sich wieder langsam bis zum emotionalen Höhepunkt, der namentlichen Nennung Isaaks.

Kapitel 12 und Kapitel 22 beginnen also ganz ähnlich, mit einer sich immer mehr steigernden emotionalen Belastung, die schließlich in die Aufforderung mündet: »Geh.« Die Wendung *lech lecha* taucht nirgendwo sonst in der Bibel auf, und die rabbinische Tradition hatte sicherlich recht, wenn sie diese beiden Rufe verband und mit jener bemerkenswerten Schlichtheit und Direktheit, die nur aus der vertrautesten Kenntnis des Textes und seiner Implikationen erwachsen kann, fragte:

1. Diese Deutung verdanke ich Nechama Leibowitz.

»Welches war das härtere *lech lecha*, das erste oder letzte?«

Auf den ersten Blick scheint es da keinen Zweifel zu geben: Die Anweisung, den eigenen Sohn zu opfern, stellte selbstverständlich die größere, ja eine geradezu monströs anmutende Forderung dar! Und doch, was muß es für Abraham bedeutet haben, seine Familie, seine Heimat, seine Religion aufzugeben, alles, was ihm Identität, Liebe und Geborgenheit gab, um sich auf ein so verrücktes Abenteuer einzulassen? Zumal mit seinen fünfundsiebzig Jahren ließ ihn das nicht weniger närrisch und senil erschienen als einen Don Quichotte. Doch den eigenen Sohn zu töten! Was war das größere *lech lecha*, seine Vergangenheit zu opfern oder seine Zukunft?

Entspringt Gottes Forderung reiner Willkür? Wenn wir nur Kapitel 22 lesen, wie es leider allzuoft geschieht, dann müssen wir, wenn wir ehrlich sind, zu dem Schluß kommen, daß Gott ganz offensichtlich genauso wahnsinnig ist wie dieser Abraham, der bereit ist, einem solchen Gott zu gehorchen. Wir sollten dabei allerdings nicht übersehen, auch wenn es nicht viel am Ganzen ändert, daß Gottes erstes Wort kein Imperativ ist, sondern eine Bitte: *ka-na*, »nimm bitte«. Offenbar steht bei diesem merkwürdigen Ansinnen auch für Gott etwas auf dem Spiel. Was kann damit gemeint sein?

Eine mögliche Antwort liefert uns der biblische Hintergrund, vor dem die Abrahamgeschichten gesehen werden müssen. Gott hat die Welt geschaffen, er hat gesehen, daß sie »sehr gut« ist (Gen 1,31). Doch Adam, die Krönung und der Stolz von Gottes Schöpfung, setzt seinen eigenen Willen gegen den Willen Gottes. Aus Eden vertrieben, wird ein Mensch in Gestalt Kains zum ersten Mörder, und von da an scheint Gewalttätigkeit die in ihren Tiefen erschütterte Schöpfung Gottes zu beherrschen. Gott reut sein Schöpfungswerk, und er beschließt, die Welt durch die Sintflut zu vernichten. Doch er bewahrt etwas von ihr in einem Menschen, Noach, der erwählt wird, weil er die Tugend der Gerechtigkeit hat (Gen 6,8-9). Gott hofft, daß durch diese Tugend die Welt dennoch gerettet werden kann.

Doch es soll nicht sein. Aus Noachs Nachkommen gehen die Turmbauer zu Babel hervor, Menschen, die erneut den Zorn Gottes herausfordern. Es hat den Anschein, als ob Gott daraufhin sein Experiment mit Noach noch einmal, diesmal mit einem noch feineren Ausleseprinzip, wiederholt. Er erwählt einen einzigen Mann (bevor dieser Kinder hat!) und prüft und läutert ihn, um zu sehen, ob er aus dem rechten Stoff ist, aus dem er seine neue menschliche Gemeinschaft formen kann. Wie Noach ist auch Abraham ein Gerechter, und Gott weiß (oder hofft), daß er diese Eigenschaft an seine Kinder weitergeben wird (Gen 18,19). Gott will ihm und seinen Nachkommen ein kleines Stück Land geben, einen winzigen Teil der Erde, einen Mikrokosmos der Welt, in dem er das Modell der neuen menschlichen Gesellschaft schaffen will.

Also holt er Abraham aus seinem Land und gibt ihm ein neues Land. Er löst ihn von seiner Familie, doch er verheißt ihm, daß durch ihn alle Familien auf Erden gesegnet werden sollen (Gen 12,3). Von Gottes Seite ist es eine äußerst partikularistische Handlung, nur diesen einen Menschen auszuwählen, und doch steht als Ziel dahinter eine universalistische Hoffnung, der Segen für die ganze Menschheit. Bei der Berufung und Prüfung Abrahams geht es deshalb um nicht mehr und nicht weniger als um das Überleben und die Zukunft der Gattung Mensch. Wie bereitet Gott Abraham auf diese Aufgabe vor?

Im Zusammenhang mit Gottes anfänglicher Verheißung werden zwei Themen erwähnt, die im Laufe des Erzählzyklus weiter entfaltet werden. Das eine ist das Land, das andere – eine zahlreiche Nachkommenschaft. Beide Themen sind offensichtlich aufs engste miteinander verknüpft, denn die Erfüllung der Hoffnungen auf das Land hängt davon ab, daß Kinder da sind, die dieses Land erben können. Gott hat Abram (wie er hier noch heißt) versprochen, daß seine Nachkommen so zahlreich wie der Staub der Erde sein werden (13,16) und, im Zusammenhang mit dem ersten Bund (15,15), daß sie so viele sein werden wie die Sterne am Himmel. Doch Sarai, Abrams Frau, ist unfruchtbar und weit über das Gebäralter hinaus. In dieser Situation wird Abrams Glaube auf eine harte Probe gestellt. Wartet er auf ein Kind von Sarai, und das bedeutet, gegen alle Logik der Natur und der Realität zu hoffen, oder wird er selbst aktiv, um sich ein Kind zu verschaffen? In der Erzählung ist es Sarai, die den Vorschlag macht, er solle ihre Magd Hagar zur Frau nehmen, damit Sarai durch sie »erbaut« werde; das heißt vielleicht, daß sie Hagars Kind als ihr eigenes annehmen wollte.

»Und Abram hörte auf Sarais Stimme.« (16,2)

Wenn wir beim hebräischen Text ganz genau hinhören und hinsehen, dann stoßen wir immer wieder auf ganz alltäglich wirkende Formulierungen, die eine sehr viel hintergründigere Bedeutung haben, als es auf den ersten Blick scheint. So wird Adam von Gott bestraft, weil er auf die Stimme seiner Frau, Eva, hörte (Gen 3,17). Als Rebekka Jakob dazu anstiftet, seinen Bruder Esau um den väterlichen Segen zu bringen, sagt sie zweimal zu ihm: »Hör auf meine Stimme« (Gen 27,8.13). Zur gerechten Strafe – Maß um Maß – muß sie den Lieblingssohn, Jakob, am Ende selbst fortschicken, um sein Leben zu retten. Als sie ihm abermals rät, »hör auf meine Stimme«, weiß sie nicht, daß sie ihn niemals wiedersehen wird (Gen 27,42).

Die Wendung »hör auf meine Stimme« scheint in den Erzählungen der Genesis immer dann aufzutauchen, wenn jemand auf eine Stimme hört, die nicht die Stimme Gottes ist, und dieser Stimme gehorcht. Sie ist eine Art Codewort für die entscheidenden Momente, in denen die Kernproblematik der Genesis, die Spannung zwischen Gottes Plan für die Welt und dem Streben der Menschen nach Selbstbestimmung, aufbricht. Hätte Adam nicht auf Eva gehört, hätten die beiden das Paradies niemals verlassen müssen. Hätte Jakob nicht auf Rebekka gehört, hätte er nicht zwanzig Jahre der Verbannung erdulden müssen. Schließlich gab ihm Isaak den Segen Abrahams sowieso, unmittelbar bevor er die Heimat verließ (Gen 28,3-4). In unserem Fall wäre Isaak sowieso geboren worden, auch ohne all die Komplikationen, die durch die Geburt Ismaels heraufbeschworen wurden. Es ist, als ob Gottes Plan sich immer irgendwie durchsetze, trotz der Umwege, die durch das eigenmächtige Handeln der Menschen nötig werden. In unserer Geschichte kommt Ismael zur Welt, weil Abraham auf Sarai gehört hat. Sie selbst wird später, nach Isaaks Geburt, von Abraham verlangen, Hagar und den Knaben zu verstoßen. Als Abraham sich zunächst weigert, weist ihn Gott an, auch diesmal »auf ihre Stimme zu hören« (Gen 21,12) und den Sohn, den er liebhat, herzugeben.

Was sich hier abspielt, ist eine weitere Prüfung für Abrahams Glauben, sein Vertrauen in Gott. Wird er darauf warten, daß Gott seine Verheißung wahrmacht? Im geschilderten Fall nimmt er Hagar zur Frau, wie ihm Sarai geraten hat, und es wird ihm tatsächlich ein Sohn geboren – ein Ereignis, das uns in Kapitel 16 den Mittelpunkt und irrtümlichen Höhepunkt unseres Geschichtszyklus liefert. Schon im nächsten Kapitel, im Zusammenhang mit der Bekräftigung des Bundes durch den Ritus der Beschneidung, macht Gott deutlich, was er mit Sarai vorhat: »Ich will sie segnen und dir auch von ihr einen Sohn geben« (17,16). Abraham lacht ungläubig und bittet für Ismael. Doch Gott bleibt fest:

»Nein, deine Frau Sara wird dir einen Sohn gebären, und du sollst ihn Isaak nennen, und ich werde meinen Bund mit ihm schließen als einen ewigen Bund mit seinen Nachkommen.« (17,19)

In diesem Kapitel haben Abram und Sarai neue Namen von Gott erhalten, und diese Namensgebung scheint zu bekräftigen, daß sie damit nach ihrem falschen Start mit Ismael vor einem echten Neubeginn stehen. Doch warum ist es so wichtig, daß Sara und nicht eine andere Frau Abrahams die Stammutter der künftigen Generationen ist? Hier sind wir auf Spekulationen angewiesen, doch vielleicht steckt ein Teil der Lösung in jenen beiden Kapiteln, in denen das Ehefrau-Schwester-Motiv eine Rolle spielt.

Das erste Mal behauptet Abraham einfach, daß Sara seine Schwester sei, und damit hat es sich. In Kapitel 20 dagegen, in der Begegnung mit Abimelech, dem König von Gera, rechtfertigt er sich für seine Täuschung:

»Übrigens ist sie wirklich meine Schwester, die Tochter meines Vaters, aber nicht die Tochter meiner Mutter.« (Gen 20,12)

Sara ist also beides, Abrahams Frau *und* seine Schwester.

Gerade diese Form der Ehe wird in Levitikus 18,9 ausdrücklich verurteilt:

»Die Scham deiner Schwester, der Tochter deines Vaters oder der Tochter deiner Mutter, sei sie nun im Haus geboren oder außerhalb, darfst du nicht entblößen.«

Abrahams Ehe mit Sara verstößt eindeutig gegen dieses strenge Tabu und würde unter normalen Umständen bestraft werden.[2] Vielleicht

---

2. Die Erklärung in Genesis 20 soll offensichtlich Abrahams Verhalten rechtfertigen – Sara ist wirklich seine »Schwester«, er hat also nicht

um diesen Aspekt noch deutlicher herauszuarbeiten, finden wir im selben Zyklus auch die Geschichte von Lots inzestuöser Beziehung zu seinen beiden Töchtern, aus der Ammon und Moab hervorgehen, die Stammväter zweier Völker, die aus der israelitischen Völkerfamilie ausgeschlossen sind (Dtn 23,4-7). Noch einmal müssen wir also fragen, was so wichtig an der Geburt eines Sohnes durch Sara ist, daß diese Geburt gegen alle Tabus, die später in der israelitischen Gesellschaft als unantastbar galten, stattfinden mußte?

Vielleicht lag es ja ganz einfach an der Ausnahmesituation – die Regel wird in diesem Fall gebrochen, um zu zeigen, daß sie die Regel ist. Noch mehr aber fällt wohl ins Gewicht, daß hinter all diesen Vorgängen die Verwirklichung des Planes Gottes steht, der diesen einen Mann und seine Familie ausgewählt und zum Modell der künftigen Menschheit gemacht hat. Am Anfang stand der eine Mensch, Adam, und Gott nahm von seinem Leib einen Teil, um daraus die Frau zu bilden, die Adams Gefährtin sein sollte, so daß sie in ihrer Vereinigung wieder »ein Fleisch« werden konnten (Gen 2,24). Ausgehend von diesem Vorbild scheint es Gott wichtig gewesen zu sein, daß die Mutter der Nachkommen Abrahams Abraham verwandtschaftlich so nahestand wie nur möglich, selbst auf die Gefahr hin, das Inzesttabu zu brechen. Abraham und Sara sind »ein Fleisch«, der neue Adam und die neue Eva.

Das Kind Isaak wird geboren, der verheißene Erbe des Segens und des Bundes. Doch was ist mit Ismael? In Genesis 21 wird er fortgeschickt. Als Sohn Abrahams ruht auch auf ihm der Segen einer reichen Nachkommenschaft und einer Zukunft als Herrscher mächtiger Völker. Interessanterweise wird Abraham versprochen, Ismael werde der Stammvater von zwölf Fürsten sein (Gen 17,20), entsprechend den zwölf Stämmen aus Jakobs Nachkommenschaft. Doch die Hauptfigur bleibt Isaak. In ihm wird die Verheißung, die Abraham bei seiner ersten Berufung empfangen hat, erfüllt. Nach fünf-

---

gelogen. Letztendlich wird dadurch aber das Inzesttabu thematisiert. Zwar gehört die Verurteilung des Inzests in Levitikus einer anderen Schicht biblischen Materials an, doch sie repräsentiert die anerkannte Norm. Eine weitere Ausnahme von dieser Norm scheint der Fall von Amnon und Tamar in 2. Samuel 13,13 darzustellen, auch wenn er wahrscheinlich nur eine *de facto*-Lösung anbietet.

undzwanzig Jahren des Wartens, nach dem eigenmächtigen und fehlgeschlagenen Versuch, durch Ismael selbst für die Erfüllung der Verheißung und damit für die Zukunft zu sorgen, ist am Ende doch noch alles wahr geworden.

»Dann sagte (der Ewige): Nimm, bitte, deinen Sohn, deinen einzigen, den du liebhast, den Isaak, und geh du in das Land Morija, und bringe ihn dort als Brandopfer dar auf einem der Berge, den ich dir nenne.« (22,2)

In diesem einen Augenblick wird die ganze Verheißung, wird alle Hoffnung zunichte – auch dieses Kind muß Gott zurückgegeben werden. Vorher hatte Abraham versucht, seine Zukunft durch Hagar und Ismael abzusichern; ist er nun, da Gott das Unmögliche von ihm verlangt, bereit, alles in Gottes Hände zu legen? Die *Akeda*, die »Bindung Isaaks«, ist keine willkürliche Prüfung, sondern die letzte Stufe in einem Läuterungsprozeß, der mit dem Ruf *lech lecha*, »mach dich auf den Weg für Gott«, beginnt und endet.

Trotz ihres glücklichen Ausgangs ist die Geschichte noch erschreckend und verstörend genug. Schließlich wird hier ein Tatsachenbericht geliefert, es wird von etwas erzählt, das geschehen ist, von einer Prüfung, die bestanden wurde. Der Engel, der zu Abraham spricht, gibt zu erkennen, daß Gott mit dem Ergebnis zufrieden ist.

»Ich habe bei mir geschworen, spricht der Ewige: Weil du das getan hast und deinen einzigen Sohn mir nicht vorenthalten hast, will ich dir Segen schenken in Fülle und deine Nachkommen zahlreich machen wie die Sterne am Himmel und den Sand am Meeresstrand. Deine Nachkommen sollen das Tor ihrer Feinde einnehmen. Segnen sollen sich mit deinen Nachkommen alle Völker der Erde, weil du auf meine Stimme gehört hast.« (Gen 22,16-18)

So hören wir ganz am Schluß noch einmal die gefährliche Wendung, die Sarai gebrauchte, als sie Abraham vorschlug, Hagar beizuwohnen. Aber am Ende hat Abraham doch auf Gottes Stimme gehört. Die Verheißungen, die er bei seiner ersten Berufung empfangen hat, werden noch einmal wiederholt und bekräftigt. Abraham ist am Ziel. Die verbleibenden Kapitel handeln nur noch von Saras Tod und Begräbnis, von der Brautschau für Isaak und von Abrahams eigenem Tod – eine Art Epilog zu den eigentlichen Ereignissen, von denen berichtet wurde.

Dennoch bleibt einiges an Abrahams Verhalten rätselhaft und verlangt genauere Betrachtung. Kehren wir noch einmal zurück zu seiner Reise zum Berg Morija.

Nach dreitägiger Wanderung erhebt Abraham die Augen und gewahrt den Ort in der Ferne (Gen 22,4). Er weist die jungen Männer, die ihn begleiten, an, bei den Eseln zu bleiben, während er und Isaak den Weg zu Fuß fortsetzen. Am Ende der Geschichte wird Abraham wieder zu der Gruppe stoßen und sich mit ihnen auf den Heimweg machen. Wer sind diese jungen Männer, und was für eine Funktion haben sie im Blick auf das bevorstehende Ereignis? Sie sind nicht Zeugen des eigentlichen Geschehens. Sie bleiben am Fuß des Berges zurück, während Abraham und Isaak sich auf ihren einsamen Weg machen. Es ist, als ob die jungen Männer die Welt des Alltags verkörperten, ein Leben, das normal weiterläuft, während dieser außergewöhnliche Akt des Glaubens sich im intimsten, privaten Raum abspielt. Wo Abraham sich sowohl im wörtlichen Sinn als auch bildlich gesprochen dem Gipfel religiöser Erfahrung nähert, hart auf der Grenze zwischen Ekstase und Wahnsinn, können wir anderen nur zurückbleiben, erstarrte und entsetzte Zuschauer, die das Geschehen aus der Ferne bestaunen.

So wie ein Abraham kann nur noch ein Mose am Sinai den Berg besteigen, um Gott entgegenzutreten, als Sprecher für das Volk, und um den Israeliten das Wort Gottes zu bringen. In solchen Augenblicken sind Abraham und Mose einzigartige Glaubensgestalten, die weit über allem stehen, was wir jemals im Glauben zu leisten vermögen und leisten müssen. Niemals wieder fordert Gott in der Bibel von jemandem, sein Kind zu opfern. Jiftach tut es aus freien Stücken, und wo immer sonst ein solches Ansinnen im Volk laut wird, wird es als eine Ungeheuerlichkeit verdammt, eine Pervertierung des Gottesdienstes durch Praktiken, die den heidnischen Kulten der umgebenden Völker entlehnt sind. Es ist das große Paradoxon der hebräischen Bibel, daß Abraham hier gerade nicht zum Vorbild für die Gläubigen werden darf, ja wenn überhaupt, ist er das Anti-Vorbild. Was er einmal getan hat, darf nie wieder geschehen. Daß er vor der Tat nicht zurückschreckte, kommt Israel zugute, das für immer von solchen Prüfungen verschont bleibt. Abraham ist der Zeuge für Gottes Handeln in der Welt, wir aber sind Zuschauer von Abrahams Tun.

Wir erfahren nichts über seine inneren Zweifel und Bedrängnisse. Gott sagt »Geh!«, und schon im nächsten Satz wird berichtet, wie er geht. Nirgends gibt es einen Hinweis auf eine zeitliche Verzögerung zwischen dem Befehl und seiner Befolgung. Es ist dieser scheinbar absolute Gehorsam, der das besondere Kennzeichen Abrahams, zugleich aber auch das Irritierendste an diesem Mann ist. In anderen Bereichen seines Lebens (als es zum Beispiel darum geht, die Schönheit seiner Frau in Ägypten für seine Zwecke auszunutzen) erweist er sich als fehlbarer Mensch, doch in dieser einen Sache können wir keinen Fehler an ihm entdecken. Und gerade dadurch wird er wieder nicht eigentlich zum Vorbild, sondern zur Ausnahme, hatten doch selbst die Propheten Krisen und Bedenken im Zusammenhang mit ihrer Berufung durchzukämpfen. Abraham dagegen erscheint immer so sicher und gelassen, wo wir alles andere als sicher und gelassen sind.

Und dann ist da noch das andere große Rätsel im Zusammenhang mit der Bindung Isaaks: Wie konnte Abraham Gott wegen Sodom und Gomorra zur Rede stellen und sich bei Isaak einfach schweigend fügen? Sein Schweigen in diesem Augenblick mutet beinahe ungeheuerlich an. Wir erwarten Zweifel, Zorn, Verzweiflung von ihm – nicht aber diese stille Ergebung.

Es ist Abrahams Stärke, daß er offenbar genau wußte, wann es an der Zeit war, seine Stimme gegen Gott zu erheben, um ihn zur Rechenschaft zu ziehen, um Gerechtigkeit für die Einwohner von Sodom, die unschuldigen und die schuldigen, einzufordern – ein Zeichen seiner unvoreingenommenen Liebe zu den Menschen und seines Eifers für die Ehre und Gerechtigkeit Gottes. Aber Abraham wußte auch, wann es an der Zeit war zu schweigen, sich demütig zu bescheiden und dem Willen Gottes zu unterwerfen, nämlich dann, wenn sein persönlicher Besitzanspruch und sein Stolz auf die Probe gestellt wurden.

Angesichts einer Gestalt vom Format eines Abraham wird uns immer ein leises Unbehagen beschleichen. Doch ohne eine solche Gestalt, ohne eine Persönlichkeit von so beeindruckender innerer Kraft und Autorität, wäre der Rest der hebräischen Bibel vielleicht nie geschaffen worden.

3

Die Guten

Noomi

Das Buch Rut hat im Grunde genommen zwei Heldinnen, die beide gleich wichtig sind, das zeigt schon der Aufbau des Buches: Das Anfangs- und das Schlußkapitel sind Noomi gewidmet, während die beiden mittleren Kapitel sich auf Rut konzentrieren. Zunächst aber hat ihre Schwiegermutter Noomi die Bühne für sich. Wir vernehmen die tragische Geschichte ihres Lebens und erfahren, wie schwer diese Frau vom Schicksal geprüft wurde.

Die Erzählung zeichnet nach, wie ihr Schritt für Schritt alles genommen wird – zuerst die Heimat, dann die Männer, die zu ihrem Leben gehören. Als wollte sie diesen Vereinsamungsprozeß bewußt bis zum äußersten Extrem treiben, schickt Noomi am Ende auch noch ihre moabitischen Schwiegertöchter fort. Diese weigern sich, sie zu verlassen, doch Noomi sieht keine Lebenschancen für die jungen Frauen an ihrer Seite – sie gebraucht dafür das Bild ihres leeren Leibes, der nie mehr neues Leben tragen wird. Sie hat keine Hoffnung, keine Zukunft mehr. Orpa, die eine Schwiegertochter, verläßt sie daraufhin, Rut aber bleibt.

Wir, die Leser, spüren schon an dieser Stelle den Hauch der Erneuerung, der Noomis Leben streift, den sie selbst jedoch, versteinert in ihrer Verzweiflung und Verbitterung, zu diesem Zeitpunkt noch nicht wahrnehmen kann. Am Ende wird ihr durch Rut doch noch einmal ein Kind geschenkt werden, ihr Dasein wird auf wunderbare Weise wieder heil werden. Noch aber ist für sie die Zeit des Trauerns.

Dennoch gewahren wir bereits in diesem ersten Kapitel zaghafte Anzeichen eines inneren Wandels bei Noomi. An zwei Stellen wird diese Verwandlung spürbar. Zuerst ist es nur eine winzige, kaum ins Auge fallende Abänderung der Wortstellung in einer ihrer Aussagen. In 1,8, auf dem Rückweg in ihre Heimat Juda, fordert sie ihre Schwiegertöchter auf, *lechna schowna*, »geht! Kehrt um! Jede in die Heimat ihrer Mutter ...«. Sie gibt den beiden ihren Segen und schickt sie heim.

Die drei Frauen weinen miteinander, und dann erbieten sich die Mädchen, mit ihrer Schwiegermutter zu deren Volk zurückzukehren. In Noomis Entgegnung auf dieses Angebot (V. 11) fällt eine leichte sprachliche Abwandlung auf. Sie beginnt, *schowna wenotai ...*, »kehrt um, meine Töchter! Denn ich bin zu alt, um bei einem Mann zu leben ...«

Sie schickt sie fort, weil ihr Leib keine Söhne mehr tragen wird, und wiederholt (V. 12), *schowna wenotai lechna*, »kehrt um, meine Töchter! Geht! Denn ich bin zu alt, um bei einem Mann zu leben ...«

Zwei Änderungen fallen auf. Die »Schwiegertöchter« von Vers 8 werden nun als »Töchter« angeredet, und die Wortfolge »Geht! Kehrt um!« ist umgedreht worden: »Kehrt um! Geht!«

Vielleicht deuten diese Abweichungen an, daß Noomis innere Verfassung durch die Bereitwilligkeit ihrer Schwiegertöchter, bei ihr zu bleiben und ihr Schicksal zu teilen, eine Änderung erfahren hat. Am Anfang war ihr ganzes Sinnen und Trachten nur darauf gerichtet, sie fortzuschicken: *Lechna, schowna*! »Geht (weg von mir)! Kehrt in eure eigene Heimat zurück!« Noomi wollte um jeden Preis allein sein mit ihrer Trauer und ihrer Bitterkeit. Es kostete sie förmlich Mühe, überhaupt noch etwas zu den beiden zu sagen, und es klingt, als sei ihr erst nachträglich der Gedanke gekommen, ihr schroffes »*geht* weg von mir!« abzumildern durch die Aufforderung, die jungen Frauen sollten zu ihren eigenen Familien zurückkehren: »*Kehrt heim!*«

In gewisser Weise steigerte sich Noomi geradezu in ihren Verlust hinein, indem sie sich mit Orpa und Rut auch noch der letzten Erinnerungen an ihren Ehemann und ihre Söhne entledigte und sich damit ganz und gar ihrer eigenen inneren Leere und Verlassenheit überließ. Im Hier und Jetzt war ihr alle menschliche Gesellschaft genommen, und ihr leerer Leib war das Symbol dafür, daß es für sie auch in Zukunft keine Hoffnung auf Liebe, Zuneigung und Nähe gab.

Doch dann, als Noomi zum zweitenmal das Wort ergreift, nachdem Orpa und Rut ihr so deutlich ihre Liebe gezeigt haben, wird sie wieder zur Mutter, die besorgt ist um das Wohlergehen der Töchter, die sie liebt – und so kehrt sich die Wortordnung um, weil es ihr nun um das Wohl ihrer Töchter geht und nicht mehr nur um ihr eigensinniges Bedürfnis, in ihrem Schmerz alleingelassen zu werden: *Schowna wenotai lechna*, »kehrt heim zu euren Familien, meine Töchter, geht (zu ihnen) ... bei mir habt ihr keine Zukunft.«

Orpa geht, Rut bleibt, und Noomi kehrt mit ihr nach Betlehem zurück. Die Frauen der ganzen Stadt kommen gelaufen und staunen die Heimkehrerinnen an. Noomis Antwort auf all die neugierigen Fragen, die auf sie einprasseln, ist in die Form eines Gedichts gekleidet, dessen ganz besonderer Aufbau der näheren Betrachtung wert ist.

»Nennt mich nicht mehr Noomi (Lieblichkeit)
    Sondern Mara (Bitterkeit)
denn Schaddai hat mir viel Bitteres getan.

        Ich, in Fülle bin ich ausgezogen,
        leer brachte der Ewige mich zurück.

Warum nennt ihr mich noch Noomi
    da doch der Ewige gegen mich gesprochen
und Schaddai mir Schlimmes angetan hat?«

Die drei ersten und die drei letzten Zeilen entsprechen sich in ihrer Struktur. Beide beginnen mit den Namen »Noomi« und schließen mit dem Namen »Schaddai«, einer Bezeichnung für Gott, die mit zerstörerischer Macht oder Fruchtbarkeit assoziiert ist. In den beiden mittleren Zeilen von Noomis Klage ist die Quintessenz ihrer ganzen Geschichte zusammengedrängt: »In Fülle bin ich ausgezogen, leer hat der Ewige mich zurückgebracht.« Diese Worte sind jedoch mehr als nur der Ausdruck ihrer Verzweiflung, denn im Hebräischen steht hier als erstes Wort das betonte *ani*, »Ich«, das kontrastiert wird durch das letzte Wort, das durch seine Stellung ebenfalls betont zu lesen ist: »der Ewige«.

ani *mele-ah halachti*
werehkam heschiwani adonai

Wieder hat irgend etwas Noomi aus ihrer dunklen Zurückgezogenheit aufgerüttelt, in der sie nur noch mit ihrer eigenen Verzweiflung Zwiesprache halten konnte, aufgerüttelt zu einer Reaktion, die aus der Kraft ihres Glaubens entspringt – sie kehrt leer zurück, doch es ist der Ewige, der sie heimbringt. Sie beginnt ihre Zusammenfassung mit einem »Ich«, mit sich selbst, doch sie schließt mit dem Handeln und dem Namen Gottes.

Der gleiche Umschlag ist auch in der Anfangs- und Schlußsequenz des Gedichts zu beobachten, die den Kernsatz wie eine Klammer umschließen. In der mittleren Zeile des ersten Dreizeilers steht noch das verzweifelte »nennt mich Mara, bitter«, in der Mittelzeile der letzten drei Verse dagegen finden sich die schmerzerfüllten Worte »da doch der Ewige gegen mich gesprochen hat«. Was mit dieser Wendung im Hebräischen genau gemeint ist, ist nicht ohne weiteres auszumachen. Es kann heißen, »Gott hat als Zeuge gegen mich ausgesagt«, man kann aber auch herauslesen, »Gott hat mich gepeinigt«. In jedem Fall wird der Ewige auf einmal wieder zentral für Noomi – und damit bekommt sie auch zum ersten Mal eine gewisse Distanz zu ihrem Leid. Der Anfang ist gemacht, der Heilungsprozeß kann beginnen. Schon allein die Tatsache, daß Noomi ihre Verbitterung hier in eine poetische Form kleiden kann, zeigt, daß sie auf dem Weg der Heilung ist; der wilde, zügellose Schmerz ist gleichsam auf eine andere Ebene gehoben, sublimiert worden. Noch ist sie voller Zorn und Bitterkeit, aber wenigstens kann sie jetzt darüber sprechen, kann sich ihre Gefühle eingestehen, sie Gott ins Gesicht schleudern. Die langsame, allmähliche Rückkehr ins Leben hat begonnen.

Ich glaube, daß meine Auslegung dem ersten Kapitel des Buches Rut und ganz besonders der Gestalt der Noomi gerecht wird. Da es jedoch in jüngster Zeit in einer wissenschaftlichen Zeitschrift zu einer recht unschönen Debatte um Noomis Persönlichkeit kam, scheinen mir an dieser Stelle noch einige zusätzliche Bemerkungen angebracht. Man kann der Gestalt der Noomi mit Zuneigung oder mit Abneigung begegnen. Daß sie ihre Schwiegertöchter fortschickt, kann als Ausdruck tiefster Verzweiflung gewertet werden, als selbstlose Handlungsweise, durch die sie den beiden eine neue Zukunft in einer neuen Ehe ermöglichen will, – oder aber als das Verhalten einer hochgradigen Egozentrikerin. Je nachdem, welche Betrachtungsweise man wählt, wird man auch den Rest des Buches lesen. Geht es Noomi um Ruts Wohl, als sie sie auf die Tenne zu Boas schickt, oder nutzt sie die offenkundige Schönheit der jungen Frau für ihre eigenen Zwecke aus? Der Text scheint mir stärker für die wohlwollendere Beurteilung von Noomis Charakter zu sprechen, doch man kann durchaus auch das Gegenteil aus ihm herauslesen.

Im Streit um Noomis wahre Motive sollte ein Aspekt, der in unseren Überlegungen bereits eine Rolle spielte, allerdings unbedingt genauer betrachtet werden – der scheinbare Wandel in ihrer Haltung gegenüber Rut und Orpa, die von »Schwiegertöchtern« zu »Töchtern« werden. Wenn wir Vers 8 aufmerksam lesen, fällt auf, daß die Bezeichnung »Schwiegertöchter« gar nicht aus Noomis Munde stammt, sondern vom Autor: »Daraufhin sagte Noomi zu ihren beiden Schwiegertöchtern: ›Geht ...‹« In Vers 11 dagegen redet ganz eindeutig Noomi die jungen Frauen als »Töchter« an.

Damit stehen wir zunächst vor einem weiteren Problem. Begreift der Autor sich hier lediglich als neutralen Erzähler, der uns mitteilt, an wen Noomi ihre Worte richtet, oder sagt er uns, wie Noomi selbst die beiden Frauen zu diesem Zeitpunkt sah, will er den Leser also auf die Einstellungsänderung vorbereiten, die Noomi durchmacht, nachdem ihre Schwiegertöchter sie ihrer Zuneigung versichert haben? Die Entscheidung bleibt wieder einmal dem Leser überlassen, doch darf die auffallende Ambiguität des Textes nicht übergangen werden.

Lohnend ist auch ein Blick in die rabbinischen Kommentare zum Buch Rut, die offenbaren, wie die Rabbinen Noomi einschätzten. Die erste Stelle zeigt auf typische Weise, wie die Rabbinen es verstanden, ein »Problembewußtsein« für eine Schwierigkeit im Text zu wecken. Vers 3 beginnt:

»Elimelech starb, der Mann Noomis, und sie blieb zurück, sie und ihre beiden Söhne.«

Auf den ersten Blick scheint hier eine nüchterne Sachaussage gemacht zu werden, bis eine gewisse irritierende Redundanz auffällt. Immerhin wissen wir bereits aus dem vorhergehenden Vers, daß Noomi Elimelechs Frau ist, womit eigentlich klar ist, daß Elimelech ihr Mann ist. Warum also die unnötige Wiederholung?

Stilistisch läßt sich dieser Informationsüberschuß damit rechtfertigen, daß hier die Hauptpersonen wechseln. Galt bisher unser Augenmerk vor allem Elimelech, so wenden wir unsere Aufmerksamkeit von nun an Noomi zu, von der der Rest des Kapitels handeln wird.

Die Rabbinen allerdings sahen sich im Blick auf die Redundanz des Textes, die auch ihnen nicht verborgen blieb, veranlaßt, eine vollkommen andere Frage zu stellen. Elimelech hatte Israel während einer Hungersnot verlassen, was in ihren Augen ein sehr schlechtes Licht auf ihn warf. (Abraham geriet wegen derselben Verfehlung in große Schwierigkeiten.) Die Rabbinen vervielfachten nun Elimelechs Vergehen noch durch die Annahme, daß er sehr wohlhabend war und das Land nur verließ, weil er die Horde seiner Verwandten und die zahllosen Armen, die während der Hungersnot zu ihm kamen und bettelten, loswerden wollte! Auf diese Begründung verfiel man, um Elimelechs frühen Tod als Strafe dafür erklären zu können, daß er sein Volk im Stich gelassen habe. Doch wenn nun Elimelech bestraft wurde, warum nicht auch Noomi? Antwort: weil sie als Ehefrau in ihrem Handeln nicht frei war.

»Elimelech starb, der Mann Noomis (und damit derjenige, der bestimmte, was sie tun und lassen durfte).«

In diesem speziellen Fall war Noomi also schuldlos.

Soweit die Rabbinen in bester legalistischer Manier. Ich habe mich hier auf die zweite Anmerkung zu dem betreffenden Vers in Raschis Kommentar bezogen. Um der Ausgewogenheit willen jedoch sei nicht verschwiegen, daß uns Raschis erste Anmerkung, die aus dem Talmud, Sanhedrin 22b stammt, eine Einsicht vermittelt, die ganz genau der Auslegung entspricht, die ich Noomis Nöten gegeben habe. Ganz schlicht steht da:

»*Ejn isch mate ela l'ischto,*
Ein Mann stirbt nur seiner Frau wirklich.«

Das heißt, die Person, die am meisten unter dem Verlust des Gatten leidet, ihn am unmittelbarsten und schmerzlichsten erfährt, ist die Ehefrau. Was immer seine Kinder oder andere auch fühlen mögen, die Frau hat mit ihm zusammengelebt, und diese Beziehung, so problematisch sie zuzeiten auch gewesen sein mag, ist das stärkste nur denkbare Band zwischen zwei Menschen. Die eigentlich Leidtragende ist die Witwe.

Doch bevor wir uns in der Welt der großen Gefühle verlieren, sollten wir noch eine weitere faszinierende Facette rabbinischer Auslegungskunst betrachten, die die Rabbinen zu einem anderen verwirrenden oder doch zumindest merkwürdigen Aspekt in Noomis Verhalten anzubieten haben, der uns ebenfalls bereits beschäftigt hat. Wir haben konstatiert, daß Noomi zweimal zu ihren Töchtern sagte: »*Schowna*!« - »Kehrt um!« In Wirklichkeit taucht dieses Wort jedoch in ihrer Anrede an die Schwiegertöchter dreimal in identischer Form auf (V. 8.11.12). Nach Auffassung der Rabbinen war es undenkbar, daß eine so fromme Frau wie Noomi in diesem entscheidenden Augenblick lediglich wohlklingende Platitüden von sich gab – was Noomi hier sagte, hatte vielmehr einen festen Anhalt in der Lehre der Tora. Denn welchen Status hatten die beiden jungen Frauen? Waren sie jüdisch oder nicht? (Diese Frage geht übrigens etwas über den biblischen Text hinaus, hat es doch den Anschein, als hätten die beiden mit allem anderen auch die Religion ihrer Ehemänner übernommen.) Für die Rabbinen aber war die Frage der Konversion ein äußerst wichtiges Thema, und das Buch Rut bot eindeutig einen Grundsatztext im Hinblick auf die Anwendung des Gesetzes in dieser Angelegenheit.

Was wollte Noomi also mit ihrer dreimal wiederholten Aufforderung »*schowna*! - »kehrt um!« sagen? Kein Zweifel, sie deutete damit an, daß künftige Konvertiten dreimal zurückgewiesen werden müssen. Erst wenn sie über diese dreifache Zurückweisung hinaus in ihrem Entschluß festbleiben und damit zeigen, wie ernst es ihnen mit dem Übertritt ist, sollen sie in die Gemeinschaft aufgenommen werden (*Rut Rabba* 2.16). Neben all ihren menschlichen Qualitäten müssen wir Noomi also auch als eine Stifterin und Lehrerin des jüdischen Gesetzes hochschätzen.

Rut

Die ersten Leserinnen und Leser des Buches Rut hatten möglicherweise mit Vorurteilen gegen diese Gestalt zu kämpfen – und dabei hat es auch noch den Anschein, als habe der Verfasser diesen Punkt ganz bewußt besonders herausgestellt. Denn Rut ist Moabiterin, und das beschwört sogleich den Gedanken an die Herkunft Moabs, des Stammvaters der Moabiter, herauf, der aus der inzestuösen Verbindung Lots mit einer seiner Töchter hervorging (Gen 19,32-38).

Es ist sogar eigens im Gesetz festgelegt, daß »ein Moabiter ... nicht in die Gemeinschaft des Ewigen aufgenommen werden darf, nicht einmal in der zehnten Generation« (Dtn 23,3). Schlimmer noch, während der Wüstenwanderung wurden die Israeliten von den Töchtern Moabs zum Götzendienst verführt, ein Vergehen, für das das ganze Volk mit einer tödlichen Plage bestraft wurde (Num 25,1-9). Daß im ganzen Buch Rut immer wieder daran erinnert wird, daß sie eine Moabiterin ist, schürt also gleichsam alle unsere Vorbehalte gegen sie.

Doch zugleich lernen wir sie auch als die Schwiegertochter Noomis kennen, eine Schwiegertochter zudem, die ihrer Schwiegermutter treu zur Seite stand. Die Einzelperson Rut scheint also nichts mit dem Moabiter-Stereotyp gemein zu haben. Sie trägt den Tod ihres Ehemannes mit Würde und läßt sich von Noomis Versuch, sie fortzuschicken, in ihrer Anhänglichkeit und Treue nicht beirren. Während ihre Schwägerin Noomi verläßt, bleibt Rut bei ihrer Schwiegermutter, ja, sie geht sogar so weit, sich ganz und gar mit dem Leben und dem Schicksal der Älteren zu identifizieren. Unsterblich sind die Worte, mit denen sie ihrer unverbrüchlichen Zuneigung Ausdruck gibt:

»Wo du hingehst, da will ich auch hingehn,
wo du bleibst, da will ich auch bleiben,
dein Volk ist mein Volk
und dein Gott ist mein Gott,
wo du stirbst, will ich auch sterben,
und dort will ich begraben werden.«

Vielleicht bekräftigt Rut mit ihren Worten zugleich auch ihre Treue zu Israel, ja vielleicht stellt das Ganze so etwas wie eine Konversionsformel dar, wenngleich wir nichts über eine formelle Übertrittsprozedur in biblischer Zeit wissen – auf jeden Fall ist dies ein Punkt, auf den wir später noch einmal zurückkommen müssen. Fest steht, daß die Zugehörigkeit Ruts zum Volk Israel und seinem Gott eingebunden ist in ihre persönliche Anhänglichkeit an Noomi.

Auf eigene Initiative hin geht Rut auf die Getreidefelder bei Betlehem, um für den Unterhalt der kleinen Familie zu sorgen. Die Ankündigung ihres Vorhabens wird gewöhnlich in der folgenden Lesart wiedergegeben:

»Ich will bei jemandem Ähren lesen, in dessen Augen ich Gnade finde.« (Rut 2,2)

Genau diese Formulierung wurde allerdings lange Zeit als recht problematisch betrachtet. Als Witwe und als Fremde hat Rut nach israelitischem Gesetz das Recht aufzusammeln, was am Rand des Feldes und bei der Nachlese liegenbleibt (Lev 19,9-10); außerdem stehen ihr die Garben zu, die vom Besitzer zurückgelassen und vergessen wurden (Dtn 24,19). Sie muß also keineswegs »Gnade in irgend jemandes Augen finden«, um Ähren sammeln zu dürfen, oder sollte doch zumindest nicht darauf angewiesen sein. Eine neuere Interpretation[1] bezieht deshalb ihre Aussage zurück auf den vorigen Satz, in dem Boas als Verwandter Noomis eingeführt wurde.

Geht man von diesem Kontext aus, dann würden ihre Worte bedeuten:

»Ich will Ähren lesen, *um Gnade in seinen Augen zu finden.*«

Schon im nächsten Vers erfahren wir, daß Rut Erfolg hatte: Sie geriet nicht etwa ›zufällig‹ auf das Feld von Boas, wie man bei oberflächlichem Lesen des Textes anzunehmen geneigt ist, sondern hatte sich offenbar bewußt Boas' Acker zum Ährenlesen ausgesucht, was unter anderem auch daran deutlich wird, daß sie dieses bestimmte Feld sofort ausfindig machte.

1. Diese Auslegung und einige andere Anregungen für diesen Abschnitt und die Passage über Boas verdanke ich Jack M. Sassons brillantem Buch *Rut: A New Translation with a Philological Commentary and a Formalist-Folklorist Interpretation*, The Johns Hopkins University Press 1979.

Wie kam es, daß Boas sie überhaupt bemerkte? In unserer Phantasie stellen wir uns Rut als eine außergewöhnlich schöne junge Frau vor, die die Aufmerksamkeit des Gutsherrn durch ihre Schönheit auf sich gezogen haben könnte. Abraham Ibn Esra, ein Exeget des Mittelalters, war der Ansicht, daß sie vielleicht deshalb in der Schar der Frauen auffiel, weil sie die moabitische ›Nationaltracht‹ trug. Doch eigentlich sagt der Text selbst ganz klar, wie es zu dieser Begegnung kam. Der Aufseher berichtet, daß Rut gefragt habe, ob sie hinter den Schnittern hersammeln dürfe (Rut 2,7), was von der üblichen Praxis abweicht. Da es dem Aufseher nicht zustand, eine solche Erlaubnis zu erteilen, mußte er warten, bis er seinerseits seinen Herrn Boas fragen konnte. Daher der Hinweis, daß Rut sich bereits seit dem Morgen in der Nähe halte (Rut 2,7) – sie trödelte also nicht einfach untätig herum, sondern stand da und wartete, bis Boas kam. Wenn man den Abschnitt so versteht, dann ist ihr Vorgehen wohlberechnet: Sie hat Boas' Aufmerksamkeit mit Vorbedacht auf sich gelenkt.

In dem Gespräch, das sich daraufhin zwischen Rut und Boas entspinnt, geht Boas weit über die Grenzen der konventionellen Höflichkeit und Großzügigkeit hinaus. Am Ende gibt er nicht nur ihrer Bitte nach, beim Garbenbinden Ähren sammeln zu dürfen, sondern lädt sie sogar zum Mittagessen ein (2,15).

Rut blieb in ihrer Situation im Grunde gar nichts anderes übrig, als die Initiative zu ergreifen. Die israelitische Gesellschaft war so beschaffen, daß eine alleinstehende Frau kaum eine Chance hatte – nicht umsonst die wiederholte Aufforderung im biblischen Gesetz, »Fremde, Witwen und Waisen« zu schützen. Juristisch und ökonomisch waren Frauen damals in der Regel entweder Töchter oder Ehefrauen. Für Rut wie für Noomi ging es also ums nackte Überleben.

Wenn sich Rut schon bei Boas bewußt einschmeichelte, dann wäre es durchaus denkbar, daß sie dasselbe auch bei jemand anderem getan hätte. Und vielleicht war sie in der Tat in Versuchung. Boas hatte sie angewiesen, sich beim Ährensammeln an die »Frauen« zu halten (Rut 2,8). Rut selbst dagegen erzählt, als sie Noomi später Bericht erstattet, Boas habe sie aufgefordert: »Halte dich an die Männer.« (Rut 2,21) Vielleicht wird Rut deshalb in diesem Satz wieder als »die Moabiterin« eingeführt – was uns noch einmal in unserem Stereotyp von der jungen, sexuell attraktiven und aktiven Moabiterin bestärkt. An dieser Stelle jedoch mischt sich Noomi ein:

»Es ist gut, meine Tochter, daß du mit seinen Frauen hinausgehst.« (Rut 2,22)

Und wirklich hält Rut sich an die Mägde (Rut 2,23), bis die Ernte vorüber ist. Vor die Wahl gestellt zwischen ihren persönlichen Gefühlen und Bedürfnissen und ihrer Verantwortung, siegt ihre Loyalität gegenüber Noomi.

Die treibende Kraft hinter der zweiten Begegnung mit Boas auf der Tenne war Noomi; sie drängte Rut förmlich dazu, sich in dieses Abenteuer zu stürzen. Alles deutet darauf hin, daß Boas bei dieser Gelegenheit verführt werden soll – die Geheimnistuerei, das Festgewand, das Salböl. (Wobei die Schilderung, wie Rut sich wäscht, parfümiert und ankleidet (Rut 3,3), an Hochzeitsvorbereitungen erinnert (Ez 16,8-10).)

Hinter der Geschichte von Rut ahnen wir eine andere Geschichte, die Geschichte von Tamar, die Juda verführte, indem sie sich als Prostituierte ausgab, um ein Kind von ihm zu bekommen und damit ihre Zukunft abzusichern (Gen 38) – tatsächlich wird Tamar am Ende des Buches Rut explizit erwähnt (Rut 4,12).

Der gewagte Schritt, Rut zur Tenne zu schicken, ist ein Versuch Noomis, ihr einen Ehemann, ein Zuhause, Sicherheit und »Ruhe« (3,1) zu verschaffen. Das Ganze ist eine Art kalkuliertes Risiko. Rut redet Boas dann allerdings nicht einfach nur als potentiellen Ehemann an. Sie bezeichnet ihn als *goel*, »Löser«, ein Begriff, den sie bei Noomi gehört hat, als sie ihr von ihrer ersten Begegnung mit dem Gutsherrn berichtete (2,20). *Goel* ist der Terminus technicus für dasjenige Mitglied der Familie, das dafür verantwortlich ist, andere Familienmitglieder aus der Verschuldung auszulösen und den Landbesitz der Familie zusammenzuhalten. Rut bezeichnet Boas als »Löser«, der zwar nicht sie, aber Noomi retten kann.

Sie überschaut dabei die Situation jedoch offensichtlich nicht ganz, was darauf hinzudeuten scheint, daß sie hier auf eigene Faust handelt. Es gibt andere Familienmitglieder, die ein stärkeres Anrecht auf das Amt des »Lösers« haben. Trotzdem erkennt Boas in Ruts Sorge um Noomis Wohlergehen ihre echte Anhänglichkeit und ihren inneren Wert. Im Grunde handeln beide Frauen altruistisch jeweils zugunsten der anderen, und beiden schlägt es am Ende zu ihrem eigenen Besten aus.

Am Ende des Buches scheint die Person Rut neben der Vielzahl beeindruckender dynastischer Hinweise zu verblassen: Ihre Ehe wird durch die Erinnerung an die Patriarchen aufgewertet, und ihr Kind wird gar als ein Glied in der Kette, die bis hin zu König David reichen wird, gefeiert.

Rut tritt uns entgegen als ein zu Mitleid und echter Loyalität fähiger Mensch, als eine junge Frau, die sich, motiviert durch ihre körperlichen Bedürfnisse, aber auch durch einen gesunden Pragmatismus, bewußt einen reichen Ernährer sucht, und sich am Ende doch ganz von ihrer Sorge und Liebe zu ihrer Schwiegermutter, ihrem toten Ehemann und dem Volk und dem Gott, unter dessen Flügeln sie ihr Schicksal gefunden hat, bestimmen läßt. In gewisser Hinsicht ist Rut ebensosehr eine religiöse Pionierin wie Abraham. Er ließ sein altes Leben und seine ganze Welt zurück, um einen neuen Glauben zu entdecken. Sie ließ alles Vertraute hinter sich, um sich einer Gemeinschaft anzuschließen, die von Abraham abstammte. Das ganze Buch Rut scheint denn auch die Analogie zwischen den beiden Gestalten betonen zu wollen. Die Berufung Abrahams wird mit den Worten eingeleitet:

»Geh fort aus deinem Land, von deinem Geburtsort und dem Haus deines Vaters ...« (Gen 12,1)

Boas wiederum bewundert Rut dafür, »wie du deinen Vater und deine Mutter, dein Land und deine Verwandtschaft verlassen hast und zu einem Volk gegangen bist, daß dir zuvor unbekannt war« (Rut 2,11).

Die Rabbinen fragten im Zusammenhang mit dem Buch Rut, warum der Text überhaupt in den biblischen Kanon aufgenommen wurde. Rabbi Zeir gibt die Antwort:

»Nichts steht in dieser Rolle von Unreinheit und Reinheit, von Dingen, die verboten oder erlaubt sind – warum also ist sie geschrieben worden!? Euch zu lehren, wie groß der Lohn für die Taten treuer Liebe ist.« (*Rut Rabba* 2.15)

In seiner Frage scheint ein Hauch von Ironie auf Kosten des rabbinischen Übereifers für gesetzliche Vorschriften mitzuschwingen, seine Antwort aber trifft die Sache im Kern. Auch Rabbi Zeir betont die »treue Liebe« (*chesed*), die Rut in ihrem Verhalten an den Tag legt (1,8; 3,10), die Loyalität, mit der sie am Gedenken ihres toten Gatten festhält, indem sie seinen Familiennamen weiterträgt und in seine Heimat zieht, und ihre nicht weniger starke Loyalität gegenüber ihrer Schwiegermutter Noomi.

Wie wir schon im Fall Noomis sahen, diente das Buch Rut jedoch zugleich als wichtige Quelle jüdischer Gesetzesauslegung in der Frage der Konversion. Den Rabbinen lag daran, sich der Aufrichtigkeit des Glaubens des Übertrittswilligen zu vergewissern. Darüber hinaus galt es festzulegen, wie gründlich der oder die Betreffende sich im jüdischen Gesetz auskennen mußte. Ein so ernsthafter und frommer Mann wie Boas konnte Rut nach rabbinischer Ansicht nicht allein um ihrer äußeren Schönheit willen bemerkt haben und sich von ihr angezogen fühlen. Zweifellos lag es vielmehr an ihrem vornehmen Betragen und ihrer offensichtlichen Bewandertheit im jüdischen Gesetz über das Ährensammeln, die sich in ihrer Bitte verriet, daß sie Boas auffiel.

»All die anderen Frauen pflegten sich zu bücken und Ähren zu lesen, diese aber setzte sich auf den Boden und las Ähren. All die Frauen pflegten ihre Röcke zu schürzen, sie aber trug ihren lang. All die anderen Frauen plauderten mit den Arbeitern, diese aber blieb bescheiden für sich. Alle anderen Frauen sammelten zwischen den Garben, sie aber achtete streng darauf, das Korn zu sammeln, das keinem gehörte. Zudem hob sie nur zwei Ähren auf, die beieinander waren, und niemals drei (denn drei war die kleinste Zahl für eine Garbe).« (*Rut Rabba* 4.9; *Jalkut Schimoni* a.a.O.)

Wenn Rut aber im jüdischen Gesetz Bescheid wußte, so konnte dies nur daran liegen, daß sie in Noomi eine ausgezeichnete Lehrerin gehabt hatte. Dieser Schluß ergibt sich jedenfalls aus der rabbinischen Interpretation von Ruts Treueschwur gegenüber Noomi. Es gibt verschiedene Varianten dieser Auslegung, doch das Grundmuster ist in dem folgenden Amalgamat zusammengefaßt.

»*Noomi*: Meine Tochter, es ist nicht Sitte bei den Töchtern Israels, heidnische Theater oder Zirkusse zu besuchen.
Rut: Wo du hingehst, da will auch ich hingehen.
Noomi: Meine Tochter, es ist nicht Brauch bei den Töchtern Israels, in einem Haus ohne *Mesusa* (das Kästchen am Türpfosten, das Bibelverse enthält) zu wohnen.

Rut: Wo du bleibst, da will ich auch bleiben.

Noomi: Uns sind sechshundertdreizehn Gebote auferlegt.

Rut: Dein Volk ist mein Volk.

Noomi:Uns ist der Götzendienst verboten.

Rut: Dein Gott ist mein Gott.

Noomi: Vier Todesarten sind dem Gericht überwiesen worden, je nach der Art des Verbrechens: die Steinigung, Verbrennung, Enthauptung und das Erhängen.

Rut: Wo du stirbst, will ich auch sterben.

Noomi: Das Gericht entscheidet, in welcher von zwei Arten von Grabstätten ein Mensch bestattet wird, der die Todesstrafe erleidet (je nach der Art des Verbrechens).

Rut: Und dort will ich begraben werden.« (Rut Rabba 2.22 und Jebamot 47b)

Natürlich ist diese ganze Liste von Anweisungen um Ruts Worte herum konstruiert, in anderen Versionen werden beispielsweise die Todesstrafen nicht weiter spezifiziert. Dennoch dürfen wir uns Rut nicht nur als eine sehr weitherzige Frau vorstellen; sie besaß außerdem ein ausgezeichnetes Gedächtnis und eine ungewöhnliche Hingabefähigkeit. In jeder Hinsicht eine wertvolle, außergewöhnliche Frau. Wird sich Boas ihrer würdig erweisen?

Boas

Kann man sagen, daß Boas, die dritte Hauptfigur des Buches Rut, Humor hat? Er erscheint in seinem Verhalten immer sehr ernsthaft und patriarchalisch, mit einer Sprache, die von frommen Ausdrükken durchsetzt ist. Der Eindruck drangt sich auf, daß er nicht mehr ganz jung ist, auch wenn sein Alter nirgends erwähnt wird. (Nach der rabbinischen Tradition war er achtzig und vor kurzem Witwer geworden; nur deshalb kam er überhaupt als Ehemann für Rut in Frage.) Boas ist ein Mann von Einfluß, und er weiß aufzutreten. Doch was für ein Mensch steckt hinter der formvollendeten Fassade?

Bei seiner ersten Begegnung mit Rut verhält er sich äußerst korrekt. Er redet sie mit »meine Tochter« an, die geziemende Anrede eines »älteren« Mannes gegenüber einer jüngeren Frau. Er lädt sie ein, oder fordert sie vielmehr auf, auf seinem Acker zu bleiben und sich beim Ährenlesen seinen Mägden anzuschließen. Seine Knechte weist er an, sie nicht zu belästigen und sie trinken zu lassen, wenn Wasser ausgegeben wird. Er wahrt also die Form und gibt sich als pflichtbewußter, fürsorglicher Landbesitzer.

Erst Ruts Frage, »wie habe ich es verdient, daß du mich so achtest, da ich doch eine Fremde bin?« (Rut 2,10), scheint ihn etwas aus der Reserve zu locken. Er gesteht, daß er bereits von ihr gehört habe, davon, daß sie aus Liebe zu ihrer Schwiegermutter ihre eigene Familie und ihre Heimat verließ, um bei einem Volk zu leben, das ihr ganz fremd war. Wie bereits im Abschnitt über Rut aufgezeigt, wird in seinen Worten gleichsam ein Echo der Berufung Abrahams laut, der ebenfalls sein Vaterhaus und seine Heimat verließ (Gen 12,1). Vielleicht erkennt Boas die Größe des Opfers dieser Frau, das weit über das hinausgeht, was von ihr erwartet wurde, und ahnt den religiösen Impuls, der sie dazu getrieben haben mag. Er ruft den Segen des Ewigen, des Gottes Israels, unter dessen Flügeln sie Schutz gefunden hat, auf sie herab.

Auf Ruts Dankbarkeit hin dehnt er seine Gastfreundschaft dieser Fremden gegenüber noch weiter aus – sie darf mit den anderen an den Mahlzeiten teilnehmen und wird so schon beinahe in die Familie aufgenommen.

Erst nachdem Rut gegangen ist, erfahren wir, wie tief Boas von ihr beeindruckt ist, denn er weist seinen Aufseher eigens an, ihr zu erlauben, zwischen den Garben zu lesen, eine Vergünstigung, die, wie wir im vorigen Kapitel festgestellt haben, weit über die gesetzlichen Vorschriften hinausging.

Und doch wissen wir immer noch nicht, ob Boas sich einfach als großzügiger Gastgeber einer Frau gegenüber zeigen will, die einem Mitglied seiner Familie besondere Zuneigung erwiesen hat, oder ob er ein persönliches Interesse an ihr hat.

Am Ende der Getreideernte kommt Rut mitten in der Nacht zu ihm auf den Dreschplatz. Boas erwacht. In der ersten verwirrten Frage – »wer bist du?« – läßt er die formelle Anrede »meine Tochter« fallen. Doch kaum hat Rut ihre Bitte geäußert, scheint er wieder in seine Patriarchenrolle zu schlüpfen. Auf einmal ist sie wieder »meine Tochter«, und wieder ruft er in frommem Pathos Gottes Segen auf sie herab, weil sie sich ihm gegenüber loyal verhalten hat und den jungen Männern aus dem Weg gegangen ist.

Er scheint der Ansicht zu sein, daß Rut aus Sorge um die Lösung von Noomis Land und damit um die Zukunft ihrer Schwiegermutter gerade zu ihm, Boas, dem »Löser« der Familie, gekommen ist. Sie stellte die Loyalität gegenüber der Familie und der Sippe ihrer Schwiegermutter über ihre persönlichen Wünsche.

Doch dann weist er sie auf eine Schwierigkeit hin – es existiert noch ein weiterer Anwärter, der noch vor ihm das Recht hat, den Besitz von Noomis verstorbenem Gatten zu lösen, und der Gelegenheit bekommen muß, von diesem Recht Gebrauch zu machen. Boas verspricht jedoch, die Angelegenheit in Ordnung zu bringen. Danach wandeln sich seine Korrektheit, die formelhafte Sprache, die vernünftigen familienpolitischen Erwägungen fast unmerklich. Er besiegelt sein Versprechen emphatisch mit einem Gelübde, »so wahr der Ewige lebt!« (Rut 3,13), dem er den Befehl folgen läßt: »Liege hier heute nacht!« Diese Wendung hat an anderer Stelle eine eindeutig sexuelle Färbung (man denke zum Beispiel an das Angebot oder besser gesagt die Anweisung der Frau des Potifar an Josef; Gen 39,7), kann aber auch neutral für »schlafen« gebraucht werden. Über das, was weiter geschah, schweigt sich die Bibel aus.

Auf jeden Fall versammelt Boas am nächsten Tag eine Gruppe von Ältesten im Tor, das heißt im »Gerichtshof« der Stadt, und teilt ihnen mit, daß Noomi das Land ihres verstorbenen Mannes verkauft und der ungenannte Verwandte das erste Vorrecht habe, es zurückzuerwerben. Der Mann, dem damit das Feld zufallen würde, ist hochzufrieden, es zu »lösen«. Für das Publikum kommt diese Wendung wie ein Schock. Es hat das Gefühl, um sein Happy-End betrogen worden zu sein.

Wie es der Zufall will, heißt der unbekannte »Löser« im Hebräischen »Ploni Almoni«, das biblische Äquivalent zu Müller oder Maier, ein Name, der eindeutig ein Inkognito ist und den offensichtlich auf Anonymität bedachten Käufer schützen soll. (Ihm ist in diesem Buch an späterer Stelle ein eigenes, etwas weniger ernsthaftes Kapitel gewidmet.)

Gerade als wir Boas abgeschrieben haben, gelingt es ihm irgendwie, mit einem einzigen Satz das Ruder herumzureißen. Er jagt dem armen Ploni einen Todesschrecken ein, indem er ihm eröffnet, daß er, sollte er weiter an dem Handel interessiert sein, sich und seine ganze Familie ins Unglück stürzen würde (4,6). Dieser Geniestreich von Boas ist aufs engste mit unserem Verständnis eines ganz besonders kniffligen hebräischen Textes verknüpft.

Erst jetzt läßt Boas die Katze aus dem Sack und gibt seine Heiratsabsicht bekannt. Er erklärt:

»An dem Tag, an dem du den Acker von Noomi erwirbst, (solltest du dir klarmachen,) daß *ich* die Moabiterin Rut erworben/geheiratet habe, um den Namen des Toten für sein Erbe wiedererstehen zu lassen.«

In den meisten Übersetzungen steht hier, »wenn du, der Löser, Rut geheiratet hast«, wobei davon ausgegangen wird, daß der potentielle Käufer argwöhnte, daß er mit zwei Frauen Schwierigkeiten bekommen würde, und deshalb von dem Kauf zurücktrat. Vom hebräischen Text her ist es jedoch möglich, daß der Verwandte *oder* Boas Rut »erwerben«. Wenn Boas Rut jedoch mit der ausdrücklichen Absicht heiratet, Kinder mit ihr zu haben, die den »Namen« ihres verstorbenen Mannes »weitertragen« und Anspruch auf das Land aus dem Familienerbe haben, dann stehen wir damit vor einer völlig neuen Situation. Solange Noomi und Rut kinderlos sind, erwachsen dem »Löser« keine Kosten aus dem neu erworbenen Land. Sobald Noomi aber durch Rut einen neuen »Sohn« als Erben hätte, müßte der Löser die Witwe und das Kind unterstützen und das Land für sie erhalten. Da Noomi kein eigenes Vermögen hatte, würde sie das Land immer wieder verkaufen müssen, und der Löser müßte es dann zurückkaufen, bis der Knabe alt genug wäre und es sowieso erben würde. Der Löser, der zunächst glauben mußte, gleichsam etwas umsonst zu bekommen, stand durch die Eheschließung von Boas und Rut plötzlich kurz davor, sich eine enorme finanzielle Belastung aufzuladen.

Erwartungsgemäß trat er sein Recht an Boas ab. Der Mann, der es ablehnte, seine familiäre Pflicht zu tun und den Namen seines verstorbenen Verwandten zu bewahren, ist der Geschichtsschreibung nicht einmal einen Namen wert. Er bleibt der anonyme Ploni Almoni. Dabei hätte er der Urahn Davids und des Messias werden können.

Was enthüllt diese Episode über die Persönlichkeit des Boas? Er legte den Fall so dar, daß sein Gegenspieler seiner eigenen Habgier in die Falle gehen mußte, und zog ihm dann den Boden unter den Füßen weg. Schließlich hätte er von Anfang an von seiner Eheschließung sprechen können, doch statt dessen entschied er sich für die List.

Vielleicht fand er, daß der andere Löser eine Lektion verdiente, doch dieser letzte Eindruck von Boas, wie er sich formal völlig korrekt, aber nicht ohne Bauernschläue aus der Affäre zieht, läßt auf einen gewissen trockenen Humor hinter dem feierlichen Gehabe schließen. Boas tritt gleichsam mit einem Augenzwinkern ab.

Was genau spielte sich nun ab zwischen Rut und Boas in jener Nacht auf der Tenne? Der biblische Text läßt es offen. Zweifellos war Boas in Versuchung, was manche jüdische Kommentatoren dazu veranlaßt hat, sich besonders intensiv mit dem langen Satz, den Boas mitten in der Nacht an Rut richtet, zu befassen. (Lange Reden unter solchen Umständen erwecken leicht den Eindruck, daß der Sprecher, abgesehen von der Information, die er dem Leser liefert, hier versucht, sich selbst gleichsam gut zuzureden oder im Zaum zu halten. Ein Beispiel dafür ist etwa Josefs langatmige Erklärung gegenüber der Frau des Potifar, wieso und warum er nicht mit ihr schlafen dürfe (Gen 39,8-9). Ähnlich sahen sich die Rabbinen genötigt, auch die weitschweifigen Erklärungen der Mädchen zu kommentieren, die am Brunnen Wasser holen wollten, als der hochgewachsene, gutaussehende junge Saul sie fragte, wo er den Propheten Samuel finden könne (1 Sam 9,12-13).)

Raschi geht davon aus, daß der Anstand gewahrt wurde. Er macht diese Überzeugung an dem ersten Wort fest, mit dem Boas Rut auffordert, über Nacht zu bleiben. Das hebräische Verb *lini* hat die neutrale Bedeutung ›über Nacht bleiben‹, ohne alle sexuellen Untertöne. Tatsächlich gebraucht Rut genau dasselbe Wort, als sie Noomi versichert, »wo du bleibst, da will ich auch bleiben«. Wie an anderen Stellen im Buch Rut fallen auch hier Aussagen, die eine gute Absicht oder einen frommen Wunsch zum Ausdruck bringen, auf die Person zurück, die sie ausgesprochen hat. Daher übersetzt Raschi:

»Bleib über Nacht – ohne einen Mann!«

Raschi scheint hier aus dem Midrasch zu zitieren, in dem das Ganze etwas ausführlicher kommentiert wird:

»Bleib über Nacht - heute nacht wirst du ohne einen Mann bleiben, doch du wirst keine weitere Nacht allein, ohne einen Mann, verbringen müssen. (*Rut Rabba* a.a.O.)

Als es dann um Boas' Gelübde geht, läßt Raschi seiner Phantasie die Zügel schießen:

»So wahr der Ewige lebt! - Sie sagte zu ihm: ›Mit Worten löst du mich aus!‹ (vermutlich die wohlerzogene Formulierung Ruts für ein erbostes ›Nichts als leere Versprechungen!‹) Da sprang Boas auf und schwor ihr, daß er keine leeren Worte geredet habe.«

Doch Raschi bringt auch noch eine zweite Deutung ins Spiel:

»Manche unserer Rabbinen erklären, daß er (nicht Rut) anredete, sondern seine eigenen bösen Triebe (von den Rabbinen häufig mit dem Sexualtrieb gleichgesetzt), die begonnen hatten, ihn zu quälen: ›Du bist alleinstehend, sie ist alleinstehend, geh zu ihr!‹ Deshalb schwor er, er würde nicht zu ihr gehen, es sei denn im Hochzeitsgewand!«

Passierte also doch etwas? Ich möchte gerne noch eines zu bedenken geben, um die allgemeine Verwirrung noch ein bißchen zu steigern. In der Vorgeschichte beider Protagonisten hat es Sex-Skandale gegeben. Boas stammt aus der illegitimen Verbindung zwischen Juda und Tamar (Gen 38), Rut aus der illegitimen Verbindung zwischen Lot und einer seiner Töchter (Gen 19,30-38). Irgendwie handelt das ganze Buch Rut von Hoffnung und Wiederherstellung, vom Wiedergutmachen des Schadens der Vergangenheit und vom Bauen einer neuen Zukunft. Und wirklich blickt es ja voraus auf die Geburt König Davids. Ich habe den Verdacht, daß es mit zu den Intentionen des Buches gehört, die skandalösen Vorfälle in Davids Ahnenreihe ein bißchen zurechtzurücken, die beiden Hauptfiguren also in einer schicklichen Weise agieren zu lassen, um damit die Vergangenheit »in Ordnung zu bringen«. Die Vergangenheit läßt sich zwar nicht mehr ändern, aber sie kann neu interpretiert und auf eine neue Weise bearbeitet werden. In diesem Fall hätten sich Rut und Boas in jener Nacht auf der Tenne natürlich absolut *comme il faut* verhalten.

Vielleicht kommt es einfach darauf an, welcher Generation man angehört, ob man Enthaltsamkeit angesichts einer solchen Gelegenheit als angemessenes oder im Gegenteil höchst unangemessenes Verhalten betrachtet. Sind die Skandale von gestern nicht oft die Romanzen von heute?

»Elieser«

Wir kennen seinen wahren Namen nicht. In der jüdischen Tradition ist er als »Elieser« bekannt geworden, weil Abraham einmal eine dunkle Andeutung über einen gewissen ›Elieser aus Damaskus‹ machte (Gen 15,2), der seinen Besitz erben sollte, falls er selbst kinderlos starb. Da es nirgends einen direkten Beleg für diese Identifizierung gibt, bleibt unser »Elieser« anonym, der sprichwörtliche getreue Knecht seines Herrn.

Er verkörpert eine klassische Gestalt der Volkssage, den klugen Knecht, der die Interessen seines Herrn geschickt zu wahren weiß und dabei schlau genug ist, sich selbst nicht in Schwierigkeiten zu bringen. Damit ist er der Urahn von Cervantes' Sancho Pansa und P.G. Woodehouses gewitztem Butler Jeeves, eine Mischung aus beherztem Mutterwitz und durchtriebener Bauernschläue.

Abraham ist alt. Es ist an der Zeit, das Haus zu bestellen. Wie später sein Enkel Jakob auf dem Totenbett (Gen 47,29) läßt auch er den Mann, dem er vertraut und der ihn überleben wird, geloben, seinen letzten Wunsch zu erfüllen.

»Nimm meinem Sohn keine Frau von den Töchtern der Kanaaniter, unter denen ich wohne, sondern reise in meine Heimat, an meinen Geburtsort, und hole eine Frau für meinen Sohn, für Isaak.« (Gen 24,3-4)

Der Knecht hat Bedenken. Es ist eine lange Reise; und wenn dann auch vielleicht die Familie des Mädchens der Heirat zustimmen mag, was, wenn das Mädchen selbst nicht bereit ist, die Ihren zu verlassen? Soll Isaak dann zu ihr ziehen?

Damit trifft er einen empfindlichen Punkt. Abraham war aufgebrochen in eine neue Heimat. Sein Bund mit Gott enthielt unter anderem auch die Verheißung, daß er einen Sohn haben würde, der das Land nach ihm ererben würde. Würde der Sohn nun in die Heimat der Väter zurückkehren, dann wäre damit das ganze große Unternehmen seines, Abrahams, Lebens hinfällig. Vielleicht hielt Abraham Isaak auch für zu schwach, den Versuchungen des Landes, das sein Vater einst bewußt hinter sich gelassen hatte, zu widerstehen. Erst Jakob, der Enkel, sollte Abrahams Geburtsort wiedersehen. Doch es kostete ihn zwanzig lange Jahre, sich diese Heimkehr zu verdienen, und am Ende mußte er sie sich noch durch eine List erkaufen. Der alte Patriarch ist denn auch gewiß, daß Gott seinem Knecht schon das rechte Mädchen zuführen wird, und wenn nicht, dann liegt es immer noch in Gottes Hand, die Sache so zu Ende zu bringen, wie er es für richtig hält.

Der Knecht bricht also mit zehn Kamelen, beladen mit Kostbarkeiten aus Abrahams Besitz, nach Aram Naharaim auf. Er kommt an den Brunnen, das Zentrum dörflichen Lebens, wo die Mädchen sich sammeln und wo auch andere, zum Beispiel Jakob und Mose, ihre Braut finden werden. (Wir sind schon so darauf eingestellt, daß die Männer in der Bibel ihre Ehefrauen an Brunnen kennenlernen, daß wir gleich eine sich anbahnende Liebesgeschichte wittern, als Saul einer Gruppe von Mädchen auf dem Weg zum Wasserholen begegnet und ein Weilchen mit ihnen plaudert. Daß nichts Derartiges geschieht, ist gleichsam nur eine weitere der vielen unvollendeten Episoden in Sauls tragischem Leben (1 Sam 9, 11-30).)

Abrahams Knecht denkt sich einen Test aus, mit dessen Hilfe er herausfinden will, welches das richtige Mädchen ist. Zugleich bittet er Gott, seinem Herrn gegenüber *chesed* walten zu lassen, Treue und Liebe. *Chesed* – das ist eine verläßliche und vertrauenswürdige Liebe, eine Liebe, wie sie einen Bund besiegelt.

»Ewiger, Gott Abrahams, laß es mir heute gelingen und handle mit *chesed* an meinem Herrn Abraham: Da stehe ich am Brunnen, und die Töchter der Bewohner dieser Stadt kommen heraus, um Wasser zu schöpfen. Mach, daß das Mädchen, zu dem ich sage: ›Reich mir doch bitte deinen Krug zum Trinken‹, und das antwortet: ›Trink nur, ich will auch deine Kamele tränken‹, diejenige ist, die du für deinen Knecht Isaak bestimmt hast. Daran will ich erkennen, daß du meinem Herrn *chesed* erwiesen hast.« (Gen 24,12-14)

Mit dieser Bitte wird Gott auf die Probe gestellt. Ganz abgesehen davon ist die der potentiellen Braut zugedachte Prüfung nicht von Pappe: Immerhin kann ein durstiges Kamel über hundert Liter Wasser trinken, und Elieser hat zehn Kamele![2] Rebekka kommt also

2. Wie für viele andere wichtige Erkenntnisse bin ich auch an dieser Stelle Nechama Leibowitz zu Dank verpflichtet. Sie hat die Frage in den Raum gestellt, wieviel ein Kamel überhaupt trinken kann, und mir dadurch dazu verholfen, Rebekkas Prüfung in einem völlig neuen Licht

zum Brunnen, läßt ihr Gefäß hinab, zieht es empor, trägt es zum Trog, und wiederholt diesen Vorgang wieder und wieder. Der Knecht sieht zu, staunend über die prompte Reaktion Gottes auf seine Bitte, aber auch über die Gastfreundschaft, Tatkraft und Ausdauer des Mädchens.

Als die Unterhandlungen mit ihrer Familie beginnen, beweist »Elieser« großes diplomatisches Geschick. Es ist immer wieder darauf hingewiesen worden, wie er die Geschichte von seiner Mission, eine Frau für den Sohn seines Herrn zu finden, geschickt umformuliert.

Zunächst einmal stellt er den ungeheuren Reichtum heraus, mit dem Gott seinen Herrn gesegnet hat. Dabei unterläßt er jedoch mit Bedacht jede Anspielung auf »den Ewigen, den Gott des Himmels und der Erde«, auf den er seinen Eid geleistet hat (Gen 24,3). Dies ist nicht der Zeitpunkt, an heikle religiöse Unterschiede zu rühren.

Abraham hatte gesagt, daß er *unter* den Kanaanitern lebte, in der Schilderung seines Knechts jedoch wohnt er »*in ihrem Land*« – vielleicht ein bewußt lancierter impliziter Hinweis, daß sein Herr sich nicht mit diesen heidnischen Völkern vermischt hat, sondern lediglich dort wohnt. Und Abrahams eher allgemein formulierte Bitte, eine Frau für seinen Sohn in der alten Heimat zu holen, wird bei Elieser zu dem konkreten Wunsch: »Geh in meines Vaters Haus« (vgl. 24,38 mit V. 3-4).

Die ganze Zeit betont er den wunderbaren Charakter der Begegnung am Brunnen – wie Gott seine Bitte so rasch erfüllt habe und ausgerechnet Rebekka als erste herzutrat, um Wasser zu schöpfen. Etwas problematisch daran ist allerdings, wie er als Fremder hatte erkennen können, daß Rebekka zu Abrahams Verwandtschaft gehörte, noch bevor er sie seiner Prüfung unterzog! Also ändert er die Einzelheiten seiner Begegnung mit ihr rasch entsprechend ab, als ob die Wahl speziell und einzig und allein Betuels Familie gegolten hätte. In Wirklichkeit hatte er Rebekka Armreifen und einen Ring geschenkt

zu sehen. Im übrigen war es nicht leicht, eine Antwort auf diese Frage zu bekommen. Mehrere Anrufe beim Londoner Zoo belehrten mich darüber, daß es solche und solche Kamele gibt. Endlich fand ich irgendwo in einem Artikel, den ich umgehend wieder verlegte, die Angabe »über hundert Liter«.

und erst danach nach ihrem Namen gefragt (V. 22-23). Seiner Version der Ereignisse zufolge jedoch kam das Geschenk erst ins Spiel, nachdem ihm bekannt war, daß sie die Tochter Betuels ist (V. 47).

Das Ganze ist ein wahres Kabinettstückchen des Takts und der Diplomatie, das, gekleidet in den Mantel der Frömmigkeit und des Wunderbaren, gleichzeitig auf den Familienstolz, die Religiosität und die Habgier der Adressaten zielt und bei dem sich Berechnung und Aufrichtigkeit aufs schönste die Waage halten. Kein Wunder, daß Betuels Familie nicht widerstehen kann.

Doch warum verdienen die diplomatischen Verrenkungen und Schachzüge des klugen Knechts solche Beachtung? Immerhin ist dieses Kapitel mit seinen bis ins einzelne gehenden Wiederholungen und Variationen eines der längsten in der ganzen Bibel.

Vielleicht sieht der Knecht voraus, daß Abraham bei seiner Rückkehr nicht mehr am Leben sein wird. Als Rebekka die Gestalt Isaaks gewahrt, der der Kamelkarawane entgegenkommt, fragt sie, wer er sei. Der Knecht identifiziert ihn ohne Zögern: »Er ist mein Herr« (24,65).

Es sind letztlich zwei Ebenen der Loyalität, die sich in diesem Kapitel mischen: Da ist Gottes *chesed* gegenüber seinem Bund mit Abraham, eine Treue, die über das Grab hinausreicht und auch über den Nachkommen von Gottes erwähltem, besonderen Freund wacht. Und da ist die Loyalität, die Abraham offensichtlich bei den Angehörigen seines Haushalts zu erwecken vermochte. Schließlich wäre der Knecht seiner Verpflichtung ledig gewesen, wenn das Mädchen nicht eingewilligt hätte, mit ihm zu kommen. Ja im Grunde hing das Schicksal des Experiments, das Gott mit Abraham begonnen hatte, von der Bereitwilligkeit eben jenes Knechtes ab, eine Frau für Abrahams Erben zu finden. Hätte er eine andere Vorgehensweise gewählt und nicht so geschickt taktiert, wie er es tat, wäre das Resultat vielleicht ein ganz anderes gewesen.

Vielleicht stand auch für ihn im Zusammenhang mit Abrahams Erbe etwas Wichtiges auf dem Spiel. Wenn die Aufgabe, die er Rebekka stellte, tatsächlich so schwer war, wie es den Anschein hat, vielleicht hatte er sie dann bewußt so gestellt, daß eine mögliche Aspirantin auf die Hand des Erben mit hoher Wahrscheinlichkeit versagen würde, und war nun restlos verblüfft, als Gott ihn beim Wort nahm und den Fehdehandschuh aufhob.

Als ihm klar wurde, daß hier wirklich Gottes Wille am Werk war, stellte er sich seinerseits der Herausforderung – diese heidnische Familie und das Mädchen selbst auf jeden Fall davon zu überzeugen, daß der Heiratsantrag ihr Glück bedeutete.

Beim genauen Lesen des Kapitels spüren wir die Augenblicke atemloser Spannung, in denen Gottes ganzer Plan hätte ins Wasser fallen können, wenn der Knecht sich illoyal verhalten oder einen diplomatischen Fauxpas begangen hätte.

Gott stellte Abraham auf die Probe und verhalf ihm zu einem Sohn. Der Knecht stellte Gott auf die Probe, und Abraham bekam eine Tochter.

Sauls Knecht

Auch biblische Propheten können Fehler machen. Der Satz ist nicht ganz so schockierend, wie er auf den ersten Blick erscheinen mag. Immerhin kennt die hebräische Bibel falsche Propheten – Leute, die zwar eigentlich für ihre Aufgabe qualifiziert waren, jedoch falsche Antworten von Gott überbrachten. Entweder waren sie Halunken oder, wie Jeremias Zusammenstoß mit Hananja (Jer 28) zeigt, Leute mit den allerbesten Absichten, denen ihr Patriotismus oder die politischen Sachzwänge den klaren Blick getrübt hatten. Propheten sind Menschen, und Menschen irren sich nun einmal.

Eine Geschichte gibt es jedoch, aus der hervorgeht, daß sogar ein »wahrer« Prophet in die Irre gehen konnte, wenn sein persönliches Urteil gefragt war. Sie beginnt mit einem dieser besonderen Sätze, die sich manchmal in der Bibel finden und wie eine historische Fußnote anmuten, die ein Redaktor zur Belehrung einer späteren Lesergeneration eingefügt hat. Die Fußnote, um die es hier geht, taucht mitten in der Schilderung von Sauls Suche nach den ausgerückten Eseln seines Vaters auf. Saul will die Suche gerade ergebnislos abbrechen, da erzählt ihm sein Knecht von einem Mann Gottes, der ihm vielleicht helfen könnte (1 Sam 9,6). Auf Sauls Einwand, daß sie nichts hätten, was sie dem Gottesmann als Honorar anbieten könnten, fördert der erfinderische Knecht etwas Geld zutage.

An dieser Stelle wird die Geschichte durch die besagte Anmerkung unterbrochen:

»Früher sagte man in Israel, wenn man hinging, um Gott zu befragen: ›Wir wollen zum Seher gehen‹, denn wer heute ›Prophet‹ genannt wird, hieß früher ›Seher‹.« (V. 9)

Man fragt sich natürlich sofort, welche Leser das wohl waren, die mit dem Begriff »Seher« (*ro'e*, von *ra'a*, »sehen«) nichts anfangen konnten. Noch entscheidender ist aber, daß wir durch diesen Satz auf einen offenbar bedeutsamen Terminus aufmerksam gemacht werden, der dann auch im Zusammenhang mit dem Auftritt Samuels gebraucht wird.

Der Rest der Geschichte ist bekannt. Samuel salbt Saul, und Saul wird König. Doch seine ganze Herrschaftszeit ist überschattet, nicht zuletzt auch von seinem ständigen Konflikt mit Samuel. Zum Teil werden diese Zwistigkeiten dadurch geschürt, daß Samuel anfangs zögerte, Israel überhaupt einen König zu geben, zum Teil aber auch durch Sauls persönliche Unzulänglichkeit. Am Ende kann es nur noch eine Lösung geben: Gott sorgt für die Absetzung Sauls. Er hat seine Meinung über Saul als König geändert (1 Sam 15,11). Samuel wird in geheimer Mission entsandt, um unter den Söhnen Isais den Nachfolger Sauls zu salben.

Samuel, der unter dem Vorwand reist, er brauche Isais Söhne als Gehilfen bei einem Opferritual, denn schließlich ist das, was er vorhat, nichts anderes als Hochverrat, läßt die jungen Männer vor sich aufmarschieren. Als sie vor ihm stehen,

»sah er Eliab und sagte: Sicherlich ist er vor dem Ewigen der Gesalbte!« (16,6)

Daraufhin erfolgt die berühmte Rüge Gottes an die Adresse des voreiligen Samuel. Aus dem, was hier gesagt wird, können wir schließen, daß Eliab ähnlich wie Saul hochgewachsen war und eine eindrucksvolle Erscheinung abgab. Zwangsläufig werden wir daran erinnert, daß Sauls Statur von Anfang an als eines seiner hervorstechendsten Merkmale betont wurde:

»Jung und schön, und kein anderer unter den Kindern Israel war so schön wie er. Er überragte alle um Haupteslänge.« (1 Sam 9,2)

Jetzt weist Gott Samuel harsch zurecht:

»Sieh nicht auf sein Aussehen und seine stattliche Gestalt, denn ich habe ihn verworfen – denn es ist nicht, wie Menschen sehen. Denn Menschen sehen, was vor den Augen ist, der Ewige aber sieht ins Herz.« (16,7)

Viermal kommt in diesem Satz die Wurzel *ra'a*, »sehen«, vor. Samuel, der »Seher«, ist derjenige, der in dieser Situation offenbar nicht richtig »sehen« kann. Statt den potentiellen Thronanwärtern ins Herz zu »sehen«, »sah« er nur auf die äußere Erscheinung. Sein subjektiver Eindruck hat ihn in die Irre geführt. Er hat die Gestalt des Mannes da vor ihm bewundert und nicht abgewartet, wie Gott ihn beurteilt.

Im weiteren Verlauf der Geschichte wird ein Sohn Isais nach dem anderen abgelehnt, bis schließlich nur noch der augenblicklich abwesende David übrig ist. Schwingt da vielleicht eine gewisse Ironie mit, wenn es von ihm heißt, er habe »schöne Augen und sei schön anzu*sehen*« (V. 12)? Wie Saul ist auch David »schön«, und seine »An*sehn*lichkeit« wird – hier vielleicht eher in spöttischer Reminiszenz auf Samuels »Sehfehler« eigens betont.

Im Druckbild des traditonellen hebräischen Textes ist an dieser Stelle eine Zäsur im Satz, so daß wir im wahrsten Sinne des Wortes auf Samuels Reaktion warten müssen. Er hält inne, zögert, zweifelt und wägt ab, sichtlich verunsichert in seinem Urteil. Gott muß schließlich eingreifen, ungeduldig darauf bedacht, diese unvollendete Angelegenheit – und damit zugleich den zweiten Teil des Satzes – endlich zu einem guten Ende zu bringen:

»Auf! Salbe ihn! Denn das ist er!« (V. 12)

Kehren wir noch einmal zurück zur Salbung Sauls. Samuel hatte anfangs aus religiösen Gründen Vorbehalte, Israel einen König zu geben, weil das Volk einen König wollte, um zu sein »wie all die anderen Völker«. Israels König war Gott allein. Zugleich wird hinter Samuels Zaudern aber auch seine ganz persönliche Tragödie fühlbar.

Als junger Mann im Heiligtum von Schilo hatte er miterlebt, wie verdorben die Söhne des Priesters Eli waren, und bei seiner ersten Begegnung mit Gott war ihm gesagt worden, daß sie umkommen würden. Nun, im Alter, mußte er dieselbe Erfahrung am eigenen Leibe durchmachen. Seine Söhne, die er als seine Nachfolger, als künftige

Richter des Volkes, gesehen hatte, waren wegen ihres lasterhaften Lebenswandels vom Volk abgelehnt worden. Der Wunsch nach einem König war zugleich eine Absage an Samuels geheimste, innerste persönliche Träume.

War vielleicht deshalb seine Urteilskraft getrübt, als er Saul wählte? Das Wort Gottes war an ihn ergangen, daß »ein Mann aus dem Land Benjamin zu ihm kommen würde« (9,16). Der Text fährt fort:

> »Und Samuel *sah* Saul, und der Ewige sagte zu ihm: Siehe der Mann, von dem ich zu dir gesprochen habe.« (9,17)

Anders als im Falle Davids, wo die Initiative von Gott ausgeht, *sah* Samuel und machte einen Vorschlag, und der Ewige reagierte darauf.

Auf diesem Hintergrund wird klar, daß unsere anfangs erwähnte »historische Fußnote« einen tieferen Sinn hat. Natürlich erhält der Leser darin einerseits eine Erläuterung zu einem offenbar in der Zwischenzeit ungebräuchlich gewordenen Wort, er erfährt, daß die »Seher« mittlerweile »Propheten« heißen. Doch darüber hinaus lenkt sie unsere Aufmerksamkeit auf die Rolle des Propheten an sich, auf die Rolle dessen, der »sieht«, und damit auch auf die Möglichkeit, daß dieser »Seher« eben *nicht* richtig »sieht«.

»Sah« Samuel beim ersten Mal nur die äußere Erscheinung? Bildete er sich ein, daß Gott ihm geantwortet habe, weil er an Saul etwas gewahrte, das seine eigenen zwiespältigen Gefühle im Blick auf das ganze Unterfangen widerspiegelte – Anzeichen für innere Schwäche, gepaart mit einer imposanten äußeren Erscheinung? Kann Gott sich so in Saul getäuscht haben, daß er später seine Ansicht ändern mußte, oder sollen wir an dieser Stelle eigentlich darauf gestoßen werden, daß Samuels Wahl von Anfang an fragwürdig war? Sprach Samuel in diesem so entscheidenen Augenblick für Gott oder für sich selbst?

Doch wenn Samuel die Sache falsch auffaßte, wie steht es dann mit Gottes Anweisung? Wer war der »Mann aus dem Land Benjamin«, den Samuel hätte salben sollen?

Es gab noch einen Kandidaten. In Begleitung von Saul war sein Knecht. Als Saul aufgeben wollte, schlug der junge Mann vor, zum »Seher« zu gehen. Als Saul abwinkte mit dem Einwand, daß er Samuel für seine Dienste nicht bezahlen könne, trieb der Knecht sofort das erforderliche Geld auf. Offensichtlich besaß dieser junge Mann Phantasie und Einfallsreichtum, zwei äußerst schätzenswerte Eigenschaften für den Anführer eines Volkes. Dennoch bleibt er anonym, verborgen hinter dem im wahrsten Sinn des Wortes langen Schatten, den Saul warf – ein unbekannter Jüngling, der möglicherweise hätte König werden können.

4

Die Bösen

Pharao

»Pharao« ist der biblische Titel für den König von Ägypten. Es gibt daher eine ganze Reihe von »Pharaos« in der Bibel. Einige von ihnen lassen sich eindeutig einer bestimmten historischen Epoche zuordnen, andere, wie etwa der Pharao der Exodus-Geschichte, sind weit schwerer zu identifizieren.

Was wir vom Pharao des Exodus oder vielmehr von den beiden Trägern dieses Titels – der eine starb, doch sein Nachfolger war exakt vom gleichen Kaliber (Ex 2,23) – in jener für Israel so entscheidenden Zeit wissen, entstammt ausschließlich dem biblischen Bericht.

So heißt es von dem bewußten Pharao, er sei der »neue König« (Ex 1,8), was zu Spekulationen Anlaß gab, ob er möglicherweise nicht der rechtmäßige Thronerbe aus der herrschenden Dynastie war, sondern ein Usurpator. Geht man von dieser Hypothese aus, dann ist die Notiz im selben Satz, daß er »Josef nicht gekannt« habe, kein Zeichen für seine Unwissenheit, sondern vielmehr ein Indiz dafür, daß der neue Pharao eine bestimmte Gruppe, die unter dem vorigen Herrscher Macht und bestimmte Privilegien genossen hatte (Gen 47,11-12), aus politischen Erwägungen »nicht anerkannte«.

Josef, der erste »Hofjude«, wurde auch zum ersten gezielt aufgebauten jüdischen »Strohmann« der offiziellen Politik. Die Geschichte, wie er einst aus seiner Gefängniszelle geholt wurde, um Pharaos berühmten Traum von den sieben »fetten« Jahren, denen sieben »magere« Jahre folgten, zu deuten (Gen 41,1-49), hat neben vielen anderen auch eine recht zynische Auslegung erfahren. So sensationell sei Josefs Traumdeutung nun wahrlich nicht gewesen, wird da argumentiert,[1]

---

1. Ich bin mit dieser Interpretation durch Rabbiner Adin Steinsaltz im Rahmen einer Tagung in Jerusalem bekannt gemacht worden.

ebensowenig wie seine angeblich so geniale Lösung der Probleme, die durch die drohende Hungersnot heraufbeschworen wurden. Auf jeden Fall war nichts an dieser Deutung so außergewöhnlich, daß nicht auch die professionellen Traumdeuter Pharaos hätten darauf kommen können. Was Josefs kometenhaften Aufstieg veranlaßte, war vielmehr, daß er die ideale Besetzung war, die neue politische Linie in die Praxis umzusetzen. Während der »fetten« Jahre wurde in den gigantischen Silos des Pharao Nahrung gehortet, wodurch letztlich ein staatliches Monopol auf die Grundnahrungsmittel entstand. Während der »mageren« Jahre dann wurde dieser Vorrat an die Bevölkerung ausgegeben – natürlich zu entsprechenden Preisen. Als die Menschen nicht mehr mit »Silber« bezahlen konnten (Gen 47,15-20), mußten sie zuerst ihr Vieh, dann ihr Land und schließlich sich selbst an Pharao verkaufen – die Sklavengesellschaft war perfekt.

Da ein solches Vorgehen der Regierung bei der Bevölkerung massive Ressentiments, ja Haßgefühle auslösen mußte, bedurfte man einer geeigneten Galionsfigur für die staatliche Enteignungspolitik. Josef befand sich also am Ende, trotz aller Ehren, mit denen Pharao ihn überhäufte, und trotz seiner scheinbaren Weisheit als Wohltäter der Massen in einer äußerst exponierten und gefährdeten Stellung – zwischen den Fronten, zwischen den Herrschenden und dem Volk. Wie alle Juden in vergleichbaren Positionen im Laufe der Geschichte war auch er eine leichte Beute für Intrigen und Machenschaften von oben und, als man einen Sündenbock brauchte, für staatlich protektionierte Pogrome von unten. In einer solchen ohnmächtigen Machtposition mußten Josef und seine Familie bei jedem politischen Umschwung unausweichlich auf der Verliererseite stehen, prädestiniert zu Opfern des sich etablierenden neuen Regimes während seiner Konsolidierungsphase.

Der neuernannte Pharao formulierte denn auch als erster jenes Programm, das zur Standardpropaganda in der Geschichte des Antisemitismus werden sollte und von Demagogen auf der ganzen Welt bei der Hetze gegen Minderheiten eingesetzt wurde und wird:

»Gebt acht, dieses Volk, die Nachkommen Israels, sind zu viele und zu mächtig für uns geworden. Wir müssen in unserem Umgang mit ihnen geschickt taktieren, falls sie in Kriegszeiten mit unseren Feinden gemeinsame Sache machen und sich gegen uns wenden ...« (Ex 1,9-10)

Daß die Israeliten »zu viele und zu mächtig« für die Ägypter geworden seien, war schlechthin absurd – es sei denn, es ging hier darum, ganz bewußt die Ängste und Vorurteile in der Bevölkerung zu schüren. Der Hinweis auf die äußeren Feinde als Kampfruf, um die eigenen Reihen zu schließen und ein unpopuläres oder wackliges Regime zu stützen, ist auf jeden Fall so alt oder so neu wie die Zeitung von vorgestern.

Pharaos Strategie zur schrittweisen Ausschaltung der Israeliten war schon geradezu klassisch einfach. Zunächst wurden sie mit Sondersteuern belastet und zur Arbeit an bestimmten nationalen Bauprojekten verpflichtet (Ex 1,11). Damit begann ein Prozeß, in dessen Verlauf sie immer stärker von der übrigen Bevölkerung isoliert und allmählich ihrer materiellen, physischen und psychischen Widerstandskraft beraubt wurden. Die Arbeit, die sie verrichten mußten, wurde immer niedriger, immer schwerer (V. 14), so daß sie innerhalb der Sklavengesellschaft zu Sklaven der Sklaven herabsanken.

Gleichzeitig wurde der innere Zusammenhalt der israelitischen Gemeinschaft untergraben. Pharao setzte Aufseher – Ägypter – über die Israeliten, denen jedoch israelitische »Vorarbeiter« unterstanden – Vorläufer der »Kapos« der nationalsozialistischen Konzentrationslager. Sie erhielten besondere Vergünstigungen, wenn sie dafür sorgten, daß bestimmte Quoten erzielt wurden. In seiner Auseinandersetzung mit Mose nutzte Pharao später diese künstlich hervorgerufene Spaltung im Volk aus (Ex 5,6-21).

Am Ende fehlte nur noch jener allerletzte Schritt, den Pharao im geheimen schon längst eingeleitet hatte: die systematische Ausrottung der männlichen Nachkommen Israels, die anfangs noch aufgehalten wurde durch die Weigerung der Hebammen, die entsprechende Anordnung zu befolgen. (S. das Kapitel über Schifra und Pua.) Inzwischen aber war der Status der Israeliten in den Augen der Bevölkerung dermaßen gesunken, daß man sie nicht mehr als unter dem Schutz des Gesetzes bzw. des Regimes stehend betrachtete. Umgekehrt war die Machtposition Pharaos so stark geworden, daß er nicht mehr davor zurückscheute, offen zu handeln (Ex 1,22).

Die überraschende Intervention Moses konterte der ägyptische König mit derselben Taktik, mit der er bisher so gut gefahren war.

Indem er die Anforderungen an die israelitischen Arbeiter noch höher schraubte und das Volk gleichzeitig der Faulheit zieh, wobei er sich ausdrücklich auf Moses Bitte bezog, in der Wüste ein Opfer darbringen zu dürfen (Ex 5,8), isolierte er Mose und Aaron gezielt von der Gruppe, für die sie sich engagiert hatten.

Und in echter Sklavenmentalität wandte sich das geschundene Volk mit einem in seiner Absurdität schon geradezu grotesken Vorwurf wütend gegen seine künftigen Befreier:

»Ihr habt uns beim Pharao und seinen Dienern in Verruf gebracht und ihnen ein Schwert in die Hand gegeben, mit dem sie uns umbringen können.« (Ex 5,21)

Eine zynische Formulierung, in der bei aller Bitterkeit auch ein Quentchen Galgenhumor mitschwingt. Ihre Kinder werden ermordet, sie selbst müssen sich zu Tode arbeiten, und dieser neue Vorstoß gibt ihren Unterdrückern möglicherweise den gewünschten Vorwand an die Hand, ihnen weiteren Schaden zuzufügen – Pharao hatte auf der ganzen Linie gesiegt.

Natürlich war damit noch nicht das letzte Wort im großen Drama des Exodus gesprochen. Gegen die geballte politische, geistige und technologische Macht Ägyptens setzt Mose die Zehn Plagen mit ihrem sich allmählich immer mehr steigernden Zerstörungspotential. Die Magier Ägyptens müssen erleben, wie sie Schritt für Schritt mit ihren eigenen Waffen geschlagen werden, bis sie vor den Katastrophen, die sie nicht verhindern können, kapitulieren.

Immer gravierender wird der Schaden, den die Plagen anrichten. Er findet schließlich seinen Höhepunkt im Tod der Erstgeborenen der Ägypter als Ausgleich für den Kindermord. Unter der Oberfläche der Verheerungen aber zeichnet sich eine ganz bestimmte politische Entwicklung ab. Denn mit jeder Plage wird nun Pharao seinerseits mehr und mehr von seinem Volk und seinen Ministern isoliert, die die Macht des Gottes Moses immer deutlicher erkennen (9,20-21; 10,7; 11,3.8).

Am Ende steht Pharao völlig allein, unbelehrbar in seiner *splendid isolation*, wider alle Vernunft gegen seine eigenen Interessen, ja gegen das Überleben seines Volkes handelnd. Bei der blindwütigen Verfolgung der flüchtigen Israeliten hetzt er sein Heer in die wieder sich schließenden Wasser des Schilfmeeres.

Es ist faszinierend, wie plastisch uns der Plan Pharaos bei sorgfältigem Lesen aus dem Text entgegentritt. Eine erstaunlich weitblickende Analyse des Geschehens, die nicht ohne Einfluß auf die obenstehenden Ausführungen geblieben ist, liefert der Kommentar von Rabbi Mosche ben Nachman (Nachmanides, RaMBaN, 1194-1270), Rabbi, Mystiker, Philosoph, Arzt und Bibelkommentator. Nachmanides versteht Exodus 1,10, »wir müssen in unserem Umgang mit ihnen geschickt taktieren ...«, folgendermaßen:

»Pharao und seine Ratgeber hielten es für unklug, Leib und Leben des Volkes anzutasten, denn das hätte als großer Verrat gegolten, ohne allen Grund ein Volk anzugreifen, das auf Geheiß des früheren Königs ins Land gekommen war. Außerdem hätte das Volk (von Ägypten) dem König nicht gestattet, so gewaltsam vorzugehen, weil er ein Übereinkommen mit ihnen hatte. Außerdem waren die Kinder Israel ein großes und mächtiges Volk und hätten selbst gegen ihn zu den Waffen gegriffen. Deshalb beabsichtigte er, mit List vorzugehen, damit die Israeliten nicht merkten, daß sie feindselig behandelt wurden.

Also verlangte er von ihnen, ein Aufgebot (von Arbeitern) zur Verfügung zu stellen, denn es ist vernünftig, von Leuten, die nicht die vollen Bürgerrechte haben, zu erwarten, daß sie ein Aufgebot für den König stellen, wie es auch während der Herrschaft König Salomos der Fall war.

Danach befahl er den Hebammen, die männlichen Neugeborenen heimlich umzubringen, und zwar so, daß es nicht einmal die Gebärenden selbst merken sollten. Und schließlich befahl er seinem ganzen Volk, ›jeder Sohn, der geboren wird, ist in den Nil zu werfen‹ (Ex 1,22). Seine Absicht dabei war, daß er die Führer des Heeres nicht beauftragen wollte, sie mit dem Schwert des Königs zu töten. Auch sollten sie nicht diejenigen sein, die sie in den Fluß warfen, sondern er gebot dem Volk: wer auch immer ein hebräisches Kind findet, der soll es in den Fluß werfen, und wenn der Vater des Kindes an den König oder an das Oberhaupt der Stadt appelliert, dann können sie ihm ausrichten, daß er Zeugen beibringen solle, und dann würden sie schon zusehen, daß Gerechtigkeit geübt würde!

Und als diese Erlaubnis des Königs (Gewalt an den Kindern Israel zu üben, ohne eine Strafe fürchten zu müssen) bekannt wurde, spionierten die Ägypter in den Häusern (der Israeliten), schlichen sich nachts unter falschem Namen hinein und brachten die Kinder heraus (um sie umzubringen). Aus diesem Grunde heißt es im Text (2,3), daß sie das Kind Mose nicht länger verbergen konnten.«

Das Buch Exodus ist wahrlich nichts für schwache Nerven!

Goliat

Über das Leben von Goliat ist nichts bekannt. Und es ist gut möglich, daß wir, was seinen Tod betrifft, einem Irrtum aufgesessen sind.

Die Geschichte in 1. Samuel 17 ist uns so vertraut, daß sie an dieser Stelle eigentlich gar nicht wiederholt zu werden braucht. Immer wieder forderte der Philister Goliat aus Gat die Israeliten heraus: ihr bester Mann im Zweikampf gegen ihn! Doch keiner wagte es, sich mit dem Hünen zu messen, bis der junge David, der gekommen war, seine Brüder zu besuchen, auf dem Plan erschien.

Beschämt über die Feigheit seiner Volksgenossen nahm David die Herausforderung an. Er wies die Rüstung, die König Saul ihm stellen wollte, zurück und trat dem Feind nur mit einer Schleuder und fünf Kieseln, die er im Bachbett gesammelt hatte, bewaffnet entgegen. Mit seinem ersten Schuß traf er den Riesen an der Stirn und streckte ihn nieder. Dann ergriff er das riesige Schwert des gefallenen Kriegers und schlug ihm den Kopf ab.

Soviel zu jener Version der Geschichte, die wir seit unserer Kinderzeit kennen. Sie weist allerdings einige interessante Nebenaspekte auf. Zum Beispiel waren, da die Philister die metallverarbeitende Industrie kontrollierten, damals nur König Saul und sein Sohn Jonatan im Besitz von Schwertern (1 Sam 13,19-22). Die Tötung Goliats mit seinem eigenen Schwert hatte daher weitreichende sozio-politische Folgen.

Heißgeliebt und berühmt ist die Geschichte jedoch, weil sie gleichsam ein Symbol des Sieges des Schwachen über den Starken ist, des unbedarften jugendlichen Helden über den erfahrenen, kampferprobten Krieger, des Glaubens über die Kräfte der Zerstörung.

Das alles imponierte schon dem Verfasser der Geschichte. Und zwar anscheinend so sehr, daß er uns zwei verschiedene Versionen davon, wie der Riese tatsächlich starb, präsentiert. In 1. Samuel 17,50 lesen wir:

»So besiegte David den Philister mit einer Schleuder und einem Stein; er traf den Philister und tötete ihn, ohne ein Schwert in der Hand zu haben.«

Doch im nächsten Vers heißt es dann:

»Dann lief David hin und trat neben den Philister. Er ergriff sein Schwert, zog es aus der Scheide, schlug ihm den Kopf ab und tötete ihn.«

Tötet David Goliat nun mit dem Stein oder mit dem Schwert?

Die Antwort scheint zu lauten, »mit Goliats Schwert«, wie es der zweite Vers schildert. Doch da ist Vers 50, der den Ablauf der Erzählung unterbricht wie ein Jubelschrei, mit dem der Erzähler die dramatische Wende der Ereignisse unterstreichen will – gegen alle Wahrscheinlichkeit hat David gesiegt, »ohne ein Schwert in der Hand zu haben!« Obwohl David praktisch waffenlos war wie Israel selbst, wurde der Feind mit Gottes Hilfe geschlagen – wobei uns erst der nächste Vers darüber aufklärt, wie das Ganze im einzelnen vor sich ging.

Aber ging es wirklich so vor sich? Oder erzählt uns der Text der Bibel einfach nur, daß es so war, während der tatsächliche historische Ablauf sich nicht mehr rekonstruieren läßt?

Im großen und ganzen lief der Kampf wohl so ab, wie im Text beschrieben. Eine neuere Untersuchung[2] hat allerdings aufgezeigt, daß in der Legendenfassung offenbar eine ganze Reihe von Ungereimtheiten stecken. Wie war das zum Beispiel mit Goliats Helm?

Die meisten Darstellungen dieser berühmten Szene, von der klassischen Malerei bis hin zur Comic-Bibel, versehen Goliats Helm mit einer entsprechend hohen Stirnöffnung, damit Davids Kieselstein ihn gut am Kopf treffen kann. Leider wissen wir jedoch von Abbildungen philistinischer Helme aus der Archäologie, daß diese Helme die Stirn bedeckten, ja manche wiesen sogar eigens eine Verlängerung zum Schutz der Nase auf. Warum sollte David also ausgerechnet auf diesen am besten geschützten Teil zielen – und wie konnte der Stein den Gegner verwunden?

Daneben stellt sich noch ein weiteres Problem, an dem schon viel herumgerätselt wurde: Wenn der Stein Goliat an der Stirn traf, als er auf David zukam, wie kommt es dann, daß Goliat, wie es im Text ausdrücklich heißt, auf das Gesicht fiel? Wäre er nicht viel eher hintenübergefallen?

2. Ariella Deem, »... and the stone sank into his forehead.« A Note on I Samuel 17.49. *Vetus Testamentum*, Bd 28,3 (1978), S. 349-351. Die entscheidenden Anregungen zu dieser Passage verdanke ich ihrem glänzenden Artikel.

Die Antwort auf diese beiden Probleme liegt in dem hebräischen Wort *mehzach*, das gewöhnlich mit »Stirn« übersetzt wird. Nun taucht aber im gleichen Kapitel kurz zuvor ein fast identisches Wort auf, und zwar bei der Beschreibung der gewaltigen Rüstung, die Goliat trug:

»Auf seinem Kopf hatte er einen Helm aus Bronze, und er trug einen Brustpanzer aus Bronze, der fünftausend Schekel wog. Er hatte bronzene Schienen an den Beinen, und zwischen seinen Schultern hing ein Sichelschwert aus Bronze.« (V. 5-6) (Das Gesamtgewicht dieser Ausrüstung muß zwischen vierzig und sechzig Kilogramm gelegen haben.)

Das Wort, das uns hier zu interessieren hat, ist »Schienen«, ein Schutz für die Schienbeine, ähnlich den Beinschützern, die wir vom Hockey kennen. Der hebräische Begriff dafür ist *mizchat*. Das klingt ganz ähnlich wie *mehzach*, »Stirn«. Wenn wir nun davon ausgehen, daß hier beide Male dasselbe Wort gemeint ist, wie es von der hebräischen Grammatik her durchaus möglich wäre, und wenn wir dazu die lange, detaillierte Beschreibung der gewichtigen Rüstung, die Goliat mit sich herumschleppte, in Rechnung stellen – was könnte dann tatsächlich geschehen sein, als David seinen Stein schleuderte?

»Er griff in seine Hirtentasche, nahm einen Stein heraus, schleuderte ihn ab und traf den Philister an der *mehzach*. Der Stein drang in die *mehzach* ein, und er fiel mit dem Gesicht zu Boden.« (V. 49)

Die Kommentatoren haben lange herumgerätselt, wie der Stein in seine Stirn »eindringen« konnte, das heißt, wie es möglich war, daß ein so primitives Geschoß den Schädel durchschlug. (Ein Erklärungsversuch lief darauf hinaus, daß Goliats Körpergröße auf eine extreme Menge von »Wachstumshormonen« zurückging, die angeblich dazu führten, daß er besonders weiche Knochen hatte.) Doch wenn es hier statt dessen um die »Beinschienen« geht, dann traf der Stein den Riesen direkt oberhalb des Knies, »drang« hinter die Schiene, die am Knie natürlich offen war, damit er das Bein beugen konnte, rutschte am Bein hinunter und blieb unterhalb der Kniescheibe stecken.

Als Goliat das Bein strecken wollte, stolperte er und fiel nach vorn, mit dem Gesicht zu Boden. In dieser Position, so gut wie bewegungsunfähig durch das enorme Gewicht seiner Rüstung, war er eine leichte Beute für David, der ihn mit seinem eigenen Schwert erschlug.

Das erklärt vielleicht auch die sonst völlig zusammenhanglos erscheinende Information an einer früheren Stelle im Text (1 Sam 17,38-39), daß David Sauls Rüstung anprobierte, sich jedoch gegen sie entschied, weil er sich durch sie in seiner Bewegungsfreiheit zu sehr eingeschränkt fühlte. Wir sehen darin gern einen Hinweis darauf, daß David im Vergleich zu Saul und erst recht zu Goliat besonders klein und zierlich war, was natürlich seinen Sieg noch großartiger erscheinen läßt. Vielleicht entdeckte er bei seiner Anprobe aber auch den entscheidenden Schwachpunkt dieser Art von Uniform. Es kämpfte sich damit ganz leidlich, solange man stand oder marschierte, sobald man jedoch am Boden lag, war man hilflos, weil man aus eigener Kraft nicht mehr hochkam.

Das aber läßt den Schluß zu, daß David bei allem Gottvertrauen doch auch mit einem wohlausgeklügelten Plan in den Kampf zog. Ja, der Schachzug, die Waffen des Feindes gegen ihn selbst zu kehren, wurde geradezu zu einem festen Bestandteil seiner späteren Kriegskunst.

Es war also Davids Sachkenntnis, die ihn sein Ziel wählen ließ, und mit Gottes Hilfe traf er es auch. Der Stein brachte den Riesen zu Fall, und das Schwert tötete ihn. Zugegeben, die Geschichte verliert an Dramatik, wenn David Goliat nicht in die Stirn traf, andererseits steht der Held dafür etwas intelligenter da. Immerhin kann die jüdische Literatur nun der Sehne des Achilles mit Stolz Goliats Knie hinzufügen!

Korach

Israel rebelliert in der Wüste gegen seinen Anführer Mose (Num 16-17). Der Kopf der verschiedenen meuternden Gruppen mit ihren Wortführern, die sich aus sozialen, religiösen oder politischen Gründen gegen Mose stellen, ist Korach.

»Korach, der Sohn Jizhars, des Sohnes Kehats, des Sohnes Levis, nahm (*wajikach*) ... und Datan und Abiram, die Söhne Eliabs, und On, der Sohn

Pallus, Rubeniter. Und sie erhoben sich gegen Mose zusammen mit zweihundertfünfzig Männern der Kinder Israel, Leitern der Gemeinschaft, Abgeordneten der Versammlung, Männern von Ansehen.« (Num 16,1-2)

Eine äußerst merkwürdige Passage. Korach ist Subjekt des Prädikats »nahm«, doch die Verbform hat kein Objekt bei sich, hängt also gleichsam in der Luft. Manche Übersetzungen drehen es so hin, daß Korach Datan und Abiram und die anderen Verschwörer »nahm«, oder sie fügen das Wort »Männer« ein. Bei anderen »nahm« Korach »sich selbst«. Doch der hebräische Wortlaut bleibt rätselhaft.

Nicht weniger verblüffend ist die lange Liste von Ahnen, die in einem Atemzug mit Korachs Namen genannt werden – gewöhnlich pflegt die Bibel nicht mehr als zwei Generationen im Stammbaum einer Person zurückzugehen. Eine Erklärung liefert hier möglicherweise der Stammbaum in Exodus 6, 14-26.

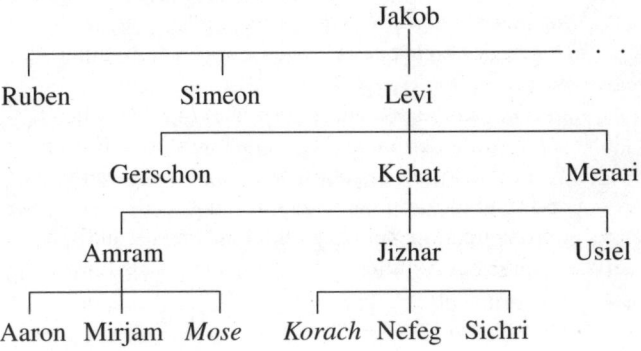

Der Stammbaum von Mose und Korach (Ex 6,14-21).

Er beginnt mit der Aufzählung der Nachkommen Rubens, Simeons und Levis, der ältesten Söhne Jakobs. Unter ihnen gilt das besondere Interesse den Leviten, vor allem der Familie Moses und Aarons.

Ein Großteil der Informationen, die der Stammbaum enthält, ergibt erst dann einen Sinn, wenn wir ihn uns als eine Art Besetzungsliste denken, die die Namen wichtiger Hauptdarsteller in einigen der Geschichten enthält, die später erzählt werden, darunter auch die

Geschichte vom Aufstand Korachs. Laut dieser»Besetzungsliste« hatte Levi drei und sein zweiter Sohn, Kehat, vier Söhne.

Der Erstgeborene, Amram, war der Vater von Aaron und Mose; der zweite war Jizhar, der Vater von drei Brüdern, deren ältester Korach war. Korach und Mose waren also Cousins ersten Grades. Vielleicht steckt schon in dieser nahen Verwandtschaft der Keim für die spätere Rivalität der beiden Männer.

Die Leviten hatten einigen Grund, sich mit Mose und Aaron zu überwerfen. Mitten im Lager stand der Tabernakel, in dem Aaron und seine Söhne ihr Amt als Priester versahen. Sie waren für das gesamte kultische Leben verantwortlich. Die Leviten waren ihnen unterstellt.

Die Nachkommen jedes der drei Söhne Levis hatten verschiedene Funktionen im Dienst im Heiligtum (Num 3-4). Die Gerschoniter hatten die Verantwortung für das Versammlungszelt, den Tabernakel und alle wichtigeren baulichen Teile. Die Merariter, die Nachkommen des jüngsten Sohnes Levis, überprüften das Zeltgerüst, die Säulen, Sockel, Pflöcke und Haltevorrichtungen, die unwichtigsten baulichen Teile. Die Kehatiter schließlich versorgten die allerheiligsten Gefäße und Gegenstände, die Lade, den Tisch, den Leuchter und die Altäre.

Aber obwohl es ihre Aufgabe war, diese Gegenstände zu transportieren, durften sie sie doch nie direkt berühren. Dieses Privileg war Aarons Söhnen vorbehalten, die sämtliche Gerätschaften vor dem Transport verhüllten. Der Zweig der Leviten, dem Korach entstammte, war dem Kernstück des israelitischen Kults also ständig quälend nah, und doch standen immer die Söhne Aarons zwischen ihnen und den höchsten kultischen Aufgaben.

Das mag der Hintergrund der Anklage sein, die Korach und seine Rebellen Mose und Aaron entgegenschleudern:

»Jetzt ist es genug! Alle sind heilig, die ganze Gemeinde, und der Ewige ist mitten unter ihnen. Warum erhebt ihr euch also über die Gemeinde des Ewigen?« (Num 16,3)

Auf den ersten Blick klingt das wie ein leidenschaftliches Plädoyer für echte Demokratie. Bei genauerem Hinsehen aber kann man sich des Verdachts nicht erwehren, daß es hier im Grunde um den persönlichen Stolz und die Stellung Korachs und der Leviten geht.

Mose hält daraufhin eine Ansprache an die Leviten, die sich zu Korach halten. Er erinnert sie daran, daß sie eine privilegierte Stellung unter den Stämmen einnehmen und Gott mehr dienen dürfen als alle anderen. Sollte ihnen das nicht genug sein? Offensichtlich macht seine Argumentation Eindruck auf die Gescholtenen, denn danach hört man nichts mehr von ihnen.

Mose wendet sich in der Folge direkt an Korach:

»Du und dein ganzer Anhang, erscheint morgen vor dem Ewigen, du, diese Männer und Aaron! Nehmt eure Räucherpfannen mit, tut Weihrauch hinein, und bringt eure Räucherpfannen vor den Ewigen, jeder seine eigene Räucherpfanne, im ganzen also zweihundertfünfzig Räucherpfannen, auch du und Aaron, bringt eure Räucherpfannen mit!« (16,16-17)

Die zweihundertfünfzig Männer, von denen hier die Rede ist, sind wahrscheinlich erstgeborene Israeliten, die ursprünglich das Recht hatten, die Opfer darzubringen, bis die Leviten ihre Rolle übernahmen. In ihrem Wunsch, Gott wieder auf die althergebrachte Weise zu dienen, hatten sie sich den Aufrührern angeschlossen. Doch Mose greift Korach heraus.

Zuerst sagt er, »du und dein ganzer Anhang«; dann, »du, diese Männer und Aaron«. Schließlich heißt es nur noch, »du und Aaron, bringt eure Räucherpfannen mit«.

Korach soll vor die verschiedenen Gruppen treten, vor Leviten und Erstgeborene. Er war der Kristallisationspunkt des ganzen Aufruhrs und soll deshalb neben Aaron das Gottesurteil erwarten. Sämtliche Anwesende haben ihre Räucherpfannen für den Weihrauch, das Symbol der Priesterschaft, bei sich. Feuer fällt vom Himmel und verzehrt alle, die Räucherpfannen in der Hand haben, nur Aaron überlebt.

Im Grunde geht es in dieser Geschichte um die Macht und damit auch um die Gefahr, die von der unmittelbaren Gegenwart Gottes inmitten der israelitischen Gemeinschaft ausgeht. Wer sich dieser Macht aussetzen will, muß zuvor bestimmte Vorkehrungen treffen und eine ganze Reihe von rituellen Reinigungen durchlaufen.

Korach schwankt zwischen dem aufrichtigen Wunsch, Gott zu dienen, und dem geheimen Ehrgeiz, als höchste religiöse Autorität anerkannt zu werden. Als er Mose und Aaron vorwirft, sie würden sich »über die Gemeinde« stellen, will er vielleicht seine eigenen

Ambitionen nicht wahrhaben. Gerade deshalb aber muß ihm Einhalt geboten werden – wer so nah bei Gott ist, und dabei doch aus unlauteren Motiven handelt, kann allzu leicht Schaden über die ganze Gemeinschaft bringen.

Unsere Geschichte hat noch einen kurzen Epilog. Auch nachdem die Aufrührer auf so spektakuläre Weise ausgeschaltet wurden, murren die Menschen weiter, und eine Plage bricht aus. Daraufhin weist Mose Aaron an, die Räucherpfanne zu nehmen und für das Volk zu bitten.

»Und Aaron *nahm* (*wajikach*) ... wie Mose gesagt hatte, und lief mitten unter die Leute.« (17,12)

Wie am Anfang wird auch hier das Verb »nehmen« ohne Objekt gebraucht. Was Korach also wohl ursprünglich »nehmen« wollte, wonach er griff, war die Räucherpfanne, das Symbol der Priesterschaft. Wie Aaron, der Hohepriester, wollte er »zwischen die Toten und die Lebenden« treten (17,13).

Datan und Abiram

Unter den verschiedenen Gruppierungen, die sich Korach in seinem Widerstand gegen die Führerschaft Moses und Aarons anschlossen (Num 16), taten sich vor allem zwei Männer hervor - die Rubeniter Datan und Abiram, die Söhne Eliabs.

Man kann mancherlei Mutmaßungen darüber anstellen, was sie wohl zur Auflehnung bewog. Als Rubeniter hatten sie, aufgrund der besonderen Vormachtstellung, die der Familie des Erstgeborenen Jakobs zukam, eine wichtige Führungsrolle inne. Diese Führungsrolle mußten sie durch die radikalen Veränderungen, die Mose eingeführt hatte, bedroht sehen.

Vielleicht waren sie auch prominente Vertreter des militanten Flügels, der angesichts der mannigfaltigen Katastrophen, die in jüngster Zeit über das Volk hereingebrochen waren, in den Ausstand getreten war. Die Späher, die ausgesandt worden waren, das Verheißene Land zu erkunden, waren mit schlechten Nachrichten zurückgekehrt, was im Lager zu Spannungen und Spaltungen geführt hatte (Num 14,1-10). Ein gescheiterter Invasionsversuch hatte in einer kläglichen Niederlage geendet (Num 14,40-45). Und nun wurde ihnen zu allem Überfluß auch noch mitgeteilt, daß sie vierzig Jahre zu warten hätten, bis sie einen erneuten Eroberungsvorstoß wagen dürften.

Auf jeden Fall ging es, als Datan und Abiram Mose trotzig am Eingang ihrer Zelte entgegentraten (Num 16,27), nicht einfach nur darum, den alten Streit mit neuen Argumenten fortzusetzen. Ihre Haltung wird mit dem Wort *nizawim* umschrieben, das heißt, sie »gingen in Stellung«, machten sich kampfbereit, so legt es zumindest eine andere Stelle nahe (1 Sam 17,16).

Deshalb war Mose auch wohlweislich in Begleitung der »Ältesten«, der politischen Oberhäupter des Volkes, gekommen, um die beiden zur Rede zu stellen – immerhin stand in diesem entscheidenden Augenblick auf Messers Schneide, ob das Volk Israel künftig unter einer Zivil- oder einer Militärregierung stehen würde.

Der Kernpunkt der Argumentation der Aufrührer klingt unseren modernen Ohren nur allzu vertraut. Mose wird wegen der Erfolglosigkeit seiner Politik angegriffen; ihm wird vorgeworfen, er habe seine Wahlversprechen nicht eingelöst.

Auffallend ist der beißend sarkastische Ton, in dem die Anschuldigungen vorgebracht werden. Als Mose nach Datan und Abiram schickt, ist ihre lakonische Antwort: »Wir kommen nicht herauf!« Damit weigern sie sich, Moses Autorität als Oberhaupt des Volkes weiterhin anzuerkennen und seiner Vorladung Folge zu leisten.

In der Begründung für ihre Weigerung greifen die beiden bewußt auf jene Worte und Bilder zurück, mit denen Mose ihnen einst das Land, in das er sie bringen wollte, schmackhaft zu machen versuchte:

»Ist es nicht genug, daß du uns aus einem Land, in dem Milch und Honig fließen, hergeholt hast, um uns in dieser Wüste sterben zu lassen? Willst du dich auch noch als unser Herrscher aufspielen? Du hast uns ganz sicherlich nicht in ein Land gebracht, in dem Milch und Honig fließen, und du hast uns keine Felder und Weinberge zu Besitz gegeben ... Willst du diesen Männern die Augen ausstechen? Wir kommen nicht herauf!« (Num 16,13-14)

In der rabbinischen Literatur werden die Namen von Datan und Abiram zum Teil grundsätzlich mit den unzufriedenen Stimmen, die im

Laufe des Exoduserlebnisses immer wieder im Volk laut werden, gleichgesetzt. Als die Kundschafter mit schlechten Nachrichten zurückkamen und das Volk verzweifelt war, heißt es:

»Und sie sagten, jeder zu seinem Bruder, ›Laßt uns einen neuen Anführer wählen und nach Ägypten zurückkehren‹.« (Num 14,4)

Welche beiden Brüder könnten so etwas zueinander gesagt haben? Datan und Abiram!

Wer waren die beiden, die am Sabbat Manna sammeln wollten, weil sie gegen den ausdrücklichen Befehl Moses am Tag zuvor keinen Extravorrat aufgelesen hatten (Ex 16,11-27)? Datan und Abiram!

Wer waren die Ältesten, die Mose nach seiner ersten, wenig erfolgreichen Mission bei Pharao kritisierten (Ex 5,20-21)? Datan und Abiram!

Wer waren die beiden streitenden Hebräer, die Mose zu trennen versucht hatte, als er noch ein ägyptischer Prinz war (Ex 2,13-14)? Natürlich Datan und Abiram!

Dieser Gedanke wurde nebenbei bemerkt in Cecil B. de Milles Film *Die Zehn Gebote* sehr schön aufgegriffen. Edward G. Robinson gab einen herrlich schurkischen Datan ab. Der Film wurde äußerst sorgfältig recherchiert; es kam dabei genug Material zusammen, um ein ganzes Buch daraus zu machen, und zahlreiche rabbinische *Midraschim* (Auslegungen und Legenden) wurden in die Handlung verwoben.

Die Rabbinen gingen davon aus, daß es in den genannten Fällen immer wieder dasselbe Brüderpaar war, das da Ärger machte und Unruhe stiftete: »Was immer man diesem schlimmen Paar anhängen kann, soll man ihm ruhig anhängen!« (*Jalkut Schimeoni, Exodus* 167).

Interessant an dieser Annahme ist, daß all diesen verschiedenen Anwürfen und Auflehnungstendenzen ein einziges Motiv zugrundegelegt wird: der latente Widerstand gegen die Führerschaft Moses, der schließlich im Aufstand Korachs gipfelte. Wir sollten diese Geschichten also mit einem für die politischen Hintergründe geschärften Blick lesen.

Es gibt einen sprachlichen Hinweis im Text, der tatsächlich eine Verbindung zwischen einer der erwähnten Episoden und unserer Geschichte herstellt. Als Mose die beiden streitenden Hebräer trennt, blafft ihn einer der beiden gereizt an:

»Mi sam'ch l'isch sar weschofet alenu –
Wer hat dich zum Herrn und Richter über uns bestellt?« (Ex 2,14)

Mit einer einzigen Ausnahme taucht die Wurzel *sarar*, »Herr sein«, danach nicht mehr auf – bis zu Datans und Abirams höhnischer Frage:

»Ki tistarer alenu gam histarer –
Willst du dich auch noch als unser Herrscher aufspielen?« (Num 16,13)

Das würde auch erklären, warum Mose an dieser Stelle das einzige Mal im Laufe der ganzen leidigen Auseinandersetzung mit den Aufrührern die Beherrschung verliert (16,15): Die Art und Weise, wie er hier angegriffen wird, stellt seine persönliche Integrität als Anführer des Volkes in Frage und ignoriert in beleidigender Weise alles, was er bisher für das Volk erreicht hat. Doch was noch schlimmer ist, die Worte der beiden rühren an jenen Augenblick vor langer Zeit, als er, Mose, alle Macht und alle Möglichkeiten, die ihm als ägyptischer Prinz offenstanden, für ein Volk aufgab, das ihn sofort verriet. Datan und Abiram wußten ganz genau, womit sie Mose am empfindlichsten treffen konnten.

Das Schicksal, das die beiden sprichwörtlichen Übeltäter am Ende erleiden, hat etwas von jener Ironie, die über vielen der Strafmaßnahmen nach der Devise »Maß um Maß« in der Bibel liegt. Die Männer, die Mose vorwarfen, er habe sie in die Wüste gebracht, um sie hier sterben zu lassen, sterben tatsächlich in der Wüste; mit den beiden, die sich weigerten, *herauf*zukommen, geht es *abwärts*: Die Erde tut sich auf und verschlingt sie (Num 16,30-33).

Dieser Ausgang erscheint recht drastisch, verlangt er doch eine ›neue Schöpfung‹ von Gott, ein wunderbares Eingreifen in die natürliche Ordnung der Welt. Der Auslöser für diese schreckliche Intervention muß in der schroffen Entgegnung der Rebellen und ihrer Weigerung, sich auf eine Diskussion einzulassen, liegen. Mose legt seinen Fall dar und fordert das Volk dann auf zu wählen – wer sich von Datan und Abiram distanzieren will, soll zurücktreten. Bis zum letzten Augenblick ist die Tür offen für weitere Verhandlungen. Doch die Rubeniter sind zu keinem Kompromiß bereit. Daraufhin fordert Mose eine gewaltsame Lösung, indem er die Sache Gott zur endgültigen Entscheidung vorlegt.

Mose gewann. Aber das Volk war nicht überzeugt und machte ihm weiterhin das Leben schwer. Die ganze Situation schrie nach einer klaren Machtdemonstration, die dennoch auf lange Sicht wirkungslos blieb.

Im rabbinischen Denken sind die Rebellen, da es ja im Text heißt, daß sie »lebend« in die Unterwelt hinabgestiegen seien, dort unten noch immer am Leben und rumoren im Untergrund. Ein Rabbi erzählte im Talmud, er habe einen Ort in der Wüste entdeckt, wo man sie durch einen Riß in der Erdoberfläche bekennen hören könne: »Mose hatte recht und wir hatten unrecht!«

Doch noch in einem anderen Sinn bleiben Datan und Abiram am Leben. Ihre Niederlage ist kein Triumph des Willens Gottes, sondern eine tragische Mahnung an die Menschen, die immer wieder unfähig sind, ihre Machtkämpfe friedlich auszutragen.

5

Die Narren

Bileam Ben Beor

Am Anfang ihrer Wüstenwanderung saß den Israeliten die tödliche Bedrohung durch Pharao und die geballte Militärmacht Ägyptens im Nacken. Am Ende ihrer Wanderung, auf der Schwelle zum Verheißenen Land, steht vor ihnen ein anderer, nicht weniger gefährlicher Feind: Bileam ben Beor, der Zauberer – ein Mann, dem die Macht des Wortes zu Gebote steht.

Heute sind wir dieser Welt in vieler Hinsicht zu fern, um ermessen zu können, was das bedeutete, die Macht des Wortes. Doch Balak, der König von Moab, achtete diese Macht immerhin so hoch, daß er den Mann aus dem fernen Zweistromland eigens kommen ließ, um Israel zu verfluchen.

»Denn wen du segnest, der ist gesegnet, und wen du verfluchst, der ist verflucht.« (Num 22,6)

Beim Lesen dieser Worte fällt uns sogleich die Verheißung ein, die Gott Abraham bei der ersten Begegnung gab (Gen 12,3):

»Ich will segnen, die dich segnen, und wer dich verflucht, den will ich verfluchen.«

Jetzt steht diese Verheißung auf dem Prüfstand.

Wie ein roter Faden zieht sich durch die Geschichte der Wüstenwanderung die allmähliche Verschiebung vom Konkreten zum Abstrakten. Es ist, als sollten die Israeliten, je weiter sie sich von Ägypten, dem Land der Zauberei und des Götzendienstes, entfernen, solchem im wahrsten Sinne des Wortes spektakulären »Hokuspokusses« immer mehr entwöhnt werden. Bedurfte es am Anfang noch eines

Stabes, der sich in eine Schlange verwandelte, damit die Menschen Mose glaubten, so mußte ihnen am Sinai das nackte, abstrake Wort genügen. Vielleicht lernten sie auf diese Weise, an einen unsichtbaren, unberührbaren Gott, der dennoch allgegenwärtig und allmächtig ist, zu glauben. Bileam aber hatte Macht über das Wort und damit über die Götter – würde sich ihr Gott gegen diesen gefährlichen Gegner behaupten können?

König Balak schickt eine Abordnung der Ältesten von Moab und Midian aus. Sie sollen Bileam holen, damit er Israel verfluche (Num 22,7). Bileam lädt die Gesandten ein, über Nacht zu bleiben; am nächsten Morgen will er ihnen dann die Antwort des Ewigen mitteilen. Die Botschaft, die er empfängt, ist eindeutig:

»Geh nicht mit ihnen. Du darfst das Volk nicht verfluchen, denn es ist gesegnet!« (22,12)

Damit sitzt Bileam in der Klemme. Auf der einen Seite ist da das ganz klare Wort Gottes; auf der anderen Seite hat er einen Ruf zu verlieren. Entsprechend ausweichend fällt denn auch seine Auskunft für die Besucher aus:

»Kehrt in euer Land zurück, denn der Ewige erlaubt mir nicht, mit euch zu gehen.« (Num 22,13)

Mit keinem Wort erwähnt er, daß Gott ihm geradezu verboten hat, Israel zu verfluchen. Er will auf jeden Fall das Gesicht wahren und die potentiellen Kunden nicht vor den Kopf stoßen. Doch wie Bileam das Wort Gottes zurechtgebogen hat, um sich keine Blöße zu geben, übermitteln umgekehrt auch die Boten Bileams Antwort so, wie es ihnen am besten ins Konzept paßt:

»Bileam weigert sich, mit uns zu kommen!« (22,14)

Für König Balak, der offensichtlich ein gewiefter Geschäftsmann ist, gibt es nur eine Erklärung für dieses Verhalten: Bileam pokert um ein höheres Honorar! Also geht eine zweite Delegation an ihn ab. Diesmal besteht sie aus »Fürsten« oder »Ministern«, die ranghöher und vornehmer sind als die Teilnehmer der ersten Expedition. Balak hat sein Verhandlungsteam hochkarätig aufgestockt, aber auch sein Angebot kann sich nun sehen lassen:

»Laß dich nicht abhalten, zu mir zu kommen. Ich will dir einen sehr hohen Lohn geben. Alles, was du von mir verlangst, will ich tun.« (22,16-17)

Bileam ist in die Enge getrieben, die Situation droht ihm über den Kopf zu wachsen. Er könnte zwar einfach die Wahrheit sagen, und damit wäre die ganze Angelegenheit aus der Welt geschafft, doch Habgier oder Stolz oder auch eine gewisse persönliche Animosität gegen Israel, das ihn so in Verlegenheit gebracht hat, diktieren seinen nächsten Schritt. Mit großer Geste erklärt er:

»Auch wenn mir Balak sein Haus voll Silber und Gold gäbe, könnte ich dem Befehl des Ewigen, meines Gottes, nicht zuwiderhandeln, sei es in einer unwichtigen oder in einer wichtigen Sache.« (22,18)

Ein wahrhaft frommer Ausspruch, auch wenn die Unterhändler wahrscheinlich wissende Blicke wechselten, als Bileam Gold und Silber ins Gespräch brachte – der Fisch hatte eindeutig angebissen. Wieder lädt Bileam sie ein zu übernachten, während er sich bemühen will herauszufinden, was der Ewige ihm diesmal zu sagen hat.

Was nun geschieht, hat bei Lesern und Kommentatoren zu nicht unbeträchtlicher Verwirrung Anlaß gegeben. In der Nacht nämlich erscheint Gott Bileam und sagt:

»›Wenn die Männer gekommen sind, um dich zu holen, dann mach dich auf den Weg und geh mit ihnen. Aber du darfst nur das tun, was ich dir sage.‹
Am Morgen stand Bileam auf, sattelte seinen Esel und ging mit den Fürsten von Moab. Aber Gott wurde zornig, weil Bileam mitging, und ein Engel des Ewigen trat ihm in feindlicher Absicht in den Weg.« (22,20-22)

Wie ist der offensichtliche Widerspruch zu erklären, daß Gott Bileam einerseits anweist, mit den Abgesandten zu gehen, dann aber zornig wird, als er der Anweisung nachkommt?
Mose Maimonides, der größte jüdische Philosoph und Gesetzeskenner des Mittelalters, hat in seinem *Führer der Unschlüssigen* eine saubere Lösung für dieses Problem vorgelegt. Er verstand solche irrationalen Begebnisse wie das scheinbar widersprüchliche Verhalten Gottes und stärker noch Bileams sprechenden Esel als prophetische Visionen oder Träume, Dinge, die nicht in der Realität geschahen, sondern sich im inneren Erleben des Propheten abspielten.

Zu einer ganz ähnlichen Antwort kamen auch Martin Buber und Franz Rosenzweig im Rahmen ihrer gemeinsamen Arbeit an der Übertragung der hebräischen Bibel ins Deutsche. Sie machten ihre Auslegung jedoch an einer bestimmten Erzähltechnik fest, die sie im Text zu erkennen meinten.

Es fiel ihnen auf, daß von dem Augenblick an, in dem Bileam versucht, sich alle Möglichkeiten offenzuhalten und seinen Besuchern nur eine unvollständige Fassung der Botschaft Gottes übermittelt, immer wieder das hebräische Wort *josef*, »etwas noch einmal tun«, auftaucht. Die Abordnung muß »noch einmal« zu Bileam reisen (V. 15); Bileam muß »noch einmal« fragen, was Gott will (V. 19); er muß seinen störrischen Esel »noch einmal« schlagen (V. 25); und der Engel stellt sich ihm »noch einmal« in den Weg (V. 26). Diese mehrfache Wiederholung eines bestimmten Wortes – ein gebräuchlicher literarischer Kunstgriff in den biblischen Erzählungen – scheint die ganze Episode, von Bileams erstem Versuch an, sich seinen potentiellen Auftraggebern gegenüber herauszureden, gleichsam in Klammern zu setzen.

Da Gottes Wort, einmal gesprochen, unwandelbar ist, ist alles Folgende eine unmittelbare Konsequenz von Bileams unheiligem Bemühen, dieses Wort für seine eigenen Zwecke zu manipulieren. Von da an geht Bileam in einer Art Traumzustand umher, und wie im Traum hört er den Esel sprechen und sieht den Engel. Die Antwort, die er von Gott zu hören meint – die Erlaubnis, mit den Abgesandten zu ziehen –, ist das, was er gerne hören *wollte*. Die Realität aber ist Gottes Zorn.

Dieses Muster wird noch durch einen zweiten Kunstgriff unterstrichen, der mit dem ständigen Wechsel der beiden hier verwendeten biblischen Bezeichnungen für Gott zusammenhängt. *Elohim*, gewöhnlich mit »Gott« übersetzt, ist eine allgemeine Bezeichnung für das Göttliche; der Begriff wird in der hebräischen Bibel auch für »falsche Götter«, »Engel« und die israelitischen Richter gebraucht. Der besondere Name für den Gott Israels, den ich grundsätzlich mit »der Ewige« wiedergegeben habe, ist dagegen das »Tetragramm«, der aus den vier hebräischen Buchstaben *Jod, He, Waw, He* bestehende Eigenname, der in moderneren Bibelübersetzungen manchmal in der Transliteration »Jahwe« auftaucht. Schon sehr früh ersetzten die Juden diesen Namen, den sie aus Ehrfurcht nicht aussprechen wollten, durch das gebräuchlichere *Adonai*, Herr. Oft ist es für das Textverständnis nicht unwesentlich, welcher Name in einer Erzählung für Gott gebraucht wird bzw. ob und wie die Gottesnamen wechseln.

Da Bileam den Auftrag hat, Israel zu verfluchen, will er Israels Gott, »den Ewigen«, anrufen (22,8.13.18.19; 23,3). Doch bei den nächtlichen Begegnungen mit Gott spricht *Elohim* zu ihm (22,9.10.12.20.22) und weist ihn das eine Mal an zu gehen, das andere Mal zu bleiben. Der innere Widerspruch bricht also schon in der Zwiesprache Bileams mit ›Gott‹ auf. In konsequenter Fortsetzung der Unterscheidung zwischen Bileams ›innerem Gott‹ und dem Gott Israels, der das Schicksal des Volkes lenkt, tritt Bileam ein »Engel des *Ewigen*« in den Weg. Anfangs nimmt nur Bileams Esel die übernatürliche Erscheinung wahr, am Ende aber erkennt auch Bileam, wer ihn am Weiterreiten hindert (22,23.24.25.26.27.31.32.34.35). Und wiederum ist es »der *Ewige*«, der dem Esel das Maul (V.28) und schließlich Bileam die Augen öffnet (V. 31), so daß er den »Engel des Ewigen« sehen kann und begreift, was mit ihm geschehen ist. Der Text trennt also ganz klar zwischen den Handlungen, die eindeutig von dem »Ewigen«, dem Gott Israels, ausgehen, und denen des »Gottes«, den Bileam beschworen hat.

Als ihm bewußt wird, daß er sich selbst etwas vorgemacht hat, muß Bileam reumütig eingestehen:

»Gott ist kein Mensch, der lügt, kein Menschenkind, das seine Ansicht ändert. Spricht Gott etwas und tut es dann nicht, sagt er etwas und hält es dann nicht?« (23,19)

Bileam hatte die ganz besondere Gabe, ein Sprachrohr Gottes zu sein, doch er wollte diese Gabe für seine eigenen ehrgeizigen Ziele mißbrauchen. Damit aber schrumpfte die letzte Bedrohung für Israel zu einer komischen Figur zusammen, die auf ihren treuen Esel einprügelt und, von den eigenen Worten genasführt, um ein Haar blindlings in das gezückte Schwert des Todesengels hineinläuft.

Es gibt nicht allzu viele Variuménummern in der Bibel, aber die eine oder andere Geschichte hat schon beinahe Slapstick-Qualität. Bileam und Balak (Num 22-24) zum Beispiel bilden auf ihre Art ein Komikerduo, bei dem Balak den Part des Possenreißers übernimmt, während Bileam den »Stichwortgeber« mimt.

Ihre erste, über eine weite Entfernung hinweg geführte Auseinandersetzung haben wir bereits im vorhergehenden Kapitel mitverfolgt, in dem Balak nach Bileam schickt, um Israel verfluchen zu lassen. Schon diese erste Kontaktaufnahme entpuppte sich mit ihren zwei permanent aneinander vorbeiredenden Darstellern als wahres Kabinettstückchen. Da ist auf der einen Seite Bileam, der nicht zugeben will, daß er die ihm gestellte Aufgabe nicht übernehmen kann, und auf der anderen Seite Balak, der überzeugt ist, daß Bileam mit seinen Ausreden nur ein höheres Honorar herausschinden will. Damit ist der Boden bereitet für weitere Mißverständnisse, die denn auch prompt eintreten, als das ungleiche Paar sich schließlich persönlich gegenübersteht.

Zunächst einmal legt Bileam eine tadellose Show als Zauberer hin. Er läßt Balak sieben Altäre errichten und sieben Stiere und sieben Widder opfern. Nach Abschluß dieser umfangreichen Vorbereitungen sucht er Rat beim Ewigen, der ihm eine Botschaft für Balak aufträgt. Im schönsten prophetischen Schwung legt Bileam los:

»Aus Aram führte mich Balak her,
der König von Moab vom Ostgebirge:
Geh, verfluche mir Jakob,
geh, drohe Israel!« (Num 23,7)

Balak müssen schon erwartungsvolle Schauer über den Rücken gelaufen sein; das war genau das Brimborium, das er sich vorgestellt hatte. Doch dann auf einmal schwenkt Bileam aus heiterem Himmel um:

»Doch wie soll ich verfluchen,
wen Gott nicht verflucht,
wie soll ich drohen,

wem der Ewige nicht droht?
Denn vom Gipfel der Felsen sehe ich ihn,
von den Höhen aus erblicke ich ihn.
Dort, ein Volk, es wohnt für sich,
es zählt sich nicht zu den Völkern.
Wer zählt Jakobs Menge, zahlreich wie Staub,
oder zählt nur ein Viertel von Israel?« (23,8-10)

Balak ist außer sich.

»Was hast du mir angetan? Ich habe dich geholt, damit du meine Feinde
verfluchst, und nun häufst du statt dessen Segen auf sie!« (V. 11)

Mit einer gewissen Zähigkeit weist Bileam Balak auf das hin, was er
ihm bereits von vornherein gesagt hat:

»Was der Ewige mir in den Mund legt, genau das muß ich sagen.« (V. 12)

Balak ist nicht so recht überzeugt. Offenbar geht ihm jedes Verständnis
für dichterische Ausdruckskraft ab. Statt dessen schießt er sich auf
Bileams Aussage über die große Zahl der Israeliten ein und schlägt
ihm vor, es noch einmal zu versuchen. Diesmal soll er sich jedoch so
aufstellen, daß er nur ein paar von ihnen sehen kann, dann wird ihn
der Anblick vielleicht weniger überwältigen.

»Geh mit mir an einen anderen Ort, von wo aus du das Volk sehen kannst;
doch du wirst nur einen Teil von ihm sehen, nicht alle. Von dort aus verfluch
sie mir!« (23,13)

Nach dem von Balak verordneten Szenenwechsel errichtet Bileam
weitere sieben Altäre, bringt noch einmal zahlreiche Opfer dar und
zieht sich schließlich erneut zurück, um den Ratschluß des Ewigen
zu hören. Auf Balaks drängende Fragen hin verfällt er prompt wieder in sein nun schon sattsam bekanntes dichterisches Pathos, doch
wieder enthalten seine Worte wenig Trostliches für den armen Balak. Bileam legt ihm vielmehr dar, daß Gott seine Meinung gewöhnlich nicht ändere, und wenn der Ewige befohlen habe, daß Israel
gesegnet werden solle, dann könne er, Bileam, diesen Segen beim
besten Willen nicht zurücknehmen. An Israel sei nun einmal kein
Fehl zu finden, wohnt doch Gott selbst seit dem triumphalen Auszug
aus Ägypten mitten unter diesem Volk.

105

Kaum hat er dies unmißverständlich klargestellt, verfällt der unglück-selige Prophet gar in einen wahren visionären Begeisterungstaumel über Israels siegreichen Vernichtungskampf gegen seine Feinde.

»Sieh, ein Volk, das sich erhebt wie eine Löwin,
wie ein Löwe, der ansetzt zum Sprung;
er legt sich nicht nieder, bevor er seine Beute verschlungen
und das Blut der Erschlagenen getrunken hat.« (23,24)

Balak dämmert es allmählich, daß die ganze Angelegenheit sich nicht so entwickelt wie erhofft, daher sein verzweifelter Ausruf:

»Wenn du es schon nicht verfluchen willst, dann segne es doch wenigstens nicht!« (23,25)

Worauf Bileam trocken einwirft:

»Ich habe es dir doch gesagt. Ich muß alles tun, was Gott sagt.« (23,26)

Ein anderer hätte daraufhin wohl aufgegeben, aber Balak meint viel-leicht, er könne doch noch irgendeinen Nutzen aus seiner immerhin kostspieligen Investition schlagen. Wieder verbeißt er sich in ein Detail der prophetischen Weissagung. Bileam hat gesagt, »an Israel ist kein Fehl zu finden« - nun gut, versuchen wir's einfach noch ein-mal von einer anderen Seite. Balak nimmt Bileam also auf den Gip-fel eines Berges mit, läßt abermals Altäre errichten und Opfer dar-bringen. Bileam aber, der endlich eingesehen hat, daß der Ewige Israel segnen will, läßt den ganzen üblichen Hokuspokus beiseite, kehrt sich zur Wüste und der Geist Gottes kommt über ihn (24,2).
Er erschaut eine Vision von Israel, gepflanzt wie ein Garten, strot-zend vor Grün, wasserreich und blühend. Auch hier wieder sieht er große militärische Erfolge und Eroberungen voraus, und vernich-tende Niederlagen für den Feind. Er schließt seine Prophezeiung mit den Worten:

»Wer dich segnet, ist gesegnet, und wer dich verflucht, ist verflucht (24,9).«

Zornig wirft Balak die Hände hoch. Er tobt. Eine geharnischte Straf-predigt prasselt auf den unglücklichen Bileam hernieder:

»Ich habe dich gerufen, damit du meine Feinde verfluchst, und nun sieh her! du hast nichts Besseres gewußt, als sie nun schon dreimal zu segnen! Geh weg, dorthin, woher du gekommen bist! Ich habe versprochen, dich mit Ehren zu überhäufen - aber der Ewige hat zu verhindern gewußt, daß du auch nur eine einzige erhältst!« (24,1-12)

Bileam, der am Anfang wahrlich keine besonders gute Figur machte, gewinnt in diesem Augenblick fast so etwas wie Würde. Noch einmal erinnert er Balak daran, daß er bereits seinen Boten klipp und klar gesagt hatte, er, Bileam, werde, ganz gleich, wieviel Balak ihm auch biete, immer nur tun können, was Gott ihm auftrage. Es gehört zur unfreiwilligen Komik der Bileamsgestalt, daß diese Aussage damals nur als eine fromme Ausrede gedacht war, um sich vor der Verantwortung zu drücken. Nun ist daraus erschreckende Wahrheit geworden. Aber nachdem er nun schon einmal alle Brücken hinter sich verbrannt hat, läßt der wackere Prophet es sich nicht nehmen, Balak mit einer ganzen Reihe weiterer, düsterer Weissagungen über das Schicksal, das viele der umliegend ansässigen Völker unter Israel erleiden werden, zu Tode zu erschrecken.

Immerhin, Balak scheint seine Lektion gelernt zu haben. Aus einer Anmerkung im Buch der Richter (11,25) wissen wir, daß er davon absah, Israel anzugreifen.

Bileam dagegen war offenbar weniger einsichtig. Er muß sich, vielleicht nicht zuletzt aus Verärgerung über den ganzen peinlichen Vorfall, den Midianitern angeschlossen zu haben und fiel unter ihnen im Kampf gegen Israel (Num 31,8; Jos 13,22).

Doch das ist ein Vorgriff auf eine noch in weiter Ferne liegende Zukunft. Für diesmal bleiben der König und der Seher ein herrlich gegensätzliches clowneskes Gespann, bei dem der eine großsprecherisch Anweisungen erteilt, und sich, als er merkt, daß er den Gang der Ereignisse nicht mehr im Griff hat, immer mehr verheddert, dabei aber ständig seinen scheinbar unfähigen Gehilfen anbrüllt: »Na großartig! Das hast du ja wieder mal fein hingekriegt!«

Bileams Esel

Bileam ist auf dem Weg zu Balak, dem König von Moab, um Israel zu verfluchen. Gott hat ihm zwar eigentlich die Erlaubnis zu dieser Reise verweigert, doch Bileam setzt seinen Kopf durch und bricht trotzdem auf. Daraufhin schickt Gott einen Engel, um ihn aufzuhalten.

Die berühmte Geschichte vom sprechenden Esel wird eingerahmt von zwei Versen. In Numeri 22,20 sagt Gott:

»Wenn die Männer gekommen sind, um dich zu holen, dann mach dich auf den Weg und geh mit ihnen. Aber du darfst nur das tun, was ich dir sage.

Und am Ende der Geschichte weist der »Engel des Ewigen« Bileam an:

»Geh mit den Männern, aber rede nichts, außer was ich dir sagen werde.« (22,35)

In der Zeit, die zwischen diesen beiden Versen liegt, ist Bileam, wie die vorhergehende Passage über Balak zeigt, ein anderer geworden.

»Die Eselin sah den Engel des Ewigen auf dem Weg stehen, mit dem gezückten Schwert in der Hand, und sie verließ den Weg und wich ins Feld aus. Da schlug Bileam die Eselin, um sie auf den Weg zurückzubringen. Darauf stellte sich der Engel des Ewigen auf den engen Weg zwischen den Weinbergen, der zu beiden Seiten Mauern hatte. Als die Eselin den Engel des Ewigen sah, zwängte sie sich an der Mauer entlang und drückte dabei das Bein Bileams gegen die Mauer. Da schlug Bileam sie wieder. Der Engel des Ewigen ging weiter und stellte sich an eine besonders enge Stelle, wo es weder rechts noch links eine Möglichkeit gab auszuweichen. Als die Eselin den Engel des Ewigen sah, ging sie unter Bileam in die Knie. Bileam aber wurde wütend und schlug die Eselin mit dem Stock.« (Num 22,23-27)

Bileam, der große Zauberer und Visionär, sieht den Engel nicht, der da vor ihm steht – nur sein bescheidenes Reiteselchen nimmt die übernatürliche Erscheinung wahr. Die Eselin versucht, dem Hindernis auszuweichen. Zunächst besteht noch eine Ausweichmöglichkeit nach beiden Seiten, dann nur noch nach der einen Seite. Schließlich ist der Weg vollständig blockiert. Je länger Bileam bei seinem verbohrten

Entschluß beharrt und die Reise stur fortsetzen will, desto stärker wird sein Bewegungsspielraum eingeschränkt. Am Ende rennt er blindlings in eine Sackgasse hinein, an deren Ende der Tod wartet.

Die drei Zwischenfälle mit seinem Reittier geben ihm dreimal eine Chance. Beim ersten Mal greift er zur Gewalt, und ein anderes Lebewesen hat unter dieser Gewalt zu leiden – dabei wäre dies der geeignete Augenblick, einmal innezuhalten und über das eigene Verhalten nachzudenken. Statt dessen wird die Eselin zum Sündenbock für einen Fehler gemacht, den Bileam bei sich selbst nicht erkennt oder nicht erkennen will.

Das zweite Ausweichmanöver der Eselin bekommt Bileam selbst schmerzhaft am eigenen Leib zu spüren. Da er nun offenbar anfängt, sich durch seinen Starrsinn selbst Schaden zuzufügen, müßte er doch eigentlich merken, daß hier etwas falschläuft. Aber wieder fällt ihm nichts Besseres ein, als auf die unschuldige Eselin einzuprügeln. Beim dritten Mal wäre Bileam zu Tode gekommen, hätte die Eselin nicht gebockt.

Daraufhin verliert der Mann endgültig die Beherrschung. Es ist ein typischer literarischer Kunstgriff der Bibel, daß Bileams Wut mit genau denselben Worten beschrieben wird wie einige Verse zuvor Gottes Zorn auf Bileam. Irgendwie muß der Prophet seiner Erregung Luft machen – denn einerseits muß ihn Gottes Verbot natürlich wütend machen, und andererseits kann er selbstverständlich nicht auf Gott wütend sein.

Sein lang unterdrückter Zorn bricht nun endlich an der rechten Stelle aus, doch er richtet sich noch immer gegen das falsche Gegenüber. Aber vielleicht begreift Bileam, wenn er seinen Gefühlen freien Lauf gelassen hat, am Ende doch noch, was da mit ihm geschieht.

»Da öffnete der Ewige der Eselin den Mund, und sie sagte zu Bileam:
›Was habe ich dir getan, daß du mich jetzt schon zum drittenmal schlägst?‹
Bileam erwiderte der Eselin:
›Du hast dich mir widersetzt! Hätte ich ein Schwert dabei, dann hätte ich dich schon umgebracht!‹
Die Eselin antwortete Bileam:
›Bin ich nicht deine Eselin, auf der du seit eh und je bis heute geritten bist? War es etwa je meine Gewohnheit, mich so gegen dich zu benehmen?‹
Und er sagte:
›Nein.‹« (22,28-29)

Bileam scheint nicht besonders überrascht, als die Eselin auf einmal anfängt zu sprechen. Sie stellt für ihn die Frage, auf die er schon längst selbst hätte kommen müssen. Warum bloß geht alles auf dieser Reise schief?

Noch immer sucht Bileam die Schuld außerhalb seiner selbst – die Eselin ist schuld. Seine Drohung, mit einem Schwert hätte er kurzen Prozeß mit ihr gemacht, läßt ihn noch lächerlicher erscheinen: Der Mann, der ein ganzes Volk durch die Macht seines Wortes vernichten will, kann ohne Waffe nicht einmal einem harmlosen Esel Paroli bieten – und noch jetzt ist er blind für das Schwert des Engels direkt vor seinen Augen. Dabei sollte die Tatsache, daß ein Esel plötzlich sprechen kann, ihn eigentlich daran erinnern, daß auch die Macht des Wortes letztlich allein von Gott kommt.

Die Eselin hätte ihrem Herrn von dem Engel erzählen können, doch sie führt ihm nur noch einmal vor Augen, daß seine gewohnte Welt irgendwie aus dem Geleise ist – ob ihm das nun endlich bewußt wird? Mit seinem halb widerwilligen »Nein« räumt Bileam schließlich ein, daß etwas nicht stimmt, und sobald er das zugeben kann, fällt es ihm auch schon wie Schuppen von den Augen und er kann den Engel, der die ganze Zeit da war, sehen.

Der Engel erklärt ihm noch einmal, was geschehen ist, doch eigentlich sind seine Worte überflüssig. Was Bileam endlich intuitiv erkannt hat, muß nur noch in sein Bewußtsein dringen. Immerhin aber hat sich seine Wahrnehmung so weit verändert, daß er seinen Irrtum einsieht.

Was hat es also mit der sprechenden Eselin auf sich? Ist sie, wie die Rabbinen glaubten, ein Fabelwesen, erschaffen im Zwielicht, am Abend des sechsten Schöpfungstags? (*Pirkeh Awot* 5.9)

Oder hat Maimonides recht und ihr Sprechen ist einfach nur ein Detail aus einer Vision, wie sie die Propheten häufig erlebten (*Führer der Unschlüssigen* II, 42)?

Sprach sie wirklich, oder konnte ihr Eselsgeschrei von jemandem, der dafür empfänglich war, als Sprache ausgelegt werden?

Haben wir es hier mit dem Versuch zu tun, einen unbewußten Prozeß durch äußere Ereignisse sichtbar zu machen, Bileams inneren Konflikt durch die Sprache des Märchens, der Legende oder des Traums aufzulösen?

Ist die Eselin womöglich ein Symbol des menschlichen Willens oder des Unbewußten, auf dem unsere Ratio »reitet«; eine tiefere oder höhere Wahrnehmungsebene in uns, die uns innerlich die Richtung weist, die wir einschlagen sollen ungeachtet all der Ablenkungen und Zerstreuungen, hinter denen uns unser Ego herhetzt?

Vielleicht ist sie aber auch einfach nur eine treue Eselin, die eines Tages einen Engel sah und ihrem Herrn das Leben rettete.

Die Rabbinen haben darüber spekuliert, was wohl nach diesem Vorfall aus der Eselin wurde: Ihrer Ansicht nach fiel sie tot um! Für diese Hypothese wurden eine ganze Reihe möglicher Gründe angeführt, von denen der erste nicht besonders schmeichelhaft für den menschlichen Verstand ist. Die Ältesten von Midian und Moab, die Bileam begleiteten und den ganzen Vorgang beobachtet hatten, waren dermaßen schockiert und überwältigt, daß sie anfingen, den Esel anzubeten. Um dem ein Ende zu machen, tötete Gott das Tier.

Die andere Version ist ein Paradebeispiel rabbinischen Taktgefühls. Die Rabbinen meinten, daß jeder, der den Esel danach erblickt hätte, sofort wieder an Bileams Dummheit gedacht hätte, so daß der arme Prophet überhaupt nicht mehr aus der Verlegenheit herauskommen wäre. Da es in ihren Augen aber einem Totschlag gleichkam, jemanden in der Öffentlichkeit zu beschämen, war es besser, die Eselin starb.

Der Daniter Manoach

Wann ist ein Engel ein Engel? Kein besonders alltägliches Problem, sollte man meinen. Sind Engel nicht Gebilde aus Federn und Flaum, schimmernde Lichtgestalten mit Heiligenschein? Oder, für bodenständigere Gemüter: Muß ein Erlebnis, das man als übernatürlich bezeichnen würde, nicht ganz bestimmte Merkmale aufweisen, die diesen Gedanken nahelegen?

Nicht so in der Bibel – zumindest nicht immer. Mose zwar sah einen brennenden Busch, der nicht vom Feuer verzehrt wurde (Ex

3,2), und Jesaja sah Feuergestalten um den Thron Gottes sitzen (Jes 6,1-3).

Abraham aber sah nur drei ganz gewöhnliche Männer, die ihn aufsuchten, um ihn von der bevorstehenden Schwangerschaft Saras in Kenntnis zu setzen (Gen 18,1-2). Jakob schlug sich mit einem Wesen herum, in dem er einen »Mann« zu sehen glaubte (Gen 32,25-33). Josua schließlich bekam nichts Außergewöhnlicheres zu Gesicht als einen Soldaten (Jos 5,13-15).

Das hebräische Wort für »Engel« – *mal'ach* bedeutet zunächst einmal nichts anderes als ›Bote‹ – wird in der Regel für sterbliche Wesen gebraucht, die Nachrichten überbringen.

Die Begegnungen mit Engeln in der Bibel haben etwas dermaßen Alltägliches, daß es gelegentlich eines zusätzlichen Hinweises bedarf, um deutlich zu machen, daß die übermittelte Botschaft göttlicher Herkunft ist. Nicht umsonst vertrat Mose Gott gegenüber die Ansicht, die Kinder Israel würden ihn kaum als Anführer ernstnehmen, wenn er nicht als Beweis für seine Vollmacht einige hübsche kleinere Wunder vollbrachte – wenn man böswillig ist, könnte man natürlich auch sagen, daß Mose sich das Ganze nur selbst beweisen wollte.

In mindestens einem Fall aber hängt ein wichtiges Ereignis in der Richtersaga davon ab, daß ein Mensch sich davon überzeugen läßt, es tatsächlich mit einem Engel zu tun zu haben.

Wahrscheinlich war es kein Zufall, daß die drei Engel mit ihrer guten Nachricht erst zu Abraham kamen. Immerhin lachte Sara nur, als sie von der Sache hörte, und was hätte Abraham wohl gesagt, wenn seine unfruchtbare Frau nach dem Besuch dreier Herren plötzlich verkündet hätte, sie sei schwanger?

Können wir uns bei Abraham noch vorstellen, daß die Begegnung mit den drei Engeln einen einigermaßen feierlichen, ja vielleicht sogar dramatischen Verlauf nahm, so wird daraus im Fall des Daniters Manoach eine recht platte Komödie (Ri 13).

Die Frau Manoachs, deren Name ungenannt bleibt, begegnet einem Mann, den sie als »Gottesmann« identifiziert, eine Bezeichnung, die häufig auf Propheten angewandt wird. Er weissagt ihr, daß sie trotz ihrer Unfruchtbarkeit einen Sohn haben werde (Ri 13,3).

Sie wird angewiesen, während ihrer Schwangerschaft Wein, starke Getränke und verbotene Speisen zu meiden, denn ihr Sohn werde ein *Nazir* sein, ein Gottgeweihter, der sich das Haar nicht schneidet und sich berauschender Getränke und bestimmter Speisen enthält (Num 6,1-21).

Die Frau läuft nach Hause, ganz erfüllt von dem Erlebnis, um ihrem Mann davon zu erzählen. Zugleich traut sie der Sache aber wohl nicht so recht. Deshalb schmückt sie ihre Beschreibung der Gestalt des Boten üppig aus; er ist nicht mehr nur ein schlichter »Gottesmann«, seine Erscheinung ist wie »der Engel Gottes, überaus furchterregend«! (13,6)

Sie berichtet von den Anweisungen des Engels, die ganz klar scheinen. Doch Manoach bittet Gott dringend um einen weiteren Besuch des »Gottesmannes«, weil er ihn selbst fragen will, was mit dem Jungen geschehen soll.

»Und Gott hörte die Stimme Manoachs, und der Engel Gottes kam noch einmal zu der Frau, während sie auf dem Feld saß, aber ihr Mann Manoach war nicht bei ihr. Sie lief schnell zu ihrem Mann, um es ihm mitzuteilen, und sagte zu ihm: ›Eben ist der Mann, der gestern zu mir gekommen ist, wieder erschienen.‹ Manoach stand auf und folgte seiner Frau und kam zu dem Mann und fragte ihn: ›Bist du der Mann, der mit dieser Frau geredet hat?‹ Er antwortete: ›Ich bin es.‹« (13,9-11)

Manoach fragt ihn, was aus seinem Nachwuchs werden und was er, Manoach, dafür tun solle. Der Engel weist ihn an, sich genau an das zu halten, was er der Frau gesagt hat. Er schließt mit den Worten: »Alles, was ich ihr geboten habe, tu!«

Manoachs nächster Schritt läßt sich verschieden auslegen. Vielleicht, weil er ein gastfreundlicher Mensch ist, vielleicht aber auch, weil ihm einfällt, was Abraham unter vergleichbaren Umständen getan hat, lädt er den Engel zum Mittagessen ein. Dieser lehnt ab mit der Begründung, daß er Manoachs Speise nicht essen könne. Wenn Manoach statt dessen jedoch Gott ein Opfer darbringen wolle, so stehe dem nichts im Weg. Manoach, der immer noch im dunkeln tappt, mit wem er es hier eigentlich zu tun hat, versucht es daraufhin mit einer anderen Strategie:

»Wie ist dein Name? Damit wir dir, wenn eintrifft, was du gesagt hast, Ehre erweisen können.« (13,17)

Das mag ein nicht besonders subtiler Versuch sein, die potentielle Vaterschaft festzustellen, oder Manoach tut es hier einem anderen berühmten Vorbild, Jakob, gleich, der damals ebenfalls nach dem Namen des Mannes, mit dem er kämpfte, fragte (Gen 32,30). Doch wie dieser erhält auch Manoach nur ausweichende Antwort. »Warum fragst du mich nach meinem Namen?« Und dann folgt der rätselhafte Zusatz: »Er ist wunderbar.« Das »Wunder« läßt denn auch nicht lange auf sich warten, denn als Manoach sein Opfer darbringt und die Flamme vom Altar emporlodert, steigt der Engel des Ewigen in der Lohe empor und ward nicht mehr gesehen.

Von Panik geschüttelt ruft Manoach seiner Frau zu:

»Wir werden sterben, denn wir haben Gott gesehen!« (13,22).

Doch die bleibt bewundernswert gelassen:

»Wenn der Ewige uns hätte töten wollen, hätte er nicht aus unserer Hand Brand- und Speiseopfer angenommen, und er hätte uns auch nicht all das sehen und auch nichts derartiges hören lassen!« (13,23)

Zu gegebener Zeit wird dann tatsächlich der verheißene Sohn, Simson, geboren.

Vielleicht hat sich Manoach nie ganz vom Schock dieses Erlebnisses erholt, vielleicht war er aber auch nur dermaßen beeindruckt von den wunderbaren Umständen der Geburt seines Sohnes, daß er ihn maßlos verwöhnte. Auf jeden Fall scheint der junge Simson ein recht anspruchsvoller Sprößling gewesen zu sein, denn immerhin verlangte er von seinem Vater, ihm eine philistinische Frau zu beschaffen.

Es ist sicherlich nicht zu weit hergeholt, in Simsons verschiedenen sexuellen Beziehungen zu starken Frauen, die ihn alle betrügen, das Abbild der Schwäche seines Vaters zu sehen und zugleich das Eintreffen des Betrugs, den sein Vater insgeheim fürchtete, als der mysteriöse Mann zum ersten Mal auftauchte.

Vielleicht brachten die gefährlichen Eskapaden seines Sohnes Manoach sogar vorzeitig ins Grab, denn es heißt, daß Simson, nachdem er das Richteramt über Israel nur zwanzig Jahre innegehabt hatte und schließlich einen Märtyrertod starb, »im Grab seines Vaters Manoach« bestattet wurde (Ri 16,31).

6

Die Schöne – Ester

Ester, oder vielmehr das biblische Buch, das ihren Namen trägt, verdient eine Sonderstellung in diesen Betrachtungen. Phantasie, Weisheit und Gewalt sind hier auf kunstvolle Weise ineinander verwoben und machen das Ganze weit eher zu einer Geschichte aus »Tausendundeiner Nacht« als zu einem Text aus einer so biederen Quelle, wie es die Bibel in den Augen der meisten Leute ist. Doch die Bibel wäre nicht die Bibel, wenn sie wirklich nur bieder wäre. Die Gelehrten haben sich über die Historizität des Buches Ester die Köpfe heißgeredet, die Theologen haben seine Einseitigkeit und den auffallenden Hang zur Gewalt beklagt und ihrem Entsetzen über die Tatsache Ausdruck gegeben, daß Gott im ganzen Buch nirgends auch nur erwähnt wird. Die Leser aller Zeiten aber, und unter ihnen ganz besonders die Juden, die seinem Text während des Purimfestes in der Synagoge eine höchst respektlose Behandlung angedeihen lassen, haben ihre helle Freude daran. Welches andere Buch hat schon einen so herrlichen Schurken aufzuweisen wie den hinterlistigen Haman, eine so schöne und kluge Heldin wie Ester und eine komische Figur wie diesen König Ahasveros, der mit all seinen Mißwahlen und durchzechten Nächten hauptsächlich als Partylöwe von sich reden macht.

Trotzdem passieren unter der schillernden Oberfläche dieses bunten Bilderbogens eine Menge Dinge, und vielleicht muß das Buch Ester von jeder Generation neu entdeckt und neu bewertet werden. Die folgende Beurteilung, die von dem liberalen jüdischen Gelehrten Claude G. Montefiore stammt, wurde um die Jahrhundertwende formuliert:

»Der eigentliche Grund dafür, daß wir das Buch Ester wohl kaum als göttlich oder vom göttlichen Geist inspiriert betrachten können, liegt zunächst darin, daß es vom Geist der Grausamkeit und Rachsucht beherrscht ist und man wohl ohne Übertreibung mit Dr. Adenay sagen kann, ›seine Seiten triefen von Blut‹. Hinzu kommt, daß dieser schwerwiegende Mangel an keiner

Stelle durch menschliche Größe oder die Schönheit einer Lehre ausgeglichen wird.«[1]

Schon hundert Jahre später, nach der Erfahrung der Shoa, des Holocaust, dem Mord an einem Drittel aller Juden, ist der jüdische Theologe Emil Fackenheim der Auffassung, daß dieses scheinbar so unbedeutende und eher am Rande zur Bibel gehörende Büchlein in Zukunft eine sehr viel zentralere Rolle im biblischen Kanon spielen sollte, weil es die Situation der modernen Menschheit zur Sprache bringe – einer Welt, in der Gott nicht vorkommt und in der das menschliche Schicksal allein vom Zufall bestimmt scheint.

Zwischen zwei so extremen Bewertungen bleibt viel Raum für die eigene Auseinandersetzung mit dem Text.

Einer der Kritikpunkte Montefiores betraf die Gewalttätigkeit des Buches, vor allem die blutige »Rache«, die die Juden nach dem Scheitern von Hamans Plänen an ihren Feinden nahmen. Montefiore schreibt dazu:

»Wir können die Handlungsweise der Juden schwerlich damit rechtfertigen oder abschwächen, daß wir sagen, sie hätten in Notwehr gehandelt, erfahren wir doch, daß alle Beamten die Juden unterstützten und niemand es wagte, ihnen Widerstand zu leisten. Außerdem wurden offensichtlich auch Frauen und Kinder hingeschlachtet. Es gab keinen Kampf – statt des geplanten Massakers an wehrlosen Juden kam es zu einem Massaker an hilflosen Heiden.«[2]

Da Montefiore das Buch Ester nicht als historisches Dokument verstand, fand für ihn das Gemetzel zwar lediglich auf dem Papier statt, doch das machte die Sache in seinen Augen nicht besser.

Vielleicht sollten wir auf diesen Punkt zuallererst eingehen. Hamans Dekret, dem die Wirklichkeit niemals so schrecklich nahe kam wie in diesem Jahrhundert, wurde im ganzen Land bekanntgemacht. Die Bevölkerung wurde angewiesen,

»alle Juden, jung und alt, kleine Kinder und Frauen, an einem Tag, nämlich am dreizehnten Tag des zwölften Monats, das ist der Monat Adar, zu vernichten, zu töten und auszurotten und ihren Besitz zu verteilen«. (Ester 3,13)

1. Claude G. Montefiore, *The Bible for Home Reading*, Macmillan 1899, 1907, S. 405.
2. *The Bible for Home Reading*, S. 403.

Robert Gordis hat gezeigt, daß in biblischen und weltlichen Texten des damaligen Nahen Ostens häufig Zitate verwendet wurden, ohne dies eigens kenntlich zu machen, weil man davon ausging, daß sie den Lesern bekannt seien. Als die Juden später vom König die Erlaubnis erhalten, sich zu verteidigen (Ester 8,11), werden einige Wendungen aus dem ursprünglichen Erlaß, der nun durch einen Gegenerlaß außer Kraft gesetzt ist, in den Wortlaut des neuen Dekrets mitaufgenommen. Damit soll deutlich gemacht werden, *wogegen sich die Juden zur Wehr setzen dürfen*, der Erlaß ist jedoch keineswegs als Freibrief gedacht, nun mit den Gegnern auf dieselbe Weise zu verfahren, wie diese es mit ihnen vorhatten.

»Der König hat den Juden in allen Städten die Erlaubnis gegeben, sich zusammenzurotten und ihr Leben zu verteidigen und alle Streitkräfte anderer Völker oder Provinzen, die sie und ›ihre Kinder und Frauen‹ angreifen, ›um ihren Besitz zu verteilen‹, zu vernichten, zu töten und auszurotten.«

Dem Bericht nach wurden bei diesem Vergeltungsschlag nur Männer getötet (9,1-6).

Das Buch Ester ist nicht zuletzt deshalb so komplex, weil hier an vielen Stellen Material aus anderen biblischen Texten verarbeitet ist, von thematischen Anklängen bis hin zu wörtlichen Zitaten. Beispiele dafür sind Anspielungen auf die Geschichte von Josef in Ägypten und auf den Bericht über Samuel, Saul und Agag, den König der Amalekiter (1 Sam 15).

Die Verbindung zur Josefsgeschichte läßt sich daraus erklären, daß es sich dabei wie beim Buch Ester um sogenannte Weisheitsliteratur handelt. Ja, es wäre sogar denkbar, daß der Verfasser des Buches Ester seinen Text bewußt an der Josefserzählung orientiert hat, weil beide Geschichten die praktische Nutzanwendung der Weisheitslehre auf das Leben zeigen.

Noch offensichtlicher sind allerdings die Parallelen zu Saul und Agag. Saul brachte es einst nicht fertig, den Amalekiterkönig Agag zu töten, obwohl der Prophet Samuel ihm den Befehl dazu übermittelt hatte.[3] Der Haman unserer Geschichte nun ist ein Agagiter, ver-

3. Weitere Einzelheiten im Kapitel über Ahimelech ben Ahitub.

mutlich ein Nachkomme jenes bewußten amalekitischen Königs, Mordechai wiederum stammt aus der Familie des Kisch, des Vaters von Saul (2,5). Damit stehen sich im Buch Ester zwei Kontrahenten gegenüber, deren Vorfahren sich schon in der Vergangenheit befehdeten. Nur wird dieses Mal nicht nur Haman ins Jenseits befördert, sondern mit ihm auch seine zehn Söhne. Und anders als in der Erzählung im Buch Samuel, in der Saul seinen Männern gestattete, die Beute aus dem Amalekiterfeldzug, die eigentlich Gott geweiht werden sollte, selbst zu behalten, wird im Buch Ester dreimal ausdrücklich betont, daß keine Beute gemacht wurde, als die Juden ihre Feinde schlugen (9,10.15.16). In der Geschichte von Ester geschieht also eine Art *Tikkun*, die »Wiedergutmachung« eines Fehlers in der Vergangenheit.[4] Vielleicht wurde sie gegen Ende der Periode, in der die Bibel entstand, von einem Verfasser geschrieben, der, von messianischer Hoffnung erfüllt, in Vorbereitung auf eine neue Zukunft die Vergangenheit in Ordnung bringen wollte.

Man kann das Buch Ester aber auch primär unter dem Aspekt der Weisheitsliteratur betrachten. Shemaryahu Talmon schreibt dazu:[5]

»Ester und Mordechai bilden nicht nur in ihrer Rolle als wahre Weise den Gegensatz zu Haman, sondern auch in ihrer Eigenschaft als Repräsentanten des ›Guten‹. Dabei sind sie keineswegs ›gut‹ im Sinne absoluter moralischer Rechtschaffenheit. Eine solche Vorstellung würde sich nicht mit dem Weisheitskonzept vertragen, das die Geschichte exemplifiziert. Ihre Tugenden manifestieren sich vielmehr in der Unterwerfung ihrer persönlichen Interessen unter die Erfordernisse des Gemeinwohls, während Haman bereit war, eine ganze Nation zu opfern, um seinen persönlichen Haß auf einen einzigen Mann zu stillen. Dem ›bösen Haman‹ (Est 7,6) mit seinen niederträchtigen Absichten (7,4; 9,24) steht Mordechai gegenüber, hochgeschätzt bei seinen Brüdern, ein Mann, der ›das Wohl seines Volkes sucht‹ (10,3). Der Sieg Mordechais und Esters über Haman ist ein doppelter: Der wahrhaft Weise triumphiert über den scheinbar Klugen, der Gute, Gerechte über den Übeltäter. Es besteht daher aller Grund für den Jubel der Juden in Susa

---

4. Derselbe Gedanke wird auch im Blick auf die Begegnung zwischen Rut und Boas auf der Tenne erörtert, eine Begegnung, die frühere anrüchige sexuelle Beziehungen zwischen Juda und Tamar sowie zwischen Lot und seinen Töchtern »wiedergutmacht«. S. das Kapitel über Boas.
5. Shemaryahu Talmon, »Wisdom in the Book of Esther«, *Vetus Testamentum*, Bd. 13 (1963), S. 419-55. 448.

und im ganzen Reich (8,15-17; 9,18-19). ›Beim Wohl der Gerechten froh-
lockt die Stadt, und beim Untergang der Gottlosen ist Jubel.‹ (Spr 11,10)«

Was sind nun die besonderen Merkmale, die wir bei einer Weisheits-
erzählung zu erwarten haben? Talmon beschreibt den zentralen Konflikt, um den es geht.

»Auf dem Spiel steht letztlich die Position eines der beiden Kontrahenten
(Haman oder Mordechai) bei Hofe. Der Wettstreit wird nicht durch moralische Überlegenheit oder göttliche Gnade, sondern durch die rücksichtslose
Anwendung sämtlicher Kniffe, die sich im Buch des ›weisen‹ Höflings finden, entschieden: ›Denn mit List sollst du Krieg führen, und in reichlichem
Rat liegt der Sieg.‹ (Spr 24,6) Der Erfahrenere und taktisch Geschicktere
wird gewinnen. Sichtbares Zeichen des Erfolgs ist die Gunst des Königs,
der allein nach greifbaren Resultaten und nicht nach den dahinterstehenden
Motiven fragt: ›Des Königs Wohlwollen wird dem klugen (d.h. dem erfolgreichen) Knecht zuteil, den Übeltäter trifft sein Zorn.‹ (Spr 14,35) Der Boden des Hofes ist eine schlüpfrige Kampfarena. Die Regeln werden vom
König aufgestellt: ›Des Königs Wort ist mächtig, und wer will zu ihm sagen: Was tust du da?‹ (Pred 8,4), und Besiegter und Sieger sind gleichermaßen von seinen Launen abhängig: ›Der Zorn des Königs ist wie das Brüllen
eines Löwen, aber seine Gunst ist wie Tau auf dem Gras.‹ (Spr 19,12)«[6]

Talmon analysiert in seiner Untersuchung die Kriegslist Mordechais
allerdings nicht im Detail. Mir wurde dieses Thema im Zuge eines
Sabbatgesprächs mit dem verstorbenen Rabbiner Dr. König, *sichro-
no liwracha* (sein Andenken sei gesegnet), in Amsterdam vor einigen Jahren in eindrücklicher Weise transparent gemacht.
    Das zentrale Problem läßt sich zusammenfassen in der Frage nach
König Ahasveros’ Charakter, wie sie im Talmud formuliert wird:

»*Melech pikeah hajah; wehad amar, melech tipesch hajah.*
›Er sei ein weiser König gewesen, der andere sagt, er sei ein törichter König.‹« (*Megilla* 12a)

Was wir im Buch über ihn erfahren, scheint eher für die zweite Einschätzung zu sprechen – seine Extravaganz; seine wilden Zornes-
ausbrüche, in denen er sich zu Entscheidungen hinreißen läßt, die er

6. »Wisdom in the Book of Esther«, S. 433.

später bereut, wie zum Beispiel die Verstoßung seiner Frau Waschti; seine offensichtliche Blindheit gegenüber der Handlungsweise seiner Ratgeber, die ihn dazu bringt, Haman zu gestatten, ein ganzes Volk der Vernichtung preiszugeben.

Auf der anderen Seite könnte man aber auch sagen, daß es Ahasveros immerhin gelingt, in einer äußerst heiklen Situation, inmitten bösartiger Hofintrigen und zahlreicher Mordanschläge, zu überleben. Als er Haman auffordert, Mordechai durch die Straßen zu führen, ist er da lediglich das unwissende Werkzeug Gottes oder verfolgt er seine eigenen, nicht näher benannten Ziele?

Um auf das zurückzukommen, was mir von Rabbiner Dr. Königs These im Gedächtnis geblieben ist, die sich wiederum am rabbinischen Kommentar, dem *Midrasch*, orientiert, so muß man Ahasveros wohl zumindest als cleveren Taktiker gelten lassen. Sein vordringlichstes Problem ist es, in einer schwierigen Situation am Leben zu bleiben. Um dies zu erreichen, muß er ein Gleichgewicht zwischen den verschiedenen potentiellen Rivalen um den Thron schaffen, indem er den einen gegen den anderen ausspielt. Der kometenhafte Aufstieg Hamans birgt gefährliche Konsequenzen im Blick auf dieses prekäre Gleichgewicht – ein Motiv, das in der Weisheitsliteratur häufig auftaucht. Mordechai, der sich dessen wohl bewußt ist, sieht offensichtlich seine Chance gekommen, sich gezielt zum Gegenspieler dieses gefährlichen Aufsteigers aufbauen zu lassen.

Es ist daher kein Zufall, daß er das Mordkomplott gegen den König aufdeckt und dafür sorgt, daß dieser gewarnt wird (Est 2,21-23). Möglich ist auch, daß seine Weigerung, sich vor Haman zu beugen (3,2-5), gar nicht religiös motiviert war, wie manchmal angenommen, sondern ein weiterer bewußter Schachzug war, um aller Welt deutlich zu demonstrieren, daß er nicht bereit ist, Kotau vor dem mächtigen Wesir zu machen.

Ihre deutlichste Bestätigung findet diese Auslegung in dem entscheidenden Augenblick, in dem Ester den König und Haman zu einem Festmahl bittet. Die Wiederholung der Einladungsworte (5,4.8) wurde von manchen Interpretatoren als ein Indiz dafür gewertet, daß der Verfasser hier zwei ursprünglich getrennte Erzählstränge miteinander verwob. Wir haben jedoch gelernt, solche Dubletten ernst zu nehmen, da die biblischen Autoren sie meist als literarischen Kunstgriff einsetzten. So sind zum Beispiel häufig die Abweichungen zwischen den beiden Versionen bedeutsam: Der erste Bericht schafft einen Hintergrund, den der zweite weiterentwickelt oder auch kontrastiert.

Im vorliegenden Fall ergibt die sprachliche Analyse, daß beide »Einladungen« gleich wichtig sind. Wir müssen dazu den exakten Wortlaut der beiden Einladungen betrachten, die auf den ersten Blick identisch erscheinen, in Wirklichkeit aber einen entscheidenden Unterschied aufweisen.

In 5,4 sagt Ester:

»Jawo hamelech wehaman el hamischteh ascher asiti lo.
Möge der König und Haman zum dem Mahl kommen, das ich für *ihn* (nämlich den König) bereitet habe.«

Als sie die Bitte jedoch an dem bewußten Abend des Banketts wiederholt, sagt sie (5,8):

»Jawo hamelech wehaman el hamischteh ascher e'eseh lahem.
Möge der König und Haman zu dem Mahl kommen, das ich für *sie* bereiten will.«

In diesem Wechsel von *lo* (ihn) zu *lahem* (sie), dem Wechsel von einem Festmahl für den König, zu dem auch Haman eingeladen ist, zu einem für beide Männer ausgerichteten Festmahl, sind alle Ängste des Tyrannen-Königs zusammengedrängt. Es ist nicht Eifersucht auf eine mögliche Verliebtheit Esters in Haman, sondern die Angst vor einem Staatsstreich, die ihn umtreibt, denn wenn die Königin anfängt, ein unziemliches Interesse am zweiten Mann im Staate zu zeigen, dann sollte der König anfangen, sich Gedanken zu machen.

Es kommt also nicht von ungefähr, daß der König in jener Nacht nicht schlafen kann! (6,1) Noch ist es weiter verwunderlich, daß er nach dem »Buch der Chronik« verlangt, in dem die Begebenheiten im Königreich aufgezeichnet sind. Ihm ist nicht etwa um eine einschläfernde Lektüre zu tun, sondern er hält verzweifelt Ausschau nach einem möglichen Rivalen, den er Haman in den Weg stellen könnte, nach einem Mann, der sich als loyal erwiesen hat und der imstande war, eine Verschwörung gegen den König aufzudecken – und so fällt seine Wahl auf Mordechai.

Man stelle sich nur seinen Schrecken vor, als ihm bewußt wird, wer da mitten in der Nacht im Hof wartet: kein anderer als Haman persönlich. Ist das nicht die ideale Gelegenheit zum Mord, auf die der andere schon lange gelauert hat?

Der *Midrasch* trifft den Nagel auf den Kopf mit seinem Kommentar zu Hamans Antwort auf die Frage des Königs, was ein König mit einem Mann tun solle, den er ehren möchte (6,6).

»In dem Augenblick, als Haman sagte: ›Laß das königliche Gewand bringen, das der König trägt ... und das Pferd, auf dem der König reitet und das eine königliche Krone trägt ...‹ (6,8) - gerade, als er die ›königliche Krone‹ erwähnte, verdüsterte sich des Königs Gesicht und er sagte: ›Seine Zeit ist gekommen!‹« (*Kohelet Rabba* zu Prediger 5.2).

Natürlich ist es kein Zufall, daß der König Haman sofort anweist, genau diese Ehrung vorzunehmen – und zwar an *Mordechai*«, den der König betont als ›*hajehudi*‹, »den Juden«, bezeichnet, wobei er sich wohl bewußt ist, daß er damit den Erzfeind Hamans mit Ehren überhäuft, einen Feind, dessen ganzes Volk der Agagiter hatte ausrotten wollen.

Man könnte einwenden, daß diese Deutung die Weltlichkeit des Buches Ester nur noch mehr herausstreicht und es damit als religiöses Werk umso problematischer erscheinen läßt. Trotzdem: »Der Mensch denkt und Gott lenkt ...« Es bedarf immer noch der göttlichen Vorsehung, damit aus dem unüberschaubaren Gewirr von Kriegslisten einige zum Ziel führen bzw. andere ins Leere gehen und die Juden gerettet werden können. Gerade indem wir uns seiner politischen Dimension nicht verschließen, ist es uns möglich, das Buch auch aus einem anderen Blickwinkel zu sehen.

Der Text schildert nicht einfach nur eine Phantasiewelt, sondern die äußerst reale Welt politischer Intrigen, Kompromisse und Machtkämpfe, die den Hintergrund für zweitausend Jahre jüdischen Lebens in der Diaspora bilden. Es ist keine ethische oder moralische Welt, sondern eine Welt, deren Ethik relativ und deren Werte auf das Überleben gerichtet sind. In einer Welt launenhafter Monarchen und Tyrannen – und dieser bittere Beigeschmack des Buches darf bei aller oberflächlichen Bezauberung nicht übersehen werden –, in einer solchen Welt hängt das Überleben zwar von der göttlichen Vorsehung ab, aber genauso von den eigenen Vorkehrungen, dem instinktiven Gespür für die Erfordernisse der Situation und nicht zuletzt von der Gunst der Stunde. Es ist eine Welt, in der die Dinge nicht nach den Kriterien von gut oder böse beurteilt werden, sondern nach dem Maßstab des siebenmal wiederholten Satzes *im al hamelech tow*, »wenn es dem König gefällt« (1,19; 3,9; 5,4.8; 7,3; 8,5; 9,13).

Es ist eine Welt, die uns nur allzu vertraut ist, in der mit jüdischem Leben gespielt wird wie in den dreißiger und vierziger Jahren unseres Jahrhunderts, eine Welt, in der politisches Kalkül und ein gut geölter Geheimdienst mit Frömmigkeit und der Wahl des kleineren von zwei Übeln Hand in Hand gehen müssen. Ester ist im Jargon moderner Spionagethriller eine »Schläferin«, eine Agentin, die in aller Stille in eine Position in der Schaltzentrale der Macht geschleust wurde und dort in Wartestellung lebt, bis sie ihre Order erhält. Ihr Verhalten nach abstrakten moralischen Begriffen zu bewerten, hieße, die Wahl, die sie zu treffen hat, völlig falsch einzuschätzen.

Ich habe meine ganz persönliche Theorie über den berüchtigten zweiten Kampftag, den Ester erbittet. Durch die Verlängerung des Kampfes soll dem neuen Dekret des Königs auch im Rest der Stadt Susa Geltung verschafft werden, über die Mauern der Zitadelle hinaus, was darauf schließen läßt, daß dort noch immer Feinde lauerten, die eine ernsthafte Bedrohung darstellten. Das Ansinnen Esters entsprang also sicherlich nicht nur einer blutrünstigen Laune.

Doch was noch wichtiger ist, wem galt diese Bedrohung? Denn Esters Forderung erfolgte ja nicht aus eigenem Antrieb, sondern war die Antwort auf eine offensichtliche Suggestivfrage des Königs (9,12).

Auf jeden Fall ist es auch zu Ahasveros' eigenem Vorteil, wenn sämtliche Glieder von Hamans Partei, die möglicherweise noch immer gegen ihn intrigieren könnten, ausgeschaltet werden, denn schließlich hat Haman selbst von einem bestimmten »Volk, verstreut und abgesondert unter den Völkern in allen Provinzen deines Königreichs«, gesprochen (3,8).

Es fällt auf, wie genau der König über die Vorgänge Bescheid weiß, daß er selbst die Zahl der Getöteten präzis nennen kann (9,11) und daß es schließlich die Regierungsbeamten der verschiedenen Länder sind, die den Juden zu Hilfe eilen. Das führt uns vor Augen, daß Mordechais Macht, wie groß sie im Augenblick auch scheinen mag, damit steht und fällt, daß der König ihn stützt. Ja, man kann sogar so weit gehen zu behaupten, daß sich Ester in ihrer

Entscheidung für die Ausdehnung der Kampfhandlungen mindestens genausosehr der politischen Notwendigkeit beugt, die der König ihr aufzwingt, wie sie irgendwelchen Rachegefühlen ihrerseits nachgibt.

Die Grausamkeit, die die Königin an den Tag legt, spiegelt lediglich die Grausamkeit des Systems wider, dessen Gefangene sie ist. Es ist die Grausamkeit der Tyrannei, die jeden korrumpiert, der Teil von ihr ist, die Grausamkeit der unerlösten Welt, die von menschlichen Königen regiert wird und in der der unsichtbare »König der Könige« noch nirgendwo zu spüren ist.

In einer solchen Welt gibt es nur die Möglichkeit, andere, neue Werte aufzurichten, zum Beispiel, indem man festlegt, daß das Fest, das zum Gedenken dieser Ereignisse eingeführt wird, Purim, nicht am Tag des Kampfes stattfinden soll, sondern am Tag der Beendigung der Kampfhandlungen. Am Tag danach sollen die Menschen sich freuen; die Befreiung soll gefeiert werden und nicht das Morden, das mit ihr einherging (9,22).

Ich will Ester mit dieser Auslegung nicht von der Verantwortung freisprechen. Die Ausrede, man habe nur »Befehle ausgeführt«, ist nie eine Entschuldigung. Doch durch diese Interpretation wird die Quelle der Gewalt außerhalb von Ester und Mordechai, im Wesen des Regimes und in der Gesellschaft, in der die beiden lebten, lokalisiert. Damit aber befinden wir uns mitten in der Problematik, mit der die zeitgenössische Ethik zu ringen hat; unser Text wirft in der Tat schwierige Fragen auf. Doch schon allein aus diesem Grund hat er seinen Platz neben all den anderen biblischen Passagen, in denen direkt oder indirekt die Frage nach Gewalt, Machtkämpfen oder imperialistischen Bestrebungen gestellt wird.

Lassen Sie uns noch einen zweiten Blick auf einen Aspekt werfen, mit dem wir uns bereits befaßt haben, um noch eine weitere Aussageebene des Buches Ester sichtbar zu machen. Ich meine damit König Ahasveros' Ängste im Blick auf Haman, ausgelöst durch Hamans Erwähnung der »Krone«. In der Sprache von heute ist Haman damit ein Freudscher Versprecher unterlaufen, der seine geheimsten Ambitionen enthüllt, die er wahrscheinlich kaum vor sich selbst einzugestehen wagte. Er will die Krone, er will König sein – der König, dessen Titel fast zweihundertmal im Buch Ester vorkommt; der König, um den sich alles dreht.

Es lohnt sich, hier einen Augenblick innezuhalten und noch über einige andere Dinge in Hamans Unterbewußtsein nachzudenken. Wir vergessen leicht, daß die Information, er sei ein Agagiter, uns nicht nur davon in Kenntnis setzt, daß er aus den Reihen der Erbfeinde Israels stammt. Wir erfahren daraus auch, daß er ebenfalls ein Außenseiter am persischen Hof war. Wenn er von dem Volk spricht, das im ganzen Land verstreut lebt und dessen Gesetze anders sind als die aller anderen Völker (3,8), dann umschreibt er damit auch, gleichsam in einer Projektion, seinen eigenen verhaßten Außenseiterstatus. Wie unsicher er in Wirklichkeit ist, das verrät uns die prahlerische Art, in der er sich vor seiner Frau und seinen Freunden (denen das sicherlich nichts Neues ist) mit seinem Reichtum, seinen zahlreichen Söhnen und seinem Ansehen am Hof brüstet (5,11) – um dann hinzuzufügen, daß das alles ihm nichts mehr bedeutet, wann immer er Mordechai, diesen Juden, sieht, den Mann, der sich geweigert hat, seine, Hamans, Macht anzuerkennen, den Mann, der ihn durch seine bloße Existenz an seinen eigenen Außenseiterstatus erinnert. Denn Haman ist unsicher; auch er gehört einer Minderheit an, auch er verläßt sich auf seinen Reichtum und andere Mittel, Einfluß zu gewinnen, um seine Position zu festigen, jederzeit bereit, einen passenden Sündenbock zu präsentieren, wenn seine Macht gefährdet ist. Haman ist im Grunde nichts anderes als das andere Gesicht von Mordechai, ein verzerrtes Abbild desselben Charakters. Die beiden sind im Herzen Brüder. Vielleicht ist es diese tiefere Beziehung zwischen den beiden, die Rawa im Blick hat, wenn er im Talmud sagt, daß wir am Purimfest verpflichtet sind, soviel Wein zu trinken, daß wir nicht mehr wissen, ob wir Haman verfluchen oder Mordechai segnen (*Megilla* 7b).

Natürlich weist das Buch Ester noch unzählige andere Dimensionen auf, die eine Untersuchung wert wären. Wenn wir es zufrieden sind, die *Megilla* (die hebräische Bezeichnung für die »Schriftrolle Ester«) einfach als ein lustiges Buch zu betrachten, das einmal im Jahr, während des Purimfestes, verlesen wird, dann tun wir sie zu Recht als unwichtig ab. Wenn wir es aber mit der Ernsthaftigkeit, der Phantasie und der Sorgfalt studieren, mit der wir uns jedem Buch der Bibel nähern sollten, dann hat uns dieses Buch viel zu sagen und, was fast noch wichtiger ist, es hat viele tiefgründige und weitreichende Fragen an uns.

7

Die Opfer

Palti Ben Lajisch

Palti ist ein Opfer. Er erscheint gleichsam aus dem Nichts, hat seine beiden kurzen Auftritte und verschwindet wieder. Ereignisse von höchster Bedeutung streifen ihn; es ist, als ob er einen Augenblick lang durch die Geschehnisse emporgehoben und dann als unbedeutend für den Gesamtaufbau des Dramas wieder fallengelassen würde – und doch ändert sich durch ihn unsere Sicht von der Welt.

Der junge David gewann die Hand Michals, der Tochter König Sauls, durch jenes berühmte Husarenstückchen, bei dem er und seine Männer zweihundert Philister umbrachten und dem König ihre Vorhäute als Morgengabe überreichten. Leider weckte das Sauls Neid, und er versuchte in der Folge, sich Davids zu entledigen.

Michal, Davids frischgebackene Ehefrau, warnte ihren Mann jedoch und rettete ihm das Leben, indem sie ihn aus dem Fenster hinabließ. Sie stopfte sein Bett aus, so daß es aussah, als läge er noch darin, und hielt die Männer, die ihn verhaften sollten, mit der Behauptung hin, David sei krank. Auf Sauls ärgerliche Nachfrage am nächsten Tag gab sie vor, daß David sie gezwungen habe, ihm zu helfen (1 Sam 19,11-17).

Daraufhin kam es zu jenem tragischen Guerillakrieg, in dem Saul David mehrfach in einen Hinterhalt zu locken und zu töten versuchte. Zwar gab es dazwischen immer wieder kurze Episoden der Versöhnung, doch Sauls wachsender Verfolgungswahn vertiefte die Kluft der Entfremdung zwischen den beiden Männern zunehmend.

An einem bestimmten Punkt (wann genau, ist unklar) setzte sich Saul sogar über die Ehe zwischen seiner Tochter und David hinweg. Fast in einem Nebensatz, im Zusammenhang mit Davids Eheschließung mit Abigail und Ahinoam, heißt es:

»Saul aber gab seine Tochter Michal, die Frau Davids, Palti, dem Sohn des Lajisch aus Gallim.« (1 Sam 25,44).

Was Saul zu diesem Schritt bewog, wird nicht klar. Wahrscheinlich machte er sich Sorgen, weil David wegen seiner militärischen Erfolge so große Popularität beim Volk genoß. Schlimmer noch, David stellte eine Bedrohung für seinen, Sauls, eigenen Nachfolger Jonatan dar, und Jonatans offene Freundschaft und Unterstützung für David trugen sicherlich nicht dazu bei, die Befürchtungen des Königs zu beschwichtigen. Doch Sauls Haßliebe zu David ist so mächtig und selbstzerstörerisch, daß sie wahrscheinlich sehr viel tiefere emotionale Wurzeln hat.

Durch die Heirat mit Sauls Tochter rückte die Thronbesteigung für David ein Stück mehr in den Bereich der Möglichkeiten. Die Information nun, daß Saul Michal einem anderen Mann zur Frau gab, ist sehr geschickt genau zwischen die beiden Episoden plaziert, bei denen David die Chance hat, Saul zu ermorden, und es nicht tut (1 Sam 24.26). Das erste Mal entdeckt David Saul in einer Höhle, doch statt ihn zu töten, schneidet er ihm einen Zipfel von seinem Mantel ab. Später erscheint er vor Saul, beweist ihm anhand des Mantels und des Stoffstücks, was geschehen ist, und bekräftigt in einem bewegenden Versuch, Saul zu überzeugen, daß er ihm nichts Böses will, seine Loyalität zum König. Er nennt Saul seinen »Vater« (1 Sam 24,12), und Saul ist zu Tränen gerührt und redet David mit »mein Sohn« an (V. 17).

In der zweiten Episode findet David Saul schlafend im Lager und nimmt Sauls Speer und seine Wasserflasche an sich, wieder, um zu beweisen, daß der König ihm auf Gedeih und Verderb ausgeliefert war und daß er ihn verschont hat. Diesmal ist Saul für David jedoch nicht mehr »mein Vater«, sondern nur noch »der König«, obgleich Saul ihn zweimal als »mein Sohn« bezeichnet (1 Sam 26,21.25). Aus der Sicht Davids ist die Kluft zwischen ihnen unüberbrückbar geworden.

Saul stirbt, und Davids Aufstieg zur Macht beginnt. Eine Zeitlang ist er König des südlichen Landesteils. Der Norden wird von Sauls überlebendem Sohn Ischboschet regiert (s. auch die Geschichte von Rizpa), einem Marionettenkönig, der von seinem General Abner gelenkt wird.

Als es zwischen den beiden zu Meinungsverschiedenheiten kommt, wechselt Abner die Fronten und verspricht David, ihm zur Herrschaft über den Norden zu verhelfen. David stimmt zu, stellt jedoch eine Bedingung:

»Gut, ich will einen Vertrag mit dir schließen. Aber eines verlange ich von dir: Du darfst mir nicht unter die Augen treten, falls du nicht Michal, die Tochter Sauls, mitbringst, wenn du kommst und vor mir erscheinst.« (2 Sam 3,13)

Michal lebt zu dieser Zeit unter Ischboschets Schutz, und vielleicht will David mit seiner Forderung Abners tatsächliches Vermögen, ihm wie versprochen zur Herrschaft über das Nordreich zu verhelfen, auf die Probe stellen. Doch warum er ausgerechnet nach Michal verlangt, wird nicht ganz klar. Vielleicht liebt er sie noch immer – doch andererseits spricht in ihrer späteren Beziehung wenig für eine große gegenseitige Zuneigung, ja die beiden werden sich bitter bekämpfen, wobei jeder die Erinnerung an den toten Saul als Waffe benutzt, um den anderen zu verletzen. Es ist deshalb wahrscheinlicher, daß David hofft, Michal könne ihm den Zugang zur Macht über das Nordreich erleichtern, weil die Ehe mit ihr, der Tochter des vorigen Königs, ihm die Gefolgschaft des Stammes Sauls und seiner Verbündeten sichern würde. So wird Michal noch ein zweites Mal zum Opfer des Machtkampfs zwischen dem alten und dem neuen König. Ihr Zorn auf David und ihre Bitterkeit sind verständlich.

David schickt Boten zu Ischboschet, vermutlich, nachdem Abner ihnen den Boden bereitet hat.

»Gib meine Frau Michal heraus, für die ich die hundert Vorhäute der Philister als Brautpreis bezahlt habe.« (2 Sam 3,14)

Trotz des immer wieder aufflammenden Bürgerkrieges zwischen den beiden Königreichen willigt Ischboschet ein, entweder aus Schwäche, oder um sich einen momentanen Vorteil zu verschaffen.

Und hier begegnen wir Palti zum zweiten und letzten Mal:

»Ischboschet schickte zu ihrem Mann Paltiel, dem Sohn des Lajisch, und ließ sie ihm wegnehmen. Doch ihr Mann ging weinend mit ihr, den ganzen Weg bis Bahurim. Dann sagte Abner zu ihm, ›geh, kehr um!‹, und er kehrte um.« (2 Sam 3,15-16)

Es sind nur ein paar Sätze, mittendrin in all den Unterhandlungen und Rivalitäten der Könige – doch in ihnen ist die Tragödie eines Mannes zusammengefaßt, der unter die Räder von Ereignissen gerät, auf die er keinen Einfluß hat, eines Mannes, dessen Leben und Liebe in einem einzigen Augenblick vernichtet werden, und der nicht die Macht hat, die Dinge zu ändern – weil er entbehrlich ist.

Dieses winzige Detail, das der Verfasser des Buches Samuel eingefügt hat, läßt uns die Kämpfe und Intrigen, von denen er berichtet, mit völlig anderen Augen sehen. Da wird wieder eine Schicht von dem Glanz abgekratzt, mit dem David so gern umgeben wird, und ernüchtert starren wir auf all das menschliche Leid, das unter der Oberfläche brillanter politischer Manöver zum Himmel schreit.

Es ist dies einer jener bemerkenswert subversiven Momente, in denen die Bibel uns zwingt, die dunkle Seite unserer Heldensagen wahrzunehmen, uns zu fragen, was wirklich zählt und welcher Preis dafür bezahlt werden muß. Palti verliert seine Märchenprinzessin, und einen Lidschlag lang blickt uns durch sein Geschick das wahre Gesicht der Welt an.

Der Hetiter Urija

Wir lernen Urija gleichsam nur aus zweiter Hand kennen (2 Sam 11). Er ist Gegenstand von Gesprächen, Opfer von Intrigen, und wird schließlich beseitigt, alles mehr oder weniger hinter der Bühne. Persönlich begegnen wir ihm nur sehr kurz und sind deshalb, was seine Gedanken und Beweggründe in diesen letzten Wochen seines Lebens angeht, auf Vermutungen angewiesen.

Urija fällt einer bewährten Meucheltaktik zum Opfer, denn die Antwort auf die Frage, »wo versteckt man eine Leiche am besten?«, lautet immer noch, »da, wo sowieso viele anfallen«.

König David hat diese Methode sicherlich nicht erfunden, doch er ist einer der ersten, der sie mit Erfolg angewandt hat.

Dennoch bleibt Urija nicht völlig im Schatten des Geschehens. Er ist einfach nur so unglaublich durchschaubar, der Inbegriff des braven Soldaten, treu in seiner Pflichterfüllung und treu gegenüber seinen Mannen, durch einen unglücklichen Zufall zum Ärgernis im Liebesdrama eines Königs geworden – und damit entbehrlich. Wie es sich gehört, stirbt er den klassischen Soldatentod, oder doch beinahe: Er fällt im Getümmel der Schlacht, bewußt im Stich gelassen von seinem General.

Die Geschichte ist nur allzu bekannt. David entflammt für die schöne Frau, die er eines Abends auf dem Dach ihres Hauses beim Bade beobachtet. Er läßt sie holen, wobei er die Tatsache, daß sie mit einem seiner Offiziere verheiratet ist, großzügig übersieht, schläft mit ihr und schickt sie wieder fort, wahrscheinlich in der Annahme, niemals mehr von ihr zu hören.

Es ist ein ganzer neuer David, dem wir hier begegnen. Er hat erreicht, was er wollte, seine Herrschaft ist gesichert, und nun weiß er nicht, wohin mit seiner Energie. Er sitzt zu Hause in Jerusalem, während seine Truppen irgendwo für ihn kämpfen. Das ganze Kapitel über herrscht ein reges Kommen und Gehen von Boten: zwischen dem Palast und Batsebas Haus mit amourösen Anträgen, zwischen dem Palast und dem Kampfgebiet mit taktischen Anweisungen und einem Mordauftrag. Aus Camelot ist Versailles geworden.

Schließlich läßt Batseba dem König ausrichten, daß sie schwanger ist. Der jüngere David hätte diese heikle Situation vielleicht gemeistert, indem er alle gesetzlichen Möglichkeiten ausgeschöpft hätte. Doch für den älteren David steht zuviel auf dem Spiel. Weiß er, daß seine unbedachte Tat ihm die schlimmste Krise seines Lebens bescheren wird, eine Krise, die ihn fast vernichten und ihm den Rest seiner Tage verbittern wird? Er schickt einen Boten zu Joab, seinem Oberbefehlshaber, mit der Order, den Hetiter Urija nach Jerusalem zu beurlauben.

Es fällt auf, daß kein Wort über Urijas Ahnenreihe verloren wird. Daß er als Hetiter, als Angehöriger eines der vor langer Zeit um ihr Land gebrachten kanaanitischen Stämme, in Davids Armee dient, ist ungewöhnlich. Immerhin führt er einen hebräischen Namen – »der Ewige ist Licht« –, was darauf schließen läßt, daß er oder sein Vater irgendwann den Gott Israels angenommen haben. Wahrscheinlich war er ursprünglich ein Söldner, der sich David bereits in jener schweren Zeit anschloß, als er noch vor Saul auf der Flucht war, oder damals, als er ganz am Anfang seiner Königsherrschaft stand. Auf jeden Fall wird Urija in der Liste der »Helden« genannt, die mit und für David kämpften (2 Sam 23,39; 1 Chr 11,41).

David fühlt sich im Gespräch mit Urija offensichtlich äußerst unwohl. Er flüchtet sich in konventionelle Floskeln, die im Grunde absurd sind: »Wie steht es mit dem ›Wohlbefinden‹ (wörtlich *Schalom*, ›Frieden‹) Joabs, des Generals? Wie steht es mit dem ›Wohlbefinden‹ der Armee? Wie mit dem ›*Schalom*‹ des Krieges (2 Sam 11,7)?« Als Leser hört man förmlich, wie angestrengt er Konversation macht und sich bemüht, Urijas Heimatbesuch den Anstrich militärischer Dringlichkeit zu geben, während er die ganze Zeit ungeduldig darauf wartet, ihn endlich heim zu seiner Frau schicken zu können.

Er sendet ihm sogar noch ein Geschenk nach. Das Wort *masa'at* bedeutet allerdings gleichzeitig auch »Last«; auf diesem Geschenk ruht also gleichsam die Last, die David auf der Seele herumgetragen hat (V. 8).

Doch Urija geht nicht nach Hause, sondern zieht es vor, »bei den Knechten seines Herrn« im Tor der Königsresidenz zu schlafen. »Man« berichtet David am nächsten Tag davon. Wer mit diesem »man« gemeint ist, wie viele Personen sich möglicherweise dahinter verbergen, ist unklar. Hatte David Beobachter auf Urija angesetzt, oder hat mittlerweile jeder im Palast ein Auge auf diese ganze peinliche Affäre?

David fragt Urija, warum er nicht zu Hause geschlafen habe, und Urija, der wackere Soldat, solidarisch mit seinen Leuten, entgegnet:

»Die Lade und Israel und Juda wohnen in Hütten (*sukkot*, im Basislager), und mein Herr Joab und die Knechte meines Herrn lagern auf freiem Feld; da soll ich in mein Haus gehen, um zu essen und zu trinken und bei meiner Frau zu liegen? So wahr du lebst und so wahr deine Seele lebt, das werde ich nicht tun.« (2 Sam 11,11)

Weiß er Bescheid? Diese Frage plagt David genauso wie uns. Hat er es hier mit einem schlichten Soldatengemüt zu tun oder mit einem Mann, der in einer äußerst gefährlichen Situation um seine Ehre kämpft? David hat nur gefragt, warum er nicht in sein »Haus« gegangen sei, warum erwähnt Urija auf einmal seine Frau? Vielleicht ist es eine völlig unschuldige Bemerkung, schließlich war sexuelle

Abstinenz vor der Schlacht eine religiöse Pflicht (1 Sam 21,6).[1] Oder wirft er damit vielleicht dem anderen, von dem er weiß, daß er ihn betrogen hat, den Fehdehandschuh hin? Und warum schwört er bei Davids Leben und nicht bei seinem eigenen?

David hält ihn noch zwei weitere Tage am Palast, macht ihn ordentlich betrunken und schickt ihn wieder nach Hause – doch wieder geht Urija nicht. Verzweifelt sendet David schließlich Joab eine weitere Botschaft ins Feld:

»Stellt Urija nach vorn, wo der Kampf am heftigsten ist, dann zieht euch von ihm zurück, so daß er getroffen wird und den Tod findet.« (V. 15)

Der Überbringer dieser Anweisung ist Urija selbst. Mit ungeheuerlichem Zynismus nutzt David sein soldatisches Pflichtbewußtsein bis zum Ende aus. Joab gehorcht, und Urija stirbt.

Immerhin besteht die Möglichkeit, daß das Ganze nicht so einfach war, wie es den Anschein hat. Urija spricht von den »Knechten seines Herrn«, doch wen meint er mit seinem »Herrn«? Eigentlich müßte es David sein, doch an einer Stelle bezeichnet er Joab als seinen Herrn (V. 11). Ist das ein Hinweis darauf, daß es im Heer Spaltungen gab? Daß der Thron noch immer nicht gesichert war? Joab, der bei mehreren Gelegenheiten die Rolle des »König-Machers« gespielt und seine militärischen Rivalen ausgeschaltet hatte, war nach David der mächtigste Mann im Staat. David legt Salomo auf dem Sterbebett ausdrücklich ans Herz, sich seiner zu entledigen. Wenn Urija zum Lager Joabs gehörte, würde das erklären, warum Joab sicherstellte, daß in der bewußten Schlacht auch eine Reihe von Davids Männern umkamen (V. 17). Auf rein politischer Ebene könnten der grausamen Tat Davids also Erwägungen über einen möglicherweise drohenden Hochverrat zugrundegelegen haben.

Das entschuldigt sie freilich weder noch rechtfertigt es sie. David sollte ihren Folgen denn auch nicht entrinnen, machte allerdings auch gar nicht den Versuch. Als er mit der Wahrheit konfrontiert wurde, leugnete er seine Schuld nicht. Der Hetiter Urija starb zumindest

---

1. David selbst beruft sich an anderer Stelle auf diese Verpflichtung; s. das Kapitel über Ahimelech ben Ahitub, S. 136).

äußerlich gesehen den Heldentod, doch er nahm das Geheimnis mit ins Grab, das weder David noch der Leser lüften können: Wieviel hat er in Wirklichkeit gewußt?

Batseba Bat Eliam

Batseba ist ebenso rätselhaft wie schön, ein Geschöpf, das die erotische Phantasie anregt, raffinierte Verführerin oder bezaubernde Unschuld. Eine Traumgestalt der Nacht – allein und nackt, beim Bad unter dem Sternenhimmel, nicht ahnend, daß sie einen Zuschauer hat, verletzlich in ihren intimsten Augenblicken. Eine Gestalt – erblickt, begehrt, herbefohlen, genossen und wieder entlassen. Um den Träumer von nun an nicht mehr heimzusuchen, wenn er in warmen, von Wohlgerüchen erfüllten Sommernächten im Königspalast auf seinem Ruhebett liegt.

Aber Batseba war real, und genauso real war ihre Schwangerschaft. Daß David sich in jener Nacht seiner ausschweifenden Phantasie überlassen hatte, sollte tragische Folgen haben. Doch was empfand Batseba bei der ganzen Geschichte? Was war sie für ein Mensch?

Zunächst einmal war sie eine verheiratete Frau in einer patriarchalen Gesellschaft. Die israelitische Kultur konnte Eigentumsdelikten fast jeder Art mit Toleranz begegnen, doch sie war ins Mark getroffen, wenn die Familie angetastet wurde, stand dahinter doch eine Bedrohung der männlichen Potenz und Autorität. Ehebruch war gleichbedeutend mit dem Tod. Beugte sich Batseba aus Angst dem Willen des Königs? Oder fühlte sie sich durch seine Aufmerksamkeit geschmeichelt? Verzehrte sie sich vielleicht vor Ehrgeiz im Gedanken an künftige Privilegien, ja hatte sie das Ganze womöglich geplant, sich bewußt zur Schau gestellt, um das Begehren des Königs zu wecken? Oder war sie eine naive Unschuld vom Lande? Und was hatte es mit ihrer Ehe mit dem Hetiter Urija auf sich, jenem aufrechten Soldaten, der es vorzog, bei seiner Truppe auszuharren, statt in die Arme seiner Frau zurückzukehren? Bedeutete sein Tod eine Erlösung oder eine Tragödie für die junge Witwe, die zurückblieb, verstört, kompromittiert, verängstigt?

Aus Batsebas erster Begegnung mit David (2 Sam 11) lassen sich nicht einmal Antworten auf die einfachsten dieser Fragen ableiten. Es bleibt uns überlassen, sie, das verkörperte Traumbild, in ein Gewebe von Erklärungen unserer Phantasie einzuspinnen. Sie kann Opfer sein oder Herrin ihres Schicksals, ein unbeschriebenes Blatt, Projektionsfläche für unsere schmutzigen Gedanken oder unser Begehren.

Es ist die ältere Batseba, die uns den Schlüssel zur Lösung des Rätsels an die Hand gibt. Jenes erste Kind, das aus der ehebrecherischen Nacht hervorging, stirbt. Doch das zweite, das nach ihrer Heirat mit David geboren wird, lebt und erhält von seinem Vater den Namen Salomo, *Schlomo*, »Friede« – vielleicht in der Hoffnung auf einen endlich, endlich errungenen Frieden –, und auf Gottes Geheiß den Beinamen Jedidja, »Liebling des Ewigen«.

Jahre sind vergangen. David hat den Tod zweier seiner Söhne miterleben müssen; er mußte mitansehen, wie sich sein Vergehen an Batseba und Urija in noch schlimmerer Weise bei seinen Kindern wiederholte. Jetzt ist er schwach, liegt im Sterben, und noch immer ist die Nachfolge ungeklärt.

Adonija, gutaussehend, eigensinnig, das Ebenbild des jungen David, macht seinen Anspruch geltend, gestützt auf Joab, den Oberbefehlshaber der Armee, und Abjatar, Davids Priester.[2] Doch es gibt noch eine andere Partei, die ebenfalls Rückhalt im Heer hat; ihr gehört der Prophet Natan an, dem die Wahl Adonijas ein Dorn im Auge ist. Natan hatte David nach der Affäre mit Batseba scharf gerügt, ihm später aber auch die Botschaft von der göttlichen Vergebung und den Namen Jedidja übermittelt. Er unterstützt Salomo.

Ja, er geht sogar soweit, Batseba persönlich aufzusuchen und ihr zum Handeln zu raten. Er bietet ihr seine Hilfe an und erklärt ihr, daß sie und Salomo in Gefahr sind, wenn Adonija mit seinen Bestrebungen Erfolg hat. Batseba soll zu David gehen und ihn daran erinnern, daß er Salomo den Thron in Aussicht gestellt habe. Er selbst, Natan, wolle dann im rechten Augenblick dazukommen und ihr Anliegen unterstützen (1 Kön 1,11-14). Vorher ist nie von einem solchen Versprechen Davids im Blick auf Salomo die Rede gewesen. War sich Batseba nicht bewußt, in welcher Gefahr sie schwebte? Oder war sie in dieser Situation einfach hilflos?

2. S. die Geschichte von Ahimelech ben Ahitub (S. 136).

Sie befolgt Natans Rat, doch ihre abschließenden Worte an David haben einen Beiklang, wie er nur dem Wissen um gemeinsame Schuld und gemeinsames Leid entspringen kann:

»Auf dich, mein Herr und König, sind nun die Augen ganz Israels gerichtet. Du sollst ihnen bekanntgeben, wer nach meinem Herrn und König auf dem Thron sitzen wird. Sonst werden ich und mein Sohn Salomo ›*hataim*‹ sein, wenn mein Herr und König zu seinen Väter entschlafen ist.« (1 Kön 1,20-21)

In dem Wort *hataim* steckt der Gedanke vom Verfehlen eines Ziels. Hier bedeutet es vielleicht »Verlorene«, »Gescheiterte«, »Verlierer«, die ihres Ranges verlustig gehen oder gar todgeweiht sind. Davon abgeleitet aber hat das Wort noch einen anderen Sinn: es steht für ein schweres religiöses Versagen, für »Sünde«. In genau diesem Sinn gebrauchte David selbst das Wort, als Natan ihm die ganze Tragweite seines Verbrechens an Urija vor Augen führte:

»Ich habe gesündigt (*hatati*) gegen den Ewigen!« (2 Sam 12,13)

Nun sagt Batseba dieses Wort – »ich und mein Sohn Salomo werden in dieser Sünde gefangen bleiben und von ihr gerichtet werden, wenn du nichts unternimmst«. Für einen Augenblick tritt sie aus ihrer Rolle, der Rolle einer Frau, die von willensstarken Männern für ihre Zwecke manipuliert wird, heraus. Für einen Augenblick ist sie diejenige, die handelt.

Der Plan gelingt. Aber Batseba hat noch einen weiteren Auftritt.

Der alternde David hatte sich im Bett von einer neuen jungen Konkubine, Abischag, wärmen lassen. Nun ist David tot. Salomo sitzt auf dem Thron. Da erscheint Adonija mit einer wohldurchdachten Bitte vor Batseba:

»Du weißt, daß mir das Königtum zustand und daß ganz Israel mich als König haben wollte, doch ist mir die Königswürde entgangen, sie ist meinem Bruder zugefallen, weil sie ihm vom Herrn bestimmt war. Jetzt aber möchte ich eine einzige Bitte an dich richten – weise mich nicht ab. ... Rede doch mit König Salomo, dich wird er nicht abweisen. Bitte ihn, daß er mir Abischag aus Schunem zur Frau gibt.« (1 Kön 2,15-17)

Batseba erklärt sich bereit.

Wollte sie vielleicht in ihrer Naivität Adonija durch die Erfüllung dieser kleinen Bitte für den Verlust der Königswürde entschädigen?

Oder weckte die Liebesaffäre eines anderen sentimentale Erinnerungen bei ihr? Salomo jedenfalls erkannte sofort das politische Kalkül in Adonijas Ansinnen: Wenn er die Konkubine seines Vorgängers auf dem Thron heiratete, dann bekräftigte er damit symbolisch seinen eigenen Anspruch auf den Thron.[3] Also wurde Adonija auf Salomos Befehl hin umgebracht.

Ging Batseba auf Adonijas Bitte ein, weil sie diese Konsequenz vorhersah und auch hier wieder für Salomos Zukunft kämpfte? Jahrelange Erfahrung mit der Hofintrige mögen nicht spurlos an der Frau, die sich einst dem König hingab, vorübergegangen sein. Vom Phantasiegeschöpf zur alternden Königinmutter bewahrt sie sich jedoch noch immer ihr Geheimnis, ihren Zauber – eine Überlebende in einer gewalttätigen Welt.

Ahimelech Ben Ahitub

Man stellt sich einen alten, grauhaarigen Mann mit Bart vor, angetan mit einem schlichten Priestergewand, das seine strahlende Reinheit im staubigen Hof des Heiligtums schon längst eingebüßt hat und vielleicht sogar besudelt ist vom Blut der unzähligen Opfertiere, die tagtäglich dargebracht werden. Denn Nob war ein vielbesuchter Wallfahrtsort.

Vielleicht war Ahimelech aber auch jünger, noch neu in seinem Amt. Was für Qualifikationen waren wohl nötig, um Priester in einem so bedeutenden Heiligtum wie Nob zu werden? Frömmigkeit oder politisches Geschick oder eine feine Mischung aus beidem? War Ahimelech naiv und ließ sich deshalb so leicht von David täuschen, oder setzte er nur einen Augenblick lang die erforderliche Vorsicht außer Acht? Wer in den Tagen Sauls ein so hohes Amt bekleidete, konnte es sich nicht leisten, dermaßen arglos zu sein oder doch so völlig ahnungslos, was das politische Tagesgeschehen und die persönlichen Intrigen der Mächtigen anging.

---

3. Weitere Beispiele liefert die Geschichte von Rizpa (vgl. S. 21).

David, auf der Flucht vor König Saul, kommt nach Nob zu Ahimelech ben Ahitub, dem Priester. Ahimelech erschrickt bei seinem Anblick und tritt ihm mit einer Frage entgegen. Weiß er, daß Saul David seine Gunst entzogen hat, oder ist er einfach nur ein Mann des Friedens, den die Anwesenheit eines berühmten Kriegshelden in seinem Heiligtum beunruhigt? Er gibt seiner Überraschung darüber Ausdruck, David ohne Begleitung zu sehen.

»Warum bist du allein und hast niemand bei dir?« (1 Sam 21,2)

David ist nicht um eine Antwort verlegen:

»Der König hat mir einen Auftrag gegeben und zu mir gesagt: ›Niemand darf etwas von der Angelegenheit erfahren, in der ich dich sende und mit der ich dich beauftragt habe.‹ Darum habe ich meine Leute an einen geheimen Ort bestellt. Hast du vielleicht etwas zur Hand für mich? Gib mir doch fünf Brote oder was immer sonst da ist.« (1 Sam 21,3-4)

Fühlt sich Ahimelech vielleicht geschmeichelt, weil er in diese geheime Mission eingeweiht wird, und ist deshalb allzu rasch bereit, sich über seine Bedenken hinwegzusetzen? Jedenfalls hält er sich nicht mit weiteren Skrupeln auf, sondern wendet sich den praktischen Aspekten der Angelegenheit zu. Das einzige Brot, das er David anbieten kann, ist Gott geweiht und für rituelle Zwecke bestimmt. Haben Davids Männer sich des Beischlafs enthalten? Eine Ejakulation hätte sie rituell unrein gemacht.

Davids Antwort ist zwar nicht ganz eindeutig, scheint aber für seine fromme Gesinnung zu sprechen:

»Schon einige Tage lang, seit ich aufgebrochen bin, wurden Frauen von uns ferngehalten. Die Ausrüstung der Männer ist, selbst wenn es sich um einen ganz gewöhnlichen Marsch handelt, heilig; wieviel mehr heute, wo die Ausrüstung geheiligt werden soll.« (V. 6)

Also gibt Ahimelech ihm das geweihte Brot. Nachdem er nun schon so weit gegangen ist, treibt David das Spiel noch ein bißchen weiter, auch wenn das wider alle Vernunft ist.

»Hast du nicht zufällig einen Speer oder ein Schwert zur Hand? Denn ich konnte weder mein Schwert noch andere Waffen mitnehmen, weil der Auftrag des Königs so dringend war.« (V. 9)

Vielleicht ist Ahimelech wirklich ein einfältiger Mensch, vielleicht treibt ihn aber auch die Überzeugung, hier die rechte Sache zu fördern. Immerhin wird an diesem heiligen Ort das Schwert Goliats aufbewahrt, das vermutlich zum Dank für Davids Sieg über den Riesen Gott geweiht wurde. Wußte David das nicht? Oder arbeitete er vielleicht die ganze Zeit darauf hin, in den Besitz ebendieses Gegenstands zu kommen, der wie nichts sonst das Symbol seiner Stärke ist? Ahimelech läßt sich von dem jungen Krieger, der da vor ihm steht, überreden.

»Nimm du es, nimm – denn es ziemt keinem außer dir!« (V. 10)

Das läßt sich David nicht zweimal sagen. Rasch macht er sich davon in der Hoffnung, zumindest zeitweilig Zuflucht bei den Philistern zu finden.

Doch der ganze Zwischenfall ist von einem der Leute Sauls beobachtet worden, von dem Edomiter Doëg. Als Saul seinen Höflingen vorwirft, von David bestochen zu sein, rückt Doëg mit der Information heraus, daß David in Nob war.

Gibt er in seiner Version lediglich wieder, wie er den Ablauf als Zuschauer erlebt hat, oder macht er sich bewußt Sauls Angst vor einer Verschwörung zunutze, weil er die Chance zu persönlichem Aufstieg wittert?

»Ich habe den Sohn Isais (er bedient sich hier also Sauls Schimpfnamen für David) gesehen, wie er gerade nach Nob zu Ahimelech, dem Sohn Ahitubs, kam. Ahimelech befragte für ihn den Ewigen und gab ihm Verpflegung; auch das Schwert des Philisters Goliat gab er ihm.« (1 Sam 22,9-10)

Damit wird Ahimelech zum wissentlichen und willentlichen Verschwörer gestempelt. Saul läßt den Priester mit seiner ganzen Familie vorladen. Er fragt ihn ohne Umschweife:

»Warum habt ihr euch gegen mich verschworen, du und der Sohn Isais? Du hast ihm doch Brot und ein Schwert gegeben und für ihn Gott befragt, so daß er sich gegen mich erheben und mir auflauern kann, wie es heute der Fall ist.« (V. 13)

Ahimelech antwortet mit einer Gegenfrage, die für den Leser fast ironisch klingt, auch wenn der Priester sie wahrscheinlich in aller Unschuld stellt:

»Aber wer unter all deinen Dienern ist so treu wie David, der Schwiegersohn des Königs, gehorsam in deinen Diensten und hochgeehrt in deinem Haus? Habe ich denn erst heute begonnen, Gott für ihn zu befragen? Keineswegs! Der König möge seinem Knecht und dem ganzen Haus seines Vaters nichts unterstellen; dein Knecht hat von all dem nichts gewußt, weder Wichtiges noch Unwichtiges.« (V. 14-15)

In Sauls gegenwärtiger Verfassung kann das nur eines bedeuten: Hochverrat. Ohne weitere Beweise abzuwarten, fällt er über Ahimelech und seine Familie sofort das Todesurteil:

»Umzingelt die Priester des Ewigen und tötet sie, denn auch sie haben David die Hand gereicht und mir, obwohl sie wußten, daß er auf der Flucht war, nichts darüber berichtet.« (V. 17)

Sauls Soldaten verweigern den Gehorsam und lehnen es ab, einen Priester des Ewigen zu töten. Doëg, der Edomiter, wird dagegen nicht von solchen Skrupeln geplagt. Auf Geheiß des Königs ermordet er alle fünfundachtzig anwesenden Männer aus Ahimelechs Familie. Danach schleift er die Stadt Nob und metzelt wahllos Männer, Frauen, Kinder, Kühe und Schafe nieder. Nur ein einziger Priester, Abjatar, ein Sohn Ahimelechs, kann entkommen und wird später ein loyaler und treuer Diener Davids.

Das Massaker von Nob bildete den Auftakt zu einer schrecklichen Eskalation im Streit zwischen den Häusern Sauls und Davids. Zugleich markierte es den Gipfelpunkt von Sauls Verfolgungswahn. David bewies immerhin soviel Anstand, Abjatar gegenüber zuzugeben, daß er für den Tod seiner Familie verantwortlich war (1 Sam 22,22).

Die einzigen, die ehrenhaft aus der Angelegenheit hervorgehen, sind die Soldaten, die sich weigerten, Sauls unannehmbaren Befehl auszuführen – ein eindrucksvolles Beispiel für die Rolle und Verantwortung des Militärs.

Von den ungenannten Opfern bleibt uns nur ihre Geschichte und die Erinnerung an das Oberhaupt ihres Hauses, einen Priester, der zu unerfahren in weltlichen Dingen war, zu unerfahren für das Intrigenspiel und die Gewalt, die die Einleitung zu einer neuen, wenig glorreichen Epoche in Israels krisengeschüttelter Geschichte bildeten.

Eine kleine rabbinische Randbemerkung zu dieser Geschichte vermittelt einen interessanten Einblick in Sauls Gedankengänge. Die Rabbinen sahen eine Verbindung zwischen der Episode mit Ahimelech und der berühmten Geschichte von Sauls siegreicher Schlacht gegen die Amalekiter (1 Sam 15). Damals hatte Saul König Agag gegen Samuels ausdrücklichen Wunsch verschont, die Beute behalten und nicht wie befohlen »Männer und Frauen, Kinder und Säuglinge, Rinder und Schafe, Kamele und Esel« getötet (1 Sam 15,3). Nun ist Samuels Anweisung zweifellos höchst problematisch, doch Sauls Gründe für ihre Nichtbefolgung sind keineswegs ethischer Natur – er gab vielmehr dem Willen seiner Soldaten nach, die auf die Beute aus waren. Statt, wie es dem Uneingeweihten vielleicht scheinen mag, moralischen Mut zu zeigen, bewies Saul hier im Gegenteil eine verhängnisvolle Schwäche. Der Vorfall führte denn auch zum endgültigen Bruch zwischen Samuel und Saul.

Die Schilderung von der Zerstörung Nobs in der Geschichte mit Ahimelech folgt merkwürdigerweise fast wörtlich Samuels Anweisungen in Bezug auf die Amalekiter – nur die Kamele fehlen:

»Auch die Priesterstadt Nob schlug er (Doëg) mit scharfem Schwert: die Männer und Frauen, die Kinder und Säulinge, die Rinder, Schafe und Esel.« (1 Sam 22,19)

Vielleicht bewog der nahezu identische Wortlaut der Texte, in denen es jeweils darum geht, wie der Sieger mit den Besiegten umgeht, die Rabbinen dazu, Vergleiche zwischen Sauls Verhalten bei beiden Gelegenheiten zu ziehen. Ihr lakonisches Fazit:

»Wer Güte walten läßt, wenn er grausam sein sollte, wird damit enden, daß er grausam ist, wo er Güte walten lassen sollte.«

Das eigentliche Problem lag also in Sauls Unsicherheit und Labilität. Diese Eigenschaften ließen ihn oft irrational, willkürlich und unberechenbar in seinen Entscheidungen erscheinen – fatal bei einem Mann, der die Last der Verantwortung eines Königs zu tragen hatte und den Samuel ermahnen mußte:

»Obwohl du dir gering vorkommst, bist du immer noch das Haupt der Stämme Israel, und der Ewige hat dich zum König über Israel gesalbt.« (1 Sam 15,17)

Saul

Ich war lange unschlüssig, ob ich das Stück über Saul überhaupt in dieses Kapitel aufnehmen sollte. Es unterscheidet sich insofern von den anderen, als es das Ergebnis einer Predigt anläßlich der Bendorfer Bibelwoche ist. Meine Bedenken hatten weniger mit dem Aufbau zu tun, den ich im Gegenteil weitgehend übernommen habe. Es lag auch nicht daran, daß ich mich in diesem Fall nicht an einem bestimmten Text oder an einer bestimmten Gruppe von Texten orientiert habe wie bei meinen anderen Portraits – ich glaube, daß auch dieser eher kursorische Umgang als ein legitimes Stück Bibelexegese gelten kann. Was mich zögern ließ, war die »meditative« Art der Annäherung an die Person Saul, der in Predigtform unternommene Versuch, die Erfahrungen dieser Person in der Ich-Form transparent zu machen, denn will man sich einer seelisch so zerrissenen Persönlichkeit wirklich nähern, dann muß man auch irgendwie Zugang zu seinem Wahnsinn suchen. Genau darum hatte ich mich in meiner Predigt bemüht – die Bendorfer Bibelwoche ist eine der wenigen Gelegenheiten, bei denen ein derartiges Experiment möglich ist –, und es glückte offenbar beinahe zu gut. Einige Freunde fanden das Ganze fast *zu* intensiv und meinten, ich sei doch wohl etwas über das Ziel hinausgeschossen, sowohl in ästhetischer als auch in literarischer Hinsicht! Aber ohne einen gewissen Mut zum Risiko würden selbst Predigten in Bendorf allzu bequem werden.

Die intensive Auseinandersetzung mit Saul während der damaligen Bibelwoche bedeutete mir sehr viel, und der Gegenstand verdient es schon von daher, noch einmal gesondert aufgegriffen zu werden. Da ich die Person Sauls in diesem Buch schon bei verschiedenen anderen Gelegenheiten in indirekter Form und fast immer kritisch beleuchtet habe (Sauls Knecht, Rizpa, Palti ben Lajisch, Ahimelech ben Ahitub), bin ich es ihm außerdem geradezu schuldig, ihm Gelegenheit zu geben, in eigener Sache zum Leser zu sprechen.

Am ersten Abend der bewußten Bibelwoche, in der die zweite Hälfte des 1. Buches Samuel im Mittelpunkt stehen sollte, teilten wir Tagungsteilnehmer uns in vier Gruppen auf, um in einer »Aufwärmphase« erste Fühlung mit den Texten zu bekommen. Jede Gruppe vertrat einen der Protagonisten der Geschichte – Saul, Samuel, Jonatan und David –, vier gescheiterte oder erfolgreiche Anwärter auf die Königswürde. Ziel war es, daß jeder von uns im Laufe der intensiven Beschäftigung mit den Texten während der kommenden Woche versuchen sollte, die Ereignisse mit den Augen »seiner« Hauptperson zu sehen und sich gleichzeitig einen allgemeinen Überblick über das Geschehen zu erarbeiten. Mir fiel Saul zu – was mich dazu zwang, meine Ansichten über den tragischen König Schritt für Schritt zu revidieren. Das Folgende ist ein Auszug aus meiner Predigt am Sabbatmorgen, die gleichsam den Schlußpunkt dieser Erfahrung bildete:

Saul, der von Samuel erwählte König, wird von Gott verworfen. Als ich die Geschichten über ihn las, sah ich ihn zunächst ganz mit Samuels Augen – seine Schwäche, seine Sprunghaftigkeit –, und mir war völlig klar, warum er sich nicht zum König eignete. Doch im Laufe der vergangenen Woche habe ich meine Vorstellungen korrigieren müssen, und zwar wegen dieses vertrackten kleinen Spiels, das wir am ersten Abend spielten. Ich war in der Saul-Gruppe, war also gezwungen, mich näher auf Saul und seine Verwerfung einzulassen, und mußte zu ergründen versuchen, wie er selbst das alles wohl erlebt hat.

Ich möchte die Dinge zunächst im Lichte unserer Texte betrachten und dann versuchen, von einer ganz anderen Warte aus zu sprechen.

In jener spielerischen Einleitungsphase letzten Sonntag gab es noch drei weitere Gruppen, die jeweils einen Aspekt der Macht repräsentierten: den Priester, den Politiker und den Propheten.

Im Buch Samuel vereinigt Samuel alle drei Aspekte in sich. Er ist ein Prophet, der dem Wort Gottes Gehör verschafft; er ist ein Priester in der Nachfolge Elis nach der Zerstörung Schilos; und er ist praktisch König, hat er doch den größten politischen Einfluß im Land – und all das, ohne daß er gewählt oder in irgendeiner Weise in sein Amt eingesetzt worden wäre, denn Samuel ist der letzte *Schofet*, Richter oder Anführer, von Gottes Vorsehung und nicht vom Volk dazu bestimmt, das Volk zu lenken.

Nun aber soll ein König eingesetzt werden und damit ein ganz neues System, und Saul hat die Chance, diese Rolle so auszufüllen, wie er es für richtig hält.

142

Doch Saul selbst ist nicht »der Rechte«. Er versucht wie Samuel, in seiner Person alle drei Rollen zu vereinen – und scheitert am Ende in allen dreien.

Als politischer Führer ist er dem Volk gegenüber zu schwach (1 Sam 14,45; 15,15).

Er hat zwar eine prophetische Begabung, doch sie gerät zur tragischen Parodie dessen, was sie eigentlich verkörpern könnte – Saul schwankt zwischen Ekstase und Delirium (1 Sam 10,10-13; 18,10; 19,24), und es gelingt ihm nicht, zu Gott durchzudringen, als es am allernötigsten wäre (1 Sam 14,37).

Am kläglichsten versagt er als Priester – er ordnet Fasten an, wo Schlemmen angebracht wäre (14,24), er opfert, wenn er nicht opfern sollte (13,8-14), er ist fromm, wo er praktisch sein sollte, und er scheut schließlich nicht vor dem Frevel zurück, eine ganze Priesterfamilie auslöschen zu wollen (22,12-19).

Wäre Saul eine Gestalt in einer Tragikomödie, dann wäre er ein *Schlemihl*, ein unfreiwillig komischer Held, der von einer Katastrophe in die nächste stolpert. Auf der Bühne der Geschichte jedoch wird sein Leben zu einem einzigen tragischen Irrtum.

David dagegen erfüllt alle drei Rollen und stellt das Gleichgewicht wieder her – allerdings auf eine andere Weise als Samuel oder Saul. Er ist wirklich ein fähiger und gerissener Politiker. Doch wir erfahren auch, daß er schon früh in seiner Laufbahn Propheten zu seinen engsten Beratern zählte – anfangs natürlich Samuel, dann Gad (1 Sam 22,5) und schließlich Natan. Auch Abjatar, den einzigen Überlebenden der Priesterdynastie von Nob, die Saul hinmetzeln ließ, nimmt er in sein Gefolge auf (1 Sam 22,20-23; 23,6; 27,20).

David kann delegieren – er institutionalisiert die drei Bereiche der Macht so, daß sie miteinander interagieren und sich gegenseitig kontrollieren können. Er ist König, aber er hat den Priester und den Propheten an seiner Seite.

In gewissem Sinn ist Saul also eine Übergangsgestalt – ein Mann, der versuchte, die Rolle, die Samuel gespielt hatte, aufzugreifen. Doch wenn das Volk seinen Willen bekommen und einen König haben soll, dann muß der Wille Gottes auf andere Weise hörbar werden, dann braucht Gottes Wort einen neuen Sprecher.

Es ist kein Zufall, daß wir mit dem Erscheinen des ersten König auch erstmals den *Bene Newiim*, den »Söhnen« oder der »Gilde« der

143

Propheten begegnen, die aus dem Kreis Samuels hervorgegangen sind. Vielleicht ist gerade dies Samuels größtes Verdienst – daß er die Rolle des Propheten als Gewissen des Königs etabliert hat, keinen irdischen Mächten, sondern Gott allein verantwortlich.

Doch in der vergangenen Woche mußte ich Saul werden und die Welt mit seinen Augen sehen – eine Welt, die auf einmal voller verlockender Herausforderungen und Hoffnungen war, denn ich bin zum König über Israel gesalbt! Aber auch eine Welt voller Dunkel und Bedrohung, in der jeder Erfolg zum Fehlschlag gerät, in der mich meine Familie und meine Freunde verraten, in der jeder Akt der Frömmigkeit von Gott zurückgewiesen wird, in der jeder Schritt, den ich tue, behindert, jede Hoffnung auf die Gründung einer Dynastie erstickt wird, in der mir alle Machtbefugnis, die ich besitze, wieder genommen wird, und in der mich schließlich sogar die Kontrolle, die ich über meinen Verstand und über meine Gefühle habe, jeden Augenblick verlassen kann: Ich wache auf und finde meinen Speer in der Wand – wen wollte ich umbringen? Ich höre sie in der Nacht flüstern – wer plant da meinen Untergang? Und wenn Gott mich nicht hört, mit wem soll ich dann reden, wem kann ich von meiner Einsamkeit erzählen, wem meine Ängste gestehen?

Ich bin Saul – eine Stimme hat zu mir gesprochen, ein Werkzeug Gottes. Ich bin zum König gesalbt. Ich wachse in meine Macht hinein, in meine Herrschaft über die Welt, die mich umgibt. Ich bin geblendet von all dem Glanz und der Herrlichkeit. Ich bin nicht irgend jemand – Gott spricht zu mir, ich bin König!

Ich bin Politiker – ich kann andere manipulieren und sie meinem Willen gefügig machen, durch meine Stärke, meine dominierende Persönlichkeit, oder durch meine Schwäche – bin ich nicht wie ein Kind? Schützt mich, oder die Schuldgefühle werden euch auffressen, weil ihr mich im Stich gelassen habt!

Ich bin Priester – ich kann Gott meinen Willen aufzwingen. Ich bete, und er gehorcht mir. Weil *ich* ihn kenne, müßt ihr mir, wenn ihr ihn kennen wollt, zu Gefallen sein. Eure Seelen gehören mir. Und wenn Gott mir nicht gehorcht, dann ist einer von euch schuld daran. Ihr habt mich im Stich gelassen, ihr da draußen seid die Verräter und werdet dafür bezahlen, denn ich bin immer im Recht!

Ich bin Prophet – allein die Botschaft, die *ich* von Gott empfange, ist wahr. Ich kenne seinen Willen und ich weiß, was am besten ist –

für euch alle da draußen. Warum hört ihr nicht auf mich? Wartet nur, ich will euch lehren, mir zuzuhören!

Ich bin Saul – ich bin überwältigt von der Stimme, die zu mir gesprochen hat. Wer will mich hindern, die Welt zu erobern? Wer will mich hindern, den Himmel zu berühren? Kann ich nicht Leben aus dem Tod schaffen?

Ich bin Saul – schmerzlich muß ich lernen, daß ich nur ein Mensch bin. Meine Macht ist begrenzt, meine Kontrolle über mein Leben eine Illusion, mein Wissen eine zerbrechliche Hülle, die die Dunkelheit und den Aufruhr in mir nur dürftig zudeckt; meine Weisheit ist ein Spinngewebe aus Träumen, das mich vor den sengenden Strahlen der Sonne schützen soll.

Ich bin Saul – ich kann nicht David sein – *er* ist der von Gott Erwählte. Einen Augenblick stand mir alles offen, aber ich habe es nicht begriffen – ich muß sterben, damit *er* sein Amt antreten kann. Ich kann nicht als der Messias leben, aber ich kann sterben als Saul.

Warum nur wendet Gott seine Augen ab? Warum verschließt er seine Ohren? Vielleicht, weil ich so erfüllt war, daß da kein Raum mehr war für ihn. Denn ich war König, ich war der Gesalbte, ich war der *Messias*.

Auch wenn Sauls Leben tragisch und vom Scheitern vieler Hoffnungen gezeichnet ist, so zeugt doch sein Ende von beeindruckender Würde. Die unheimliche Episode mit der Hexe von Endor (1 Sam 28), als Saul den Geist Samuels heraufbeschwört, schlägt uns noch heute in ihren Bann. Es ist durchaus legitim, in diesem Erlebnis ein reales Geschehen zu sehen. Doch auch wenn die Gestalt, die Saul erblickte, in Wirklichkeit nur eine Projektion seines verwirrten Geistes war, so bedeutete die Botschaft, die er sich darin selbst übermittelte, in der er seine früheren Verfehlungen eingestand und seinem bevorstehenden Tod ins Auge sah, doch, daß er sich am Ende irgendwie mit der Realität abgefunden hat. Ein letztes Mal zog er als König von Israel in die Schlacht, um für sein Volk zu kämpfen und zu sterben.

Saul starb als Saul. Sein Leben war eine Reise durch die Finsternis, ein dunkler Weg, den er gehen mußte, um herauszufinden, wer er wirklich war: nicht Samuel, sein Lehrer, sein »Vater«, nicht David, sein Schüler, sein »Sohn«. Sondern er selbst.

8

Die Politiker

Elnatan Ben Achbor

Manchmal hat die Bibel eine Art, bei Personen, die eigentlich eine wichtige Rolle spielen, mit Informationen zu geizen, die unsere Neugier nur umso mehr anstachelt. Zu diesen Personen zählt auch Elnatan ben Achbor. Elnatan tritt nur zweimal auf, erscheint dabei jedoch in einem derart gegensätzlichen Licht, daß wir zu gern mehr darüber wüßten, was ihn zu seinem radikalen Gesinnungswandel bewog – doch es wird nichts weiter über ihn gesagt, und wir werden mit unseren nagenden Fragen alleingelassen.

Der Name »Elnatan ben Achbor« taucht in jenem Teil des Buches Jeremia auf, in dem mit peinlichster Sorgfalt auf korrekte Namensangaben geachtet wird, als sei der Verfasser sich bewußt gewesen, daß er Zeuge von Ereignissen wurde, die von ungeheurer Tragweite für die Geschichte seines Volkes waren.

In dieser Situation bedurfte es zunächst und vor allem einer exakten Dokumentation: Wer war dabei, wer sah und hörte, was geschah? Damit sollte sichergestellt werden, daß spätere Generationen die Ereignisse nachprüfen konnten oder zumindest die Überzeugung gewannen, daß ihnen ein verläßlicher Bericht überliefert worden war.

Unermüdlich hatte der Prophet Jeremia sein Volk vor der künftigen Strafe gewarnt, in dem unabweislichen Wissen, daß Jerusalem in Kürze an die Babylonier fallen würde. Ihm ging es nicht um ausgeklügelte politische Bündnisse oder ein geschicktes Gegeneinanderausspielen der Großmächte der damaligen Zeit, Ägypten und Babylon, sondern einzig und allein um das Überleben der Werte, die in der Verfassung des jüdischen Volkes festgeschrieben waren: um den Bund mit dem Gott Israels. Die äußere Form der jüdischen Gesellschaft mochte sich wandeln, der Staat mochte zerschlagen, die

Bürger zu Vasallen Babylons werden – all das war letztlich nicht von Bedeutung, wenn es ihnen nur gelang, die Vision ihrer Anfänge zu bewahren bzw. neu zu beleben.

Jeremias ganzes Leben ging hin in dem verzweifelten Bemühen, das Bewußtsein für diese Werte im Volk zu wecken. Doch zu seinem Kummer wurde er vom Volk nur verlacht, die Führungsschicht dagegen hielt ihn für einen gefährlichen Demagogen. Er wurde eingekerkert, gefoltert, bedroht und, wie wohl im vorliegenden Fall, unter Hausarrest gestellt.

In einem letzten Versuch, die Menschen doch noch zu erreichen, ließ Jeremia alle Prophezeiungen, die er im Laufe der Jahre von Gott empfangen hatte, niederschreiben und bat seinen Freund und Sekretär Baruch, die Schriftrolle an einem allgemeinen Fastentag im Tempel zu verlesen (Jer 36,1-8).

Möglicherweise war dieser Fastentag anläßlich der ersten räuberischen Vorstöße der Babylonier in judäisches Gebiet angeordnet worden. Auf jeden Fall mußte sich die öffentliche Verlesung einer Schriftrolle an einem solchen Tag zu einem besonders eindrucksvollen Ereignis gestalten, zumal es schon einmal, unter König Joschia, zu umfassenden religiösen Reformen gekommen war, als man im Zuge von Reparaturarbeiten am Tempel eine Schriftrolle gefunden hatte, die den Text des Bundes mit Gott enthielt. Die Vorzeichen standen also nicht ungünstig, als Baruch seinen Vortrag begann.

Gemarja ben Schafan, der Schreiber – eine Funktion, die etwa der Position eines heutigen Staatssekretärs entspricht –, hatte dafür Sorge getragen, daß sein Sohn dem Verlesen der Rolle beiwohnte. Danach erstattete er dann bei einer Art Kabinettssitzung der Regierung Bericht. Unter den Anwesenden war auch Elnatan ben Achbor – er muß also ein hoher Regierungsbeamter gewesen sein.

Der Text von Jeremia hatte eingeschlagen wie eine Bombe. Die Minister schickten nach Baruch, um sich den Inhalt nochmals aus erster Hand bestätigen zu lassen, und unterzogen den Sekretär des Propheten einem Kreuzverhör, um klarzustellen, daß der Inhalt der Rolle auch wirklich wiedergab, was Jeremia gesagt hatte.

Aufgeschreckt von dem Gehörten und entsetzt über die zu erwartenden Konsequenzen, entließen sie Baruch mit dem Rat, möglichst rasch mit Jeremia unterzutauchen. Gleichzeitig ging eine Delegation zu König Jojakim, um die Angelegenheit zur Sprache zu bringen. Als der König die Worte der Schriftrolle vernahm, griff er nach einem Messer, zerschnitt das Pergament und verbrannte es (Jer 36,22-23).

Die Gefolgsleute Jojakims billigten seine Handlungsweise, die Abgesandten des Kabinetts jedoch bemühten sich, anscheinend unter der Führung Elnatans (V. 25), zu verhindern, was einer offenen Zurückweisung des Wortes Gottes gleichkam. Wie sie vorhergesehen hatten, wollte der König Baruch und Jeremia sofort verhaften lassen; die hatten sich jedoch wohlweislich rechtzeitig in Sicherheit gebracht.

Mit dieser melodramatischen Aktion war das Schicksal König Jojakims und seines ganzen Volkes besiegelt. Augenzeugen, die erkannt hatten, daß hier etwas Entscheidendes geschehen war, sorgten dafür, daß der Vorgang genau aufgezeichnet wurde, und berichteten ihn weiter.

Für uns ist daran vor allem interessant, daß unter denen, die dem König bei seinem frevelhaften Beginnen in den Arm zu fallen versuchten, auch Elnatan ben Achbor war – immerhin sind wir diesem Mann einige Kapitel zuvor unter ganz anderen Umständen begegnet.

Die Episode mit der Schriftrolle spielte sich im vierten bzw. fünften Jahr der Herrschaft Jojakims ab. In Kapitel 26 hören wir von einer anderen Gelegenheit, noch ganz zu Anfang seiner Regierungszeit, bei der Jeremia persönlich im Tempel sprach und die Menschen zur Buße rief. Eindringlich warnte er sie davor, daß Jerusalem fallen und der Tempel zerstört werden würde, wie es einst zur Zeit Samuels mit Schilo geschehen war, wenn sie ihr Leben nicht grundlegend änderten und zu Gott zurückkehrten.

Die Priester, die Propheten und das Volk konnten dermaßen blasphemische Äußerungen nicht hingehen lassen – war nicht der Tempel das geheiligte Haus des Ewigen? Sollte Gott etwa zulassen, daß sein Haus entweiht wurde? (Bei sorgfältigem Lesen des Kapitels ist nicht zu übersehen, daß hinter dem Versuch der Priester und Propheten, Jeremia zum Schweigen zu bringen, auch eine gehörige Portion Eigennutz steckte – die einen sahen ihre Einnahmequelle bedroht, die anderen fühlten sich in ihrer Berufsehre gekränkt!)

Jeremia wurde zu einer öffentlichen Anhörung vor die Regierungsbeamten und das Volk gezerrt, bei der die Priester und Propheten die

Anklageseite vertraten. Die Beschuldigung lief wahrscheinlich darauf hinaus, daß er ein falscher Prophet sei oder gotteslästerliche Reden geführt habe. Die Ankläger forderten die Todesstrafe. Jeremia beteuerte seine Unschuld und warnte sie davor, durch seinen Tod unschuldiges Blut in der Stadt zu vergießen – eines der schwersten Vergehen überhaupt, das ihre Vernichtung noch beschleunigen würde. Das waren sehr ernstzunehmende »theologische« Argumente, doch standen ihnen in diesem Fall nicht minder gewichtige nationale Interessen gegenüber. Beide Seiten zitierten im Laufe der Verhandlung Präzedenzfälle zur Untermauerung ihrer Beweisführung!

Für die Seite der Verteidigung führten die Ältesten, die sich wahrscheinlich in solchen Gesetzesangelegenheiten auskannten, den Fall des Micha von Moreschet an, der einst in den Tagen Hiskijas eine ganz ähnliche Prophezeiung ausgesprochen hatte wie Jeremia. (Dies ist eine der wenigen Stellen in der Bibel, an denen eine Prophezeiung aus einem anderen Buch (Mi 3,12) wörtlich zitiert wird.) In dem bewußten Fall, so das Plädoyer der Ältesten, forderte niemand die Todesstrafe, sondern der König und das Volk taten Buße, und Gott verschonte Jerusalem (Jer 26,17-19).

Daraufhin präsentierte die Anklage ihren Präzedenzfall, der neueren Datums war. Ein Mann namens Urija ben Schemaja hatte ähnliche Prophezeiungen über die Stadt geäußert wie Jeremia, woraufhin König Jojakim versucht hatte, ihn exekutieren zu lassen. Doch Urija hatte sich nach Ägypten abgesetzt. Der König entsandte eine diplomatische Delegation mit einem Auslieferungsgesuch nach Ägypten, ließ den Mann zurückbringen und hinrichten (Jer 26,20-23).

Der Fall Michas liegt weit zurück, so die Argumentation der Anklage, unser Fall aber hat sich vor kurzem so abgespielt. Wir befinden uns im Augenblick in einer äußerst gefährlichen Situation, der Feind steht vor den Toren. Da ist es für unseren König Jojakim nicht mehr angezeigt, Maßnahmen zu ergreifen wie einst Hiskija, genausowenig aber darf das Volk dermaßen pessimistischen, subversiven Ansichten, wie Jeremia sie vorträgt, ausgesetzt werden. Deshalb sollte Jeremia wie Urija aus Gründen der nationalen Sicherheit sterben.

Tatsächlich scheint dieses letzte Argument seine Wirkung nicht verfehlt zu haben, und Jeremia wäre wahrscheinlich getötet worden, hätte ihn nicht Ahikam ben Schafan in Schutzhaft genommen (V. 24).

Doch um noch einmal auf das Exempel zurückzukommen, das an Urija ben Schemaja statuiert worden war: Jener Delegation, die seine Auslieferung aus Ägypten betrieb, stand ebender Elnatan ben Achbor vor, der sich später gegen den König auf die Seite Jeremias stellte. Warum war ein hoher Beamter wie er im Falle der Auslieferungsangelegenheit bereit gewesen, im Sinne des Königs zu handeln, und ergriff dann schon kurze Zeit später für eine Gruppe Partei, die den König bekämpfte, ja nahm dabei sogar ein beträchtliches persönliches Risiko auf sich, um sicherzustellen, daß genau die prophetische Warnung, die er zuvor mit allen Mitteln zu unterdrücken versucht hatte, jetzt gehört wurde?

Ein Achbor ben Micha hatte einst König Joschija bei seinen religiösen Reformen unterstützt (1 Kön 22,12) – vielleicht war er der Vater Elnatans. Falls das stimmt, war der Sohn in die Fußstapfen seines Vaters getreten und wie dieser Beamter geworden. Vorschriftsgemäß wickelte er das angeordnete Auslieferungsverfahren ab. Dann aber erkannte er, vielleicht unter dem Einfluß seines Vaters und der Erinnerung an König Joschija, daß er noch eine andere, höhere Verantwortung trug als die gegenüber dem gegenwärtigen König.

Was genau Elnatans Gesinnungswandel auslöste und was später aus ihm wurde, werden wir leider nie erfahren.

Elischa Ben Schafat

Wie können wir eine Gestalt wie Elischa, einen Mann, in dessen Leben sich so viele wunderbare Ereignisse zutrugen und so viele übernatürliche Mächte am Werk waren, begreifen? Auf sein Wort hin kann eine unfruchtbare Frau ein Kind empfangen (2 Kön 4,16); auf seinen Fluch hin fallen Bären eine Horde junger Leute an (2 Kön 2,24); auf sein Gebet hin erblickt sein Knecht feurige Wagen (2 Kön 6,17) und werden die anrückenden Feinde mit Verblendung geschlagen (2 Kön 6,18); mit einigen wenigen Brotlaiben kann er ein paar hundert Männer sattmachen (2 Kön 4,43); und mit einer Handvoll Salz reinigt er vergiftetes Wasser (2 Kön 2,21). Wahrlich, dieser Elischa war mit außerordentlichen Gaben gesegnet!

Oder war dieser Segen womöglich ein Fluch? Elischa ist ein »Mann Gottes«, ein »Prophet«, ein »Heiliger« und ein »Heiler«. Doch seine besonderen Kräfte scheinen ihn von seinen Mitmenschen zu trennen. Wenn er mit jemandem redet, braucht er einen Mittler – etwa bei der Frau, die ihn aufnimmt (2 Kön 4,12-15) oder bei dem aramäischen General Naaman, der zu ihm gekommen ist, um sich von seiner Lepra heilen zu lassen (2 Kön 5,10-11). Im ersten Fall mag er es für notwendig erachtet haben, sich aus rituellen Gründen oder auch, um der gesellschaftlichen Ächtung zu entgehen, von einer Frau fernzuhalten, bei der zweiten Begegnung ging es ihm vielleicht darum, die Würde des Prophetenamtes gegenüber den arroganten Auslassungen eines fremden Generals zu wahren. Möglicherweise war aber auch jene mysteriöse und verstörende Episode mit den Bären so traumatisch für Elischa gewesen, daß er von da an das Gefühl hatte, er müsse im Umgang mit seinen Mitmenschen ganz besondere Vorsicht walten lassen.

»Von dort ging er nach Bet-El, und als er den Weg hinaufstieg, kamen junge Burschen aus der Stadt und verspotteten ihn. Sie riefen ihm zu: ›Kahlkopf, komm herauf! Kahlkopf, komm herauf!‹ Er wandte sich um, sah sie an und verfluchte sie im Namen des Ewigen. Da kamen zwei Bären aus dem Wald und zerrissen sie, zweiundvierzig junge Leute.« (2 Kön 2,23-24)

Wer diese »jungen Burschen« (wörtlich »kleinen Männer«) waren, ist nicht klar. Vom Hebräischen her können damit »Kinder« oder »Jugendliche« gemeint sein, naar kann aber auch »Knecht« oder sogar »Lehrling« oder »Schüler« eines Propheten heißen.

Weshalb riefen sie »Kahlkopf, komm herauf!«? Menschliches Haar war für die Israeliten etwas sehr Wichtiges – einem Mann das Haar oder den Bart abzuschneiden, galt als Anschlag auf seine Männlichkeit. Umgekehrt schrieben manche religiöse Gelübde unter anderem das Wachsenlassen des Haars vor (Num 6,5). Elija zum Beispiel, Elischas Lehrer, war ein »Besitzer von Haar« (2 Kön 1,8), das heißt, er hatte vermutlich lange, wallende Locken. Seinen Nachfolger, der den Mantel, das Zeichen von Elijas Macht, geerbt hatte, »Kahlkopf« zu schimpfen, hieß nicht nur Elischa, sondern die ganze Prophetenzunft zu verunglimpfen. Da Elija in einem Feuerwagen gen Himmel entschwunden war, enthielt die Aufforderung »komm herauf« vielleicht eine weitere Beleidigung im Blick auf Elischas Status und Vollmacht.

Im ersten Ärger verfluchte Elischa die jungen Leute, die ihn hänselten – und so groß war die Macht seines Wortes, daß Bären über die Beleidiger herfielen und sie zerfleischten. Vielleicht hatte Elischa aus dieser Erfahrung gelernt, wie gefährlich seine besondere Gabe werden konnte, denn nach diesem Zwischenfall begegnen wir immer wieder Vermittlern, die zwischen ihm und den anderen stehen, vielleicht, um diese zu schützen.

Als Elischa von Elija berufen wurde, übernahm er zugleich mit dem Amt auch eine Aufgabe, die sein Meister nicht mehr hatte vollenden können: die Salbung eines gewissen Hasael zum König von Aram (1 Kön 19,15). Eine ganze Reihe von Geschichten in 2. Könige berichten von der Dauerfehde zwischen Israel und Aram. Immer wieder kam es zu Grenzgefechten auf israelitischem Territorium. Als der Aramäer Naaman zum König von Israel kam, um Heilung für seine Krankheit zu suchen, war dieser sofort geneigt, in dem Besuch nur ein Vorzeichen neuer Schwierigkeiten zu sehen (2 Kön 5,7). Tatsächlich brach irgendwann Krieg zwischen den beiden Staaten aus, und die Hauptstadt Samaria machte eine furchtbare Belagerungszeit durch (2 Kön 6,24).

Doch Elischa scheint seine ganz eigene Strategie zu verfolgen, unabhängig von der offiziellen politischen Linie. Als der König von Aram Soldaten ausschickt, um den Propheten gefangenzunehmen, werden sie mit Blindheit geschlagen und nach Samaria geführt. Elischa aber läßt nicht zu, daß sie getötet werden, sondern besteht im Gegenteil darauf, daß sie zu essen bekommen, gut behandelt und schließlich in ihre Heimat entlassen werden (2 Kön 6,21-23). Vielleicht bewies der Prophet in dieser Situation das rechte psychologische Gespür, denn von da an werden die Grenzzwischenfälle seltener.

Falls Elischa tatsächlich das Einvernehmen mit den Aramäern suchte, erscheint auch die Episode mit Naaman in einem ganz neuen Licht. Der Prophet weigert sich, eine Bezahlung für die Heilung des Generals anzunehmen. Vielleicht wollte er ihm damit ganz einfach nur deutlich machen, daß seine Genesung allein das Werk Gottes war. Auffällig ist allerdings die merkwürdige Formulierung, mit der Elischa seinem Zorn Ausdruck gibt, als sein Gehilfe Gehasi schließlich doch noch auf betrügerische Weise ein Honorar von Naaman erschleicht: »Dies ist nicht die Zeit ...« (2 Kön 5,26). Hofft der Prophet vielleicht, daß er sich Naaman durch seine Heilung für die Zukunft verpflichtet habe, und zwar zu Gefälligkeiten, die weit über bloßen finanziellen Gewinn hinausgehen, möglicherweise gar politischer Art sind?

Die dritte Episode, in der Elischa ganz klar eine politische Rolle spielt, bildet einen tragischen Höhepunkt seines Engagements in Staatsangelegenheiten. Der König von Damaskus, Ben-Hadad, ist krank, als der Prophet in die Stadt kommt. Hadads Adjutant Hasael wird ausgesandt, um den Propheten nach den Heilungschancen des Königs zu fragen: »Werde ich von dieser Krankheit wieder genesen?« Elischas Antwort ist befremdlich zweideutig:

»Sag ihm, ›Du wirst genesen‹, doch der Ewige hat mir gezeigt, daß er sterben muß.« (2 Kön 8,10)

Und dann weint Elischa, weil er vorhersieht, wie Hasael König wird und Israel angreift. Er erschaut die Zerstörung der Städte und die Ermordung der Kinder und schwangeren Frauen. Soll dies das Ende sein? Soll so der Auftrag Gottes an Elija, seinen Meister, erfüllt werden? Hasael kehrt zu Ben-Hadad zurück und richtet diesem aus, er werde genesen. Doch schon im nächsten Satz erfahren wir vom Tod des Königs. Möglicherweise wurde er von Hasael erstickt, der sich durch das Wort Gottes, das der Prophet ihm übermittelt hatte, bestärkt fühlte, dem Tod des Königs ein wenig nachzuhelfen.

Doch Elischa hat das letzte Wort, wenn schon nicht über Hasael, so doch über seinen Sohn. In seiner letzten Prophezeiung verheißt er Joasch, dem König von Israel, daß Gott dem Land die Erlösung von Aram schenken wird (2 Kön 13,17). Und wirklich kann Joasch die an die Aramäer verlorenen Städte zurückerobern (2 Kön 13,25).

Elischa bleibt eine durch und durch rätselhafte Gestalt. Er kann zerstörerische Kräfte freisetzen, aber er kann auch heilen. Seine politischen Aktivitäten scheinen auf die Schaffung und Erhaltung des Friedens abzuzielen und sind doch, zumindest zu seinen Lebzeiten, zum Scheitern verurteilt. Nicht einmal im Tod findet er Ruhe. In einer letzten makabren Begebenheit bewirken seine Gebeine die Wiederbelebung eines Leichnams, der in sein Grab geworfen wurde (2 Kön 13,20-21). Wo sein Herr und Meister Elija lebendig in den Himmel auffuhr, da lebt die Macht Elischas unter der Erde weiter.

Ahitofel

Es ist eine beliebte Szene. Der Held steht dem Schurken im Duell gegenüber. Das Schicksal scheint zunächst auf der Seite des Schurken zu sein. Der erste Schritt verschafft ihm sogar eine noch bessere Position, doch im letzten Augenblick mobilisiert der Held seine allerletzten Reserven an Kraft oder Schnelligkeit und gewinnt. In einer Variante desselben Themas läuft das Ganze ohne Einsatz von Waffen, als Rededuell ab.

Selten wurde ein solches Duell so plastisch herausgearbeitet wie der verbale Schlagabtausch zwischen dem Giloniter Ahitofel und dem Arkiter Huschai, bei dem nicht mehr und nicht weniger auf dem Spiel stand als die Frage, ob das Königreich Israel in Zukunft unter der Herrschaft Davids oder Abschaloms stehen würde (2 Sam 15,1-17,23).

Abschalom, Davids Lieblingssohn, hat eine Verschwörung gegen seinen Vater angezettelt. Gleich zu Beginn schickt er nach Ahitofel, von dem es heißt, daß er Davids Ratgeber war, also eine der höchsten Positionen innehatte, in die ein Politiker aufsteigen konnte.

Warum Ahitofel sich den Aufrührern anschloß, ist nicht ganz klar. Zwei kurzen genealogischen Hinweise ist zu entnehmen, daß er der Vater des Eliam war – so hieß Batsebas Vater. Vielleicht war Ahitofel also einfach entrüstet über den Familienskandal, den die Affäre seiner Enkelin mit David heraufbeschworen hatte.

Doch er könnte auch Beweggründe ganz anderer Art gehabt haben. Ahitofel scheint eine Art Genie gewesen zu sein, ein Mann von so überdurchschnittlichem Weitblick, daß man von ihm sagen konnte:

»Ein Rat, den Ahitofel gab, galt in jenen Tagen so viel, als hätte man ein Gotteswort erbeten.« (2 Sam 16,23)

Ahitofel stand über allen kleinlichen privaten Verpflichtungen oder subjektiven Meinungen, ja selbst über irgendwelchen moralischen Rücksichten. Seine besondere Stärke lag in seiner glasklaren Objektivität.

Er konnte deshalb mit unfehlbarer Genauigkeit voraussagen, welcher Weg für den Ratsuchenden der beste sei. Nach seiner leidenschaftslosen Beurteilung war es angesichts der schwindenden Macht Davids in der Tat an der Zeit, daß endlich der älteste Sohn, Abschalom, die Regierungsgeschäfte übernahm.

Abschalom ging denn auch bei seinem Putsch von Anfang an so klug vor, daß es durchaus denkbar ist, daß Ahitofel schon damals der Kopf des Aufstandes war. Abschalom nahm zweihundert angesehene Bürger, die keine Ahnung von seinen Absichten hatten, aus Jerusalem mit, angeblich, um ein Opferzeremoniell zu veranstalten. Damit kamen sie unter seinen Einfluß und mußten zwangsläufig in den Augen Davids suspekt erscheinen.

In Hebron, Davids erster Hauptstadt, erklärte Abschalom sich dann zum König. Mit diesem Schritt entzog er seinem Vater auf einen Schlag die Unterstützung Judas, des Landesteils, von dem zu erwarten gewesen war, daß er loyal zum König stehen würde. Da er zur gleichen Zeit im ganzen Land durch Boten seine Machtübernahme bekanntgeben ließ, hatte es den Anschein, als sei das Ganze bereits vorüber, bevor es so recht begonnen hatte, und als habe Abschalom durch die Kontrolle der Medien den Propagandakrieg gewonnen.

Ob all dies Ahitofels Werk war oder nicht, auf jeden Fall gehörte er zum engsten Kreis um Abschalom. Gegen diesen phänomenalen Verstand ließ David seinen Freund Huschai antreten. Huschai wurde instruiert, Abschalom seine Dienste anzubieten und auf diese Weise die Pläne der Verschwörer zu sabotieren.

Abschaloms vordringlichstes Problem war nun, David unschädlich zu machen.

Ahitofel riet ihm:

»Laß mich zwölftausend Mann auswählen, mit ihnen noch heute nacht aufbrechen und David nachsetzen. Ich will ihn überfallen, wenn er noch müde und ermattet ist, und ihm einen Schrecken einjagen. Alle Leute, die bei ihm sind, werden fliehen, und ich kann den König, wenn er allein ist, erschlagen. Dann werde ich das ganze Volk zu dir zurückführen.« (2. Sam 17,1-3)

Der Plan ist nahezu risikolos und hat gute Chancen zu gelingen. Damit würde David ausgeschaltet, bevor er Zeit hatte, Unterstützung zu mobilisieren und seine Streitkräfte zu sammeln. Außerdem wäre für jedermann klar, daß die Aufrührer es einzig und allein auf den König abgesehen hatten, was die, die eventuell noch schwankend waren, dazu bewegen würde, endgültig von David abzufallen.

Daß Ahitofel die Soldaten persönlich anführen will, birgt noch zwei weitere Vorteile: Abschalom bleibt im Zentrum des Geschehens und kann seine Kontrolle über das Land festigen; und ein anderer übernimmt die »Schmutzarbeit«, David zu beseitigen, so daß Abschalom die Möglichkeit hat, sich später, falls erforderlich, von dem zu distanzieren, was mit seinem Vater geschah. Andererseits könnte man hinter der Bereitwilligkeit Ahitofels, sich an die Spitze der zwölftausend Soldaten zu stellen, auch persönlichen Ehrgeiz wittern. Der Gedanke paßt zwar überhaupt nicht zur Wesensart dieses Mannes, liefert jedoch Huschai einen Ansatzpunkt, um Zweifel bei Abschalom zu säen, als dieser ihn um seine Ansicht zu Ahitofels Schlachtplan befragt.

Huschai ist eindeutig dagegen:

>»Diesmal ist der Rat, den Ahitofel gegeben hat, nicht gut. Du weißt, daß dein Vater und seine Männer starke Männer sind und daß sie zutiefst ergrimmt sind, wie eine Bärin im freien Gelände, der man die Jungen geraubt hat. Außerdem ist dein Vater ein Krieger und wird die Nacht nicht bei der Truppe verbringen.
>
>Sicher hält er sich jetzt in einer Höhle oder an einem anderen Ort versteckt, und wenn er (seine Verfolger) zuerst angreift, wird, wer immer es hört, sagen: ›Die Anhänger Abschaloms haben eine Niederlage erlitten!‹ Dann wird auch der Tapferste – und habe er ein Herz wie ein Löwe – vor Angst zittern, denn ganz Israel weiß, daß dein Vater ein Held ist und tapfere Männer bei sich hat.
>
>Darum rate ich: Alle Israeliten von Dan bis Beerscheba sollen sich bei dir versammeln, so zahlreich wie der Sand am Ufer des Meeres. Du selbst mußt in den Kampf ziehen. Wenn wir ihn dann in einem der Orte, wo er sich aufhält, finden, überfallen wir ihn, wie der Tau auf die Erde fällt; dann wird von ihm und allen Männern, die bei ihm sind, auch nicht einer übrig bleiben.« (2 Sam 17,7-12)

In auffälligem Kontrast zu der sehr selbstsicheren Art, in der Ahitofel seine Taktik erläutert, ist Huschai darauf bedacht, seinen Vorschlag so klingen zu lassen, als läge die Entscheidungsgewalt ganz allein bei Abschalom: »*Du* weißt, daß dein Vater ...« Er hebt mehrfach auf Davids bedrohliche Stärke ab, was Abschaloms Mut, daß er es mit David aufnehmen will, umso bewundernswerter erscheinen läßt, zugleich aber auch seine Angst schürt, möglicherweise den Rückhalt im Volk zu verlieren.

Im Gegenzug entwickelt Huschai die Idee, den Angriff solange hinauszuzögern, bis eine Armee zusammengezogen ist, die Abschalom zwar mit der erforderlichen Übermacht ausstattet, David aber natürlich auch genügend Zeit läßt, sich vorzubereiten und Bundesgenossen zu mobilisieren.

Huschai krönt seinen Plan mit dem verlockenden Bild eines strahlenden, heldenhaften Abschalom, der an der Spitze einer mächtigen Armee in die Schlacht reitet – ein Bild, das Abschaloms sattsam bekannter Eitelkeit schmeicheln mußte.

Im Text heißt es, nachdem Ahitofel seinen Plan vorgestellt hat:

»Der Plan erschien Abschalom und allen Ältesten Israels gut.« (2 Sam 17,4)

Das läßt darauf schließen, daß die Sache noch mit anderen Ratgebern besprochen und der Plan einstimmig angenommen wurde. Im Anschluß an Huschais Vorschlag hingegen wird schlicht vermerkt:

»Da sagten Abschalom und alle Israeliten: Der Rat des Arkiters Huschai ist besser als der Rat Ahitofels.« (2 Sam 17,14)

Damit scheint implizit ausgesagt, daß Abschalom offensichtlich von dem Plan begeistert war, woraufhin ein Großteil seiner Höflinge sich sofort auf seine Seite schlug. Abschalom ist der bequemen Logik und der geschickt untergeschobenen Schmeichelei erlegen – Huschai hat gewonnen.

Das Resultat seines folgenschweren Beschlusses ist bekannt. David machte sich den Vorteil der Verzögerung, die Huschai für ihn herausgeschunden hatte, zunutze, zog seine Kräfte zusammen und besiegte Abschalom, der sich mit seinem schönen langen Haar, dem Symbol seiner Eitelkeit, in den Zweigen eines Baums verfing.

Doch was wurde aus Ahitofel?

Seine unbestechliche Logik läßt ihn auch dann nicht im Stich, als es um ihn selbst geht. Da ihm klar ist, daß mit der Annahme von Huschais Plan eine Niederlage Abschaloms unvermeidlich ist, er selbst sich jedoch die Gunst Davids durch seinen Frontenwechsel verscherzt hat, trifft er mit großer Würde seine Entscheidung und sorgt für die Sicherheit seiner Familie:

»Als Ahitofel sah, daß sein Rat nicht ausgeführt wurde, sattelte er seinen Esel, brach auf und kehrte in seine Heimatstadt zurück. Dann bestellte er sein Haus und erhängte sich. So starb er, und man begrub ihn im Grab seines Vaters.« (2 Sam 17,23)

Amazja

Amazja, der Priester von Bet-El, glaubte zu wissen, wie man mit Unruhestiftern umgeht. Soviel jedenfalls geht hervor aus den wenigen Versen über ihn im Buch des Propheten Amos.

Die Vorfall ereignete sich während einer kurzen Periode des Wohlstands und scheinbaren Friedens in der stürmischen Geschichte des Nordreichs Israel. Im Gegensatz zum Südreich Juda, das vier Jahrhunderte lang von der Dynastie der Davididen regiert wurde, hatte Israel in den zweihundert Jahren seines Bestehens zwanzig Könige, von denen es nur zweien gelang, Dynastien zu begründen, die zwei Generationen überdauerten.

Unter der dreißigjährigen Herrschaft Jerobeams II. erlebte das Königreich einen gewaltigen wirtschaftlichen Aufschwung. Der schlimmste Feind im Norden, Syrien, hatte an Macht eingebüßt, und Israel konnte verlorene Territorien zurückerobern und seine Grenzen schließlich wieder auf die Ausdehnung erweitern, die das Reich unter Salomo gehabt hatte.

Da die wichtigsten Handelsrouten durch die Region führten, konnte zumindest ein Teil der Bevölkerung enormen Reichtum anhäufen. Die Kluft zwischen reich und arm wurde immer tiefer; die Reichen kauften die Ländereien der Armen auf und machten sie damit praktisch zu Sklaven. Fünfundzwanzig Jahre und sechs (!) Könige nach dem Tod Jerobeams II. fiel das Königreich dann an die Assyrer.

Während der Amtszeit des Priesters Amazja kam es zu einer Renaissance der Religion – zumindest gemessen an der riesigen Zahl von Opfern, die in seinem Heiligtum dargebracht wurden, an den Massen der Gläubigen, die zu den Festtagen, am Neumond und am Sabbat, herbeiströmten, und an der herrlichen Musik, die während der Zeremonien erklang. Bezahlt wurde dieser Pomp in den Augen eines Regimekritikers, des Propheten Amos, durch die rücksichtslose Ausbeutung der Armen.

Amos von Tekoa, ein Mann aus dem Südreich Juda, wetterte unerschrocken gegen die Ungerechtigkeit im Nordreich. In einer Reihe erschütternder Visionen (Am 7,1-9; 8,1-3) schaute er die Gefahren, die wie dunkle Wolken über dem Volk hingen und es zu vernichten drohten.

Jedesmal betete er zu Gott, die Vernichtung aufzuhalten, und immer wieder wurde das Strafgericht verschoben. Doch dann sah Amos in einer Vision, wie ein Lot an das Volk des Nordreichs gehalten wurde, vielleicht, um ihn zu zwingen, dem ganzen Ausmaß der menschlicher Verworfenheit ins Auge zu sehen. Da wußte er, daß das Urteil gesprochen war und das Ende unmittelbar bevorstand, und er begann, die Menschen vor dem kommenden Unheil zu warnen.

Damit aber geriet er in Konflikt mit dem Priester von Bet-El, dem königlichen Heiligtum, das ursprünglich in Konkurrenz zu Jerusalem errichtet worden war, als der Norden sich nach Salomos Tod vom Süden abspaltete.

In einem seiner Orakel hatte Amos im Namen Gottes verkündet:

»Isaaks Kulthöhen sollen verwüstet, und die Heiligtümer Israels sollen zerstört werden, und ich will mich gegen das Haus Jerobeams erheben mit dem Schwert.« (Am 7,9)

Vielleicht traf der Prophet mit seinen Worten gefährlich genau die allgemeine Stimmung in der Bevölkerung. Auf jeden Fall schickte Amazja in Panik eine Botschaft an den König, in der er den Propheten bewußt denunzierte:

»Mitten im Haus Israel ruft Amos zum Aufruhr gegen dich auf; seine Worte sind unerträglich für das Land.« (Am 7,10)

Von Amos' Warnung vor der Zerstörung der Heiligtümer ist nicht mehr die Rede. Vielleicht dachte Amazja, daß seine Worte größere Wirkung zeitigen würden, wenn er dem König nur von der Drohung gegen den Staat berichtete und die religiösen Institutionen unerwähnt ließ. Dabei scheute er nicht davor zurück, die Aussage des Propheten zu entstellen, so daß sie nun klingt wie ein persönlicher Angriff auf den König. Während der Prophet vom »Haus Jerobeams«, also der Regierung sprach, behauptet Amazja: »Amos ruft zum Aufstand gegen dich«.

In der Bibel ist keine Antwort des Königs auf Amazjas Schreiben überliefert – wofür ihm die spätere rabbinische Tradition Dank wußte. Immerhin, wenn es keine offizielle Stellungnahme gab, dann hatte Amazja vermutlich recht mit seiner Einschätzung, daß der König keine allzu hohe Meinung von der höchsten religiösen Autorität seines Landes hatte und es seinem Priester überließ, selbst mit dem lästigen Propheten fertigzuwerden.

Dessen erste Worte an Amos enthalten eine deutliche Abfuhr:

»O Seher, zu deinem eigenen Besten fliehe in das Land Juda und iß dort dein Brot und prophezeie dort! Wage es nie mehr, in Bet-El zu prophezeien, denn es ist das königliche Heiligtum und der Tempel des Reiches!« (Am 7,12-13)

Das Wort »Seher«, *Hose*, stammt von einem Verb mit der Bedeutung ›sehen‹, das meist in poetischen Texten vorkommt. Ursprünglich war damit vielleicht jemand gemeint, der Visionen hatte. Im Laufe der Zeit wurde »Seher« dann eine der verschiedenen Bezeichnungen für »Prophet«. Vielleicht war es sogar offizieller Titel der Hofpropheten, die am königlichen Palast weissagten und dem König als Ratgeber zur Seite standen. In diesem Fall hätte Amazja durch seine Wortwahl implizit zum Ausdruck gebracht, daß er Amos für einen vom König des Südreichs in den Norden entsandten Agitator hielt. Daher die Aussage, er solle »sein Brot dort essen«, ein Terminus technicus, der gewöhnlich für Leute gebraucht wurde, die finanziell vom König abhängig waren – die, die »an der königlichen Tafel aßen«.

Vielleicht will Amazja aber auch durchklingen lassen, daß »die da drunten im Süden« sich sicherlich mit Vergnügen finstere Prophezeiungen über die Zerstörung des Nordreichs anhören, daß derlei grausige Zukunftsvisionen in Bet-El jedoch nicht erwünscht sind. Das Wort »flieh« enthält eine unverhüllte Drohung. Es könnte für Amos gefährlich werden, wenn er nicht in seine Heimat zurückkehrt.

Am Ende legt der Priester von Bet-El seine ganze Autorität als geistliches Oberhaupt des Landes, Priester des königlichen Heiligtums, hinter dem die Macht des ganzen Reiches steht, in seine Worte: »Wage es nie mehr, in Bet-El zu prophezeien!«

Amos' Antwort ist berühmt geworden:

»Ich bin kein Prophet und nicht der Sohn eines Propheten. Ich bin ein Viehzüchter und ich ziehe Maulbeerfeigen. Aber der Ewige hat mich von meiner Herde weggeholt, und der Ewige hat zu mir gesagt: ›Geh und rede als Prophet zu meinem Volk Israel!‹« (Am 7,14-15)

Amos stellt klar, daß er kein »Berufsprophet« ist – die Wendung »Sohn eines Propheten« bedeutet wahrscheinlich »Schüler eines Propheten«, ein Mann, der nach seiner Lehrzeit ebenfalls als Prophet wirkte. (So erklärt sich auch der hebräische Ausdruck »Söhne der Propheten« für die »Prophetenjünger«, die in Begleitung Elischas sind; 2 Kön 4,38). Außerdem betont Amos, daß er kein königlicher Agent ist – Gott allein ist sein Herr.

Und er macht Amazja noch einmal drastisch klar, was Gottes Drohungen gegen das Nordreich für das soziale Gefüge des Landes bedeuten – wobei er diese Drohungen unmittelbar auf den unseligen Priester selbst bezieht.

»Du sagst, ›tritt nicht als Prophet gegen Israel auf und prophezeie nicht gegen das Haus Isaak!‹ Darum, so spricht der Ewige: Deine Frau wird in der Stadt als Dirne leben, deine Söhne und Töchter werden unter dem Schwert fallen, dein Ackerland wird mit der Meßschnur verteilt werden, du selbst aber wirst in einem unreinen Land sterben, und Israel wird aus seinem Land ins Exil verschleppt werden!« (Am 7,16-17)

Es ist *Amazjas* Frau, die ihren Lebensunterhalt als Dirne wird verdienen müssen, es sind *seine* Söhne und Töchter, die getötet werden, und *er* ist es, der auf unreinem Boden sterben wird – fern vom ›heiligen‹ Bet-El oder in einem Bet-El, das von Invasoren entweiht wurde.

Danach hören wir nichts mehr von Amazja. Vermutlich ging seine Welt, als Israel an die Assyrer fiel, genau so in Trümmer, wie Amos es angekündigt hatte. Was von ihm bleibt, ist die Erinnerung an die Arroganz und die verzweifelten Winkelzüge eines geistlichen Oberhauptes, das sich an seine Macht klammert und dabei so von sich überzeugt ist, daß es sich dem Wort Gottes gar nicht erst aussetzen will.

König Ahas

Die folgende Passage bedarf einer kleinen Vorrede. Sie wurde, ähnlich wie das Porträt Sauls, ursprünglich nicht für dieses Buch konzipiert, sondern entstand als Predigt anläßlich der Jüdisch-Christlichen Bibelwoche in Bendorf, und zwar im zweiten Jahr unserer Beschäftigung mit dem Buch Jesaja. Nachdem ich mich das Jahr zuvor in meiner Predigt mit dem großen Propheten selbst befaßt hatte,[1] schien es nur fair, in diesem Jahr genauer auf König Ahas einzugehen, mit dem Jesaja sich immer wieder herumstritt.

Von einer ihrer zahlreichen Auseinandersetzungen handelt Jesaja 7. Als Leser wird man dabei das Gefühl nicht los, daß Ahas einem etwas vormacht, tut er doch plötzlich so, als sei er ungeheuer fromm und wolle Gott nicht auf die Probe stellen (V. 12), obwohl der Prophet ihm ausdrücklich anbietet, er dürfe ein Zeichen von Gott fordern. Nun tendieren wir zwar im allgemeinen dazu, uns ganz mit dem Propheten zu identifizieren, doch ich entdeckte in mir durchaus auch Sympathien für König Ahas. Schließlich war er der Überzeugung, es hier mit nüchternen politischen Realitäten zu tun zu haben, während der Prophet ihn mit scheinbar unrealistischen göttlichen Verheißungen konfrontierte. Trotzdem sollten wir nicht den Fehler machen, Jesajas Gedanken für bloße Phantasiegebilde zu halten, die keinerlei Anhalt in der Wirklichkeit haben. Die Propheten lebten keineswegs in einem religiösen Vakuum, isoliert vom politischen Alltag.

Das folgende Stückchen ist deshalb (auch wenn es zuweilen leicht ironisch ausfällt) als ein ermutigendes Wort an König Ahas und all die anderen biblischen Könige gedacht, die sich angesichts der Forderungen Gottes, die ihnen von streitbaren Propheten übermittelt wurden, verständlicherweise oft irritiert fühlten.

Wie gesagt, ich hege große Sympathie für König Ahas. Könige haben sich mit der Realität auseinanderzusetzen, so, wie sie sie sehen. Sie müssen Verantwortung für ihr Land übernehmen, für die Steigerung des Bruttosozialprodukts, die Drosselung der Inflationsrate, die Gewährleistung grundlegender Dienstleistungen, für das Interessengleichgewicht der verschiedenen gesellschaftlichen und politischen Strömungen, sie müssen verhandeln und Kompromisse schließen. Sie sollen allen gerechtwerden und sitzen zwischen allen Stühlen.

Daneben müssen sie sicherstellen, daß das Wesen und die Werte der Staatsreligion unangetastet bleiben. Der Klerus muß angemes-

---

1. Die Predigt findet sich in meinem Buch *Wie ein Rabbiner seine Bibel liest*, unter der Überschrift »Wagnisse eingehen – die Bibel und Kreativität« (1994), S. 131-137.

sen unterstützt und die Tempel, Heiligtümer und anderen religiösen Einrichtungen müssen instand gehalten werden. Könige müssen aber auch streng darüber wachen, daß der religiöse Eifer der Frommen nicht etwa eskaliert. Die Hohenpriester und Hofpropheten sollten Repräsentationsfiguren sein, Männer von diplomatischem Geschick, Takt und gesundem Menschenverstand, die den Platz der Religion im Gesamtgefüge des Staates kennen und für das angemessene Betragen ihrer Schäflein garantieren können.

Könige müssen den Fortbestand ihrer Herrschaft sichern und die dafür erforderlichen Schritte tun: Sie sollten Kinder in die Welt setzen, andererseits aber auch rechtzeitig die Nachfolge regeln.

Vor allem aber müssen sie sich um die Sicherung der Grenzen kümmern. Das erfordert den Unterhalt eines stehenden Heeres, das verpflegt und untergebracht und ständig mit modernsten Waffen ausgerüstet werden muß. Die Vorbedingung dafür wiederum sind kontinuierlich gleichbleibende Staatseinnahmen, was, wie David und Salomo sehr rasch feststellten, entsprechende demographische Erhebungen, ein funktionierendes Steuerwesen und einen gut geölten Beamtenapparat notwendig macht. Dafür aber braucht man gute Schulen, um eine Elite heranzubilden, aus der man seine Funktionäre rekrutiert, hohe Regierungsbeamte, für die zusätzliche Trainee-Maßnahmen angeboten werden sollten. Und nicht zuletzt braucht das Land ein Nachrichtensystem, eine Steuerbehörde und eine dem Staat unterstellte Gerichtsbarkeit.

All dies hängt wiederum zusammen mit der äußeren Lage des Landes, zum Beispiel mit freundschaftlichen oder zumindest sich in konventionellen Bahnen bewegenden Beziehungen zu den Nachbarstaaten. Das Anknüpfen solcher Beziehungen zählt sicherlich zu den schwierigsten Aufgaben überhaupt, stellt man die Zahl und relative Instabilität der verschiedenen Staaten, die an Juda grenzten, in Rechnung, ganz zu schweigen von den unterschwelligen Animositäten, die das Zusammenleben mit der anderen Hälfte des geteilten Reiches mit all seinen verwirrenden Ähnlichkeiten und Rivalitäten mit sich brachte.

Grenzstreitigkeiten gehörten in einem Land wie Juda zweifellos zum politischen Alltag und machten es erforderlich, internationales Recht und eine entsprechende funktionsfähige Gerichtsbarkeit sowie eine internationale Sprache der Diplomatie zu etablieren. Gemeinsame ökonomische Interessen und natürliche historische Affinitäten zu bestimmten Nationen, aber auch die Übereinstimmung in politischen oder religiösen Zielen werden zwangsläufig in kurzfristige oder langfristige Bündnisse münden – womit immer auch politische Gefahren verbunden sind, sollten eine oder mehrere Nationen besondere Macht erlangen oder die Chance zu einem raschen Gebietszugewinn auf Kosten der anderen wittern. Das alles wurde im Fall Israels und Judas noch kompliziert durch die strategisch wichtige Lage der beiden Königreiche für die Supermächte im Norden und Süden, die ihre Territorien gern auf Kosten der kleinen Staaten in dieser Region vergrößerten. Denn in Israel und Juda stoßen drei Landmassen und drei Ozeane zusammen, was die beiden Staaten zu einem wichtigen Knotenpunkt für den Land- und Seeweg machte. Damit waren sie eine begehrte Beute für alle Nationen mit imperialistischen Gelüsten.

Es war also wahrlich nicht einfach, König von Israel oder Juda zu sein. Deshalb hege ich Mitgefühl und Sympathie für König Ahas.

Als Jesaja ein Bild des idealen Königs entwirft, spricht er genau diese Dinge an (Jes 11). Auf dem idealen König wird der Geist ruhen, der von Gott kommt; ein Geist der Weisheit (wie sie in den Schulen der internationalen Diplomatie gelehrt wird) und der Einsicht (der Fähigkeit zur Unterscheidung, die so lebenswichtig für das Richteramt ist), ein Geist des Rates (der Terminus technicus für politische Entscheidungsfindung) und ein Geist der Stärke (denn ein irdischer König repräsentiert vor allem zeitliche Macht). Er muß das Ideal des Anführers sein, der anerkannte Kapitän des schwer lenkbaren Staatsschiffes.

Jesajas Schilderung haftet nichts Utopisches oder Gefühlsduseliges an. Sie orientiert sich vielmehr an der nackten Realität des Regierens und der Machtausübung. Was hier ausgesagt wird, ist politische Wahrheit. Jesaja ist kein Anarchist.

Doch Jesaja vernimmt noch eine andere Stimme, eine Stimme, die andere Werte fordert, und diese Stimme treibt ihn aus der Hierarchie der Mächtigen, der er ursprünglich von Rechts wegen zugehörte, in die politische und gesellschaftliche Isolation. Sie manifestiert sich in einer unausrottbaren Leidenschaft für soziale Gerechtigkeit. Nicht nur für ein »angemessenes« Rechtssystem tritt Jesaja ein, sondern für ein Rechtssystem, das die Rechte der Armen und Unterprivilegierten ausdrücklich schützt, ein System, das das ökonomische und soziale Ungleichgewicht, das mit dem wirtschaftlichen Aufschwung des Königreiches einhergeht, ausgleicht.

Der Bund ist für Jesaja der Entwurf einer von Gott gegebenen Gesellschaft, eine Widerspiegelung des einen, ehrfurchtgebietenden und heiligen Gottes. Dieser transzendente, ganz andere Gott weckt in Jesaja das Bewußtsein für die verhängnisvolle Kluft zwischen der idealen Gesellschaft unter dem Bund und dem pragmatischen Materialismus Judas unter König Ahas. Wenn dieser Abstand zwischen dem Ideal und der Realität zu groß wurde, dann mußte irgendwann die Vernichtung kommen, denn der Gott Israels war ein eifersüchtiger Gott, ein leidenschaftlicher Gott, ein Gott, der nicht zusehen würde, wie die Werte des Bundes ignoriert und mißachtet wurden. Dabei spielte es kaum eine Rolle, wer oder was die Vernichtung herbeiführen würde – was den Propheten verfolgte, war ihre Unausweichlichkeit.

Jesajas politischer Isolationismus – keine Bündnisse mit Syrien oder Israel, kein Appell an Assyrien, keine Freundschaft mit Babylon! – all diese Elemente hängen aufs engste mit dem unabweisbaren Wissen um die Vergeblichkeit solcher politischer Manöver zusammen. Selbst der Ausbau der Verteidigungsanlagen und die Aufrüstung der Armee waren nutzlose Unterfangen. Gott hatte der Nation das Siegel der Vernichtung aufgedrückt, und nichts konnte diese Vernichtung mehr aufhalten. Der einzige Trost, der blieb, war – wie der Prophet in erschütternder Weise durch die Namensgebung seiner Kinder deutlich machte –, daß ein Rest an den Anfang zurückkehren würde. Irgendwann in der Zukunft würden die Menschen wieder sagen: *Immanu El,* Gott ist mit uns.

Doch wie soll man die nüchterne Realität der Regierung eines Königreiches, das Zusammenhalten all seiner auseinanderstrebenden Kräfte – und zwar in einer Weise, die sein bestmögliches Funktionieren garantiert –, wie soll man all dies mit der Forderung nach Gerechtigkeit, nach Lebensqualität für alle und mit dem wahren Ausdruck des Willens Gottes vereinbaren?

Jesaja konnte nur auf die Notwendigkeit verweisen, daß man sich zumindest bemühen sollte, die beiden Realitäten miteinander in Einklang zu bringen. Auffallend ist, daß Jesaja in seinem Bild vom idealen König drei Eigenschaften, die dieser König haben muß, besonders herausstellt; die eine nennt er an erster Stelle auf seiner Liste, die beiden anderen am Schluß. Zunächst und vor allem wird auf ihm der *Ruach Adonai* ruhen, der Geist des Ewigen. Danach folgen die menschlichen, praktischen Qualitäten eines guten Königs – Weisheit, Einsicht, Rat und Stärke. Am Ende aber werden diese Eigenschaften bekräftigt und abgesegnet durch zwei weitere: den Geist der Erkenntnis im Sinne persönlicher Erfahrung (*da'at*), und die Furcht Gottes (*jirjat Adonai*).

Der ideale König herrscht über ein Land, dessen Grenzen der Geist des Ewigen festgelegt hat. Er hat den König mit seinen besonderen Gaben ausstattet und mit der Furcht des Ewigen, die Tag für Tag prüft und abwägt, welchen Gebrauch er von diesen Gaben machen soll. Neben all seinen anderen Bürden muß dieser König seinen Pragmatismus mit seinem religiösen Glauben in Einklang bringen, seine Angst vor den Nationen der Welt mit seiner Furcht vor Gott, dem Schöpfer seines eigenen Volkes und aller anderen Völker.

Natürlich ist das eine nahezu unlösbare Aufgabe. Deshalb wurde sie auch, zumindest in der jüdischen Tradition, von keinem Menschen bewältigt. Wir haben viele gesehen, die sich für den Messias hielten, doch keiner hat sich bewährt.

Gegen solch hochgespannte Erwartungen hatte auch unser armer Ahas keine Chance.

9

Purimspiele

On Ben Pelet

Wie schon in der Einleitung erwähnt, waren die beiden Beiträge über On ben Pelet als Persiflagen gedacht – der erste entstand für eine Purimausgabe des *Jewish Chronicle*, der zweite als Gegengift gegen drohende Langeweile während einer ziemlich steifen Theologenkonferenz. Ich habe darin zwei exegetische Methoden parodiert – den »historisch-kritischen« und den »narrativ-literarischen« Ansatz. Ich muß gestehen, daß ich dabei ganz bewußt ein wenig übers Ziel hinausgeschossen bin, auch wenn ich im Falle der narrativen Methode noch nicht einmal so sehr übertreiben mußte. Da ich jedoch nicht aus meiner professionellen Haut konnte, sind einige der in der *Apodosis* aufgelisteten Anmerkungen schon wieder beinahe ernstgemeint. Beide Parodien haben einen ähnlichen Schluß, bei der zweiten habe ich allerdings noch eine Extra-Nuance eingefügt.

Der eigentliche Witz dieser nicht ganz ernst zu nehmenden Übung ist, daß ihr die an sich völlig nebensächliche Erwähnung eines gewissen On ben Pelet, angeblich ein Mit-Verschwörer Korachs (Num 16), zugrundeliegt (weitere Einzelheiten dazu sind in den Kapiteln über Korach und Datan und Abiram nachzulesen). Während wir über das Schicksal aller anderen Verschwörer informiert werden, taucht jener On nur ein einziges Mal, im Einleitungsvers, auf, und wird danach nie mehr genannt. Was wurde aus On? Das ist das eigentliche Rätsel, dem in der folgenden Demonstration auf wissenschaftlich ganz unterschiedliche Weise nachgespürt werden soll.

Was den historischen Verlauf angeht, so hatten die Rabbinen dafür eine recht plausible Lösung ausgetüftelt: Als On am Abend heimkam, nachdem er sich bereit erklärt hatte, bei Korach mitzumachen, holte seine Frau ihn aus seiner revolutionären Begeisterung auf den Boden der Tatsachen zurück. »Wenn du dich an Mose hältst«, erklärte sie ihm, »wirst du bestimmt nicht reich und berühmt, aber wenn du dich diesem Korach anschließt, wirst du genausowenig reich und berühmt – also läßt du die ganze Sache am besten gleich bleiben!«

»Aber«, wandte der unglückliche On ein, »ich habe Korach doch schon versprochen, daß ich morgen pünktlich zur Stelle bin!«

Da tat ihm seine Frau etwas in seinen Schlummertrunk, so daß er am nächsten Morgen nicht rechtzeitig aufwachte. Als jemand kam, um ihn abzuholen, saß seine Frau mit offenem Haar im Eingang des Zelts – ein Zeichen, daß sie in äußerst desolater Verfassung war. Das wiederum schreckte den Boten dermaßen ab, daß er sich nicht näher herantraute, und so verschlief On in aller Unschuld die Revolution und überlebte.

Soviel zum Midrasch, nun zur »Wissenschaft«.

1. *Prolegomenon zu einer quellenkritischen Analyse der*
   On ben Pelet-Perikope in Numeri 16

Über wenige biblische Gestalten ist in der Wissenschaft so kontrovers diskutiert worden wie über On ben Pelet. Immerhin haben wir es hier offensichtlich mit einem Mann zu tun, der enormen Einfluß innerhalb der israelitischen Gemeinschaft hatte, wird er doch in einem Atemzug mit den führenden Persönlichkeiten der Zeit der Wüstenwanderung genannt. Gerade der Mangel an Informationen über ihn, das Rätselhafte, das sein Schicksal umgibt, und nicht zuletzt die Verwirrung, in die der kryptische Hinweis auf ihn die Gelehrtenwelt gestürzt hat, umkleiden seine Person mit dem Nimbus des Romantischen und Abenteuerlichen. Noch heute, mehr als dreitausend Jahre nach seinem Tod, übt der sagenumwobene Name »On ben Pelet« (Numeri 16,1) einen geheimnisvollen Zauber aus.

In der Quellenforschung zum Pentateuch gehen die Meinungen darüber auseinander, ob eine eigenständige »O«-Quelle (»O« für »On«) zu postulieren sei oder ob wir, wie die Gegenseite nicht weniger emphatisch behauptet, von einem Pelet-Kodex ausgehen müssen.

Die Anhänger der »On«-Quellentheorie führen als ihrer Ansicht nach frühesten Beleg für den Namen ›On‹ die erweiterte Form »Onan« an, so heißt ein Sohn Judas, der nach Genesis 38,3-10 verfrüht das Zeitliche segnete, weil er sich weigerte, Tamar, der Witwe seines verstorbenen Bruders, Nachkommen zu schaffen.

Die »On-Schule«, die in der Genesis-Erzählung einen verkappten Bericht über die Ausrottung des Stammes Onan in der Frühzeit der israelitischen Stammesgeschichte erblickt, geht davon aus, daß ein Häuflein Überlebender zurückblieb und den geheimnisvollen Hinweis auf das Weiterbestehen ihres Stammes in die betreffende Passage des Buches Numeri einfügte.

Die Tatsache, daß »On« sich dem Rebellen Korach anschloß, bedeutet damit nichts anderes, als daß die überlebenden Glieder des Stammes Onan, erbost über die oberflächliche Art, in der die offizielle Geschichtsschreibung über ihren erlauchten Ahnen hinwegging, diese Notiz bewußt lanciert haben, um auf ihre Existenz aufmerksam zu machen.

Einen Beweis für diese Theorie liefert ihren Verfechtern der zweite Teil des Namens, »Pelet«, den sie mit einer leichten Abänderung versehen wissen wollen: der letzte Buchstabe, *Taw*, ist ihrer Ansicht nach durch ein *Tet* zu ersetzen, weil es sich dabei um einen Schreibfehler handle, der sich beim Diktat des Textes eingeschlichen habe. In der korrigierten Fassung erhält man so eine Wurzel mit der Bedeutung »fliehen« oder »retten«. Die Wendung »On ben Pelet« heißt damit wörtlich »On, Sohn der Freiheit«, oder noch präziser, »On gehört zur Gruppe derer, die entkamen«. Damit liegt die Botschaft des Hinweises in Numeri klar auf der Hand: »Onan lebt!!«

Es sind Gelehrtennamen von hohem Rang, die mit der »On-Hypothese« in Verbindung gebracht werden, doch darf nicht verschwiegen werden, daß ebenso hochkarätige Wissenschaftler ebenso stark von der Theorie vom sogenannten »Pelet-Kodex« überzeugt sind. Besondere Aufmerksamkeit gilt in diesem Zusammenhang den geheimnisvollen »Söldnern« König Davids, *hacreti wehapleti*, den Keretitern und Peletitern oder Kretern und Philistern.

Nach der unter der Bezeichnung ›die Peletitische Verschwörung‹ in die Wissenschaft eingegangenen Auslegung ist die Erwähnung der peletitischen Söldner Davids als Hinweis auf die wahre Führung der israelitischen Nation in der entscheidenden Epoche des Übergangs von Stammeshäuptlingen (Richtern) zu den ersten Königen zu lesen.

Wo, so die Argumentation, konnte ein schmächtiger rothaariger Psalmendichter und Schürzenjäger wie David die militärischen und politischen Qualitäten erworben haben, die erforderlich waren, um aus dem untereinander zerfallenen, allenfalls halbherzigen Stammes-Konglomerat, das Saul euphemistisch als »Königreich« bezeichnete, ein starkes Volk und mächtiges Reich zu machen?

Die Antwort ist in den »fehlenden Jahren« in Davids Biographie zu suchen, in jener Zeit, als er unter den Philistern lebte, die damals als einzige Nation das staatsmännische Geschick und die militärische Erfahrung besaßen, ein derartig schwieriges politisches Manöver mit Erfolg durchzuführen. Unter der Ägide peletitischer Vordenker, die ihn angeblich unterstützten, in Wirklichkeit aber strategisch für ihre eigenen politischen Ziele benutzten, war jeder Schritt in Davids Aufstieg zum Königsthron ein Mosaiksteinchen in einem brillianten, wohlkalkulierten Plan.

So groß war der geheime Einfluß der Politiker, daß es ihnen gelang, bei der Niederschrift der »offiziellen« Chronik jener Zeit, die uns überliefert ist, dem sogenannten »Buch Samuel«, alle Spuren ihrer macchiavellistischen Drahtziehertätigkeit zu verwischen.

Dabei gingen sie so gründlich zu Werke, daß erst in diesem Jahrhundert durch ein glänzendes, wenn auch nicht unumstrittenes Meisterstück exegetischer Arbeit aufgedeckt werden konnte, in welchem Ausmaß sie die israelitische Politik mitbestimmten, ein Meisterstück, das endlich auch die wahre Bedeutung der Episode um »Palti (sic) ben Lajisch« im »Samuelbuch« ans Licht brachte.

Nach der offiziellen Version nahm Saul in seinem Zorn David seine Tochter Michal fort und gab sie Palti zur Frau, so daß David sie erst nach Sauls Tod wiedersah. Bei genauerer Textbetrachtung wird jedoch deutlich, daß in Wirklichkeit überhaupt keine Person namens Palti existierte und daß die ganze Geschichte eine Allegorie ist, die versinnbildlicht, daß das wahre Israel (Michal) seinen rechtmäßigen Herrschern (Saul und David) entrissen und den Peletitern ausgeliefert wurde.

Der Beleg dafür findet sich in einem Hinweis, den der geniale Verfasser in 2. Samuel 21,8 einschmuggelte, und zwar mit jenem anachronistischen Schlüsselsatz von einer angeblichen Ehe Michals mit einem gewissen Adriel ben Barsillai. Die peletitischen Zensoren übersahen diesen versteckten Hinweis offenbar, so daß die Wahrheit bis in unsere Zeit auf ihre Entschlüsselung wartete. Da Michal nicht noch mit einem dritten Mann verheiratet sein konnte, liegt klar auf der Hand, daß es sich bei diesem Namen ebenfalls um einen Code handeln muß, und ist man gedanklich erst einmal so weit gekommen, dann ist es ein leichtes, das Wort »Adriel« mit »Herde (*eder*) Gottes (*el*)« zu dechiffrieren. Diese Herde, Israel, steht unter »Eisen« (*barsil*), das heißt, das Volk liegt in den Ketten der Peletiter.

Der Name »On ben Pelet« wurde also von den Peletitern aus einer gewissen Eitelkeit heraus in das Buch Numeri eingefügt, denn »On« heißt »Macht«, und die Wendung bedeutet in Wirklichkeit: »Pelet herrscht!«

Dies war der Stand der Wissenschaft, als in jüngster Zeit eine sensationelle Entdeckung in einer Höhle in Qumran beide Theorien zum Platzen brachte. Denn unter den winzigen Fragmenten, die von einem Team von Archäologen der Hebräischen Universität geborgen und mühselig wieder zusammengesetzt wurden, fand sich auch ein Stück, das völlig zweifelsfrei die letzten Worte des Buches Numeri enthält.

Ihnen angefügt, von derselben Hand, ist der folgende Satz, der alle Fragen um den Namen »On ben Pelet« mit einem Schlag beantwortet:

»Der Verfasser dankt der Forschungsgemeinschaft der On ben Pelet-Gedächtnisstiftung, ohne die diese Rolle niemals hätte geschrieben werden können.«

2. *Wer kennt »On«? Versuch einer dekonstruktivistischen Analyse von Numeri 16,1c*

Protasis

Er geht hervor aus dem Konflikt und entschwindet im Schweigen. Weder völlig anonym noch eindeutig identifizierbar, ist er gleichsam die Leinwand unserer Projektionen, das ultimative Vakat. On ben Pelet – Zeuge von Verschwörungen, Repräsentant des von den Ereignissen überrollten einfachen Mannes, Zaungast im Machtspiel der Großen, geblendet, genarrt und doch immer gegenwärtig.

Und dann sein Verschwinden. Geschah es vor der Säuberung oder danach? Ist er Schwejk, der ewig Davonkommende, zu gewitzt, um auf dem Schlachtfeld zu sterben? Oder ist er das Opfer jenes gefährlichen Ehrgeizes, der die persönliche Eitelkeit über die Sache stellt, der es genießt, mit den Drahtziehern der Macht in Verbindung gebracht zu werden, dem der Ruhm aus zweiter Hand den gesunden Menschenverstand vernebelt hat? Stiehlt On sich fort? Versinkt er in den Erdboden? Oder fährt er als loderndes Opfer gen Himmel? Ist er Schauspieler oder Requisit? Ein nachträglicher Einfall oder der Mittelpunkt, um den sich alles dreht, dessen irritierende, spezifizierte Anonymität den Leser durch ihre Irrelevanz, ihre Redundanz in Bann hält?

Ohne On gibt es keine Geschichte. Das komplexe Gefüge von Ränkeschmieden, verstrickt in ein unüberschaubar gewordenes Chaos aus wechselseitigen Abhängigkeiten, Motiven und persönlichem Dünkel, driftet auseinander ohne diesen Kristallisationspunkt. Denn On ist die »Zuhörerschaft«, die Korach Macht gibt und Mose Autorität. Er tritt aus der Menge heraus und verleiht ihr Tiefe und Wirklichkeit, Gestalt und bedrohliche Bedeutung. Alles, was hier auf dem Spiel steht – die Rettung eines ganzen Volkes, die Verwandlung einer Welt – hängt davon ab, daß *sie*, die anonyme Zuhörerschaft, die Ereignisse richtig versteht, hängt ab von *ihrem* Engagement, kristallisiert und personifiziert in der ambivalenten Gestalt Ons.

Wenn Titanen kämpfen, zittert das Volk, die Weisen halten sich bedeckt und Opportunisten schießen aus dem Boden wie Pilze.

Sein Name enthüllt viel oder nichts. Er stammt aus dem dem Untergang geweihten, geschlagenen Stamm Ruben. »On« bedeutet »Kraft«, »Macht«. Ist damit die Autorität gemeint, die ihm in die Wiege gelegt worden war? Die er erstrebte? Oder ist es ein ironischer Scherz auf seine Kosten, die Kosten irregeleiteten Ehrgeizes?

»Ben Pelet« – das Wortspiel drängt sich auf – wird zu »der Entronnene«. Kind der Generation, die im Dämmer der ägyptischen Knechtschaft das Licht der Welt erblickte, der Freiheit geweiht und doch verdammt, in ewiger Wüste zu wandern. Die Hoffnungen eines ganzen Lebens, die auf dem Sohn ruhten – vielleicht würde ja die nächste Generation das Ziel erreichen – oder die nächste – oder die nächste. Der Name atmet Erwartung, enttäuscht von der bitteren Realität unerfüllt gebliebener Verheißungen, betrogener Hoffnungen, die Verzweiflung der geballten Faust.

Doch On ist nicht allein. Er ist einer aus den Reihen zahlloser ähnlicher Gestalten, anonym und doch zutiefst beeindruckend, die sich gerade durch ihre Unbekanntheit, Unkennbarkeit tief in das biblische Bewußtsein eingraben: der Mann, der Josef den Weg zeigte, Jakobs mitternächtlicher Angreifer und, vor allen anderen, der genarrte und betrogene Ploni, der habgierige Hanswurst par exellence, scharfgemacht durch Boas' klassischen Schiebertrick. In vollkommener Symmetrie begegnen sich hier der Mann mit Namen, doch ohne besondere Rolle, und der Mann mit der wichtigen Rolle, der keinen Namen hat, eine Dialektik der Demütigung, Punkt und Kontrapunkt, zwei Mittelpunkte, erhaben in ihrem Anderssein, tautologisch in ihrem analogen Einssein.

Wir bestaunen die Kühnheit dieser Nebeneinanderstellung, dieses exemplarischen Einfalls. On, der mit einem Fingerschnippen in die Geschichte eingeht, die entscheidende Gestalt im Machtkampf zwischen Mose und Korach, dessen Entscheidung für die eine oder andere Seite das junge Volk Israel verdammt oder erlöst; Ploni, der ewige Es-hätte-sein-können, der Beinahe-Gewinner, dem die größte nur vorstellbare Ehre durch die Lappen ging, Stammvater eines messianischen Geschlechts zu werden. Welcher glückliche Zufall begünstigte On, welches grausame Schicksal verwarf Ploni?

Und doch, ist dieser Schluß nicht zu voreilig? Denn so sehr On das Gegenstück zu Ploni ist, so unausweichlich, unweigerlich, unwiderstehlich geleitet uns der rote Faden der Analogie zu einem weiteren, einem anderen Bild.

Denn On, der stumme Zeuge, der Schweigende, der Gemarterte, nimmt jene andere geheimnisvolle, namenlose Gestalt vorweg, von Schmerzen zerfressen und gepeinigt, stumm in seinem Leiden, überirdisch in seiner unwiderlegbaren Rechtfertigung, der Knecht des Ewigen, der Verachtete, Zielscheibe für Spott und Hohn, der in seinem Schweigen und in seiner Anonymität den Schlüssel zur Erlösung, zu göttlicher Gnade und göttlichem Willen bewahrt. Der verlorene, gemarterte, sprachlose On reicht seinem unbekannten Nachfahren über die Jahrhunderte hinweg die Hand; wie er verkörpert er den Typus des unbekannten und ungenannt bleibenden Heiligen, er ist einer jener *Lamed-wawniks* der späteren Tradition, der Schweigenden, der sechsunddreißig Gerechten, um deretwillen ganz allein die Welt weiterexistieren darf. Und noch tiefer, fast wie im Nachhall, erlauschen wir hier das ausgeschlossene ›weibliche andere‹ der geschlechtsblinden biblischen Selbsttäuschung.

Apodosis

Und doch – könnte man nicht einwenden, daß wir an dieser Stelle zu sehr den Boden der Tatsachen verlassen? Der On des Mythos und der Legende, der On ben Pelet, der still, aber unüberhörbar im Unterbewußtsein der Verfasser, Redaktoren und Kompilatoren gleichermaßen präsent war, um den Leser schließlich aus den Seiten des Buches Numeri gleichsam anzuspringen, können wir über diesen On überhaupt etwas sagen? Wie sollen wir mit solch vielschichtigem Material, einem solchen Bedeutungsreichtum umgehen? Wo, so müssen wir uns fragen, fängt die Wirkung an, die Ursache zu überwuchern?

(a) Der Name »On« ist vom biblischen Text her gut belegt.[1] Seine scheinbare Bedeutungslosigkeit und sein folgerichtiges Verschwinden von der Bühne des Geschehens bestätigen ihn als eine legitime Gestalt – ist doch der unwahrscheinlichere Text der wahrscheinlichere. Keine der vorgeschlagenen Textalternativen kann die textimmanenten Probleme befriedigend lösen. Außerdem zögert unser Text im Buch Numeri nicht, Identität zu verschleiern, wo es ihm darum zu tun ist (man denke etwa an die zweihundertfünfzig Anführer, durchweg prominente Männer, die zur Versammlung gerufen werden). Schon allein die Nicht-Anonymität von On macht ihn gleichsam zum Stammvater aller namenlosen Zuschauer der Weltgeschichte.

(b) Die Anwesenheit von Zeugen, die nicht direkt am Geschehen beteiligt sind, deren Gegenwart jedoch gleichsam als Fixpunkt für den Suchstrahl unserer Aufmerksamkeit wirkt, ist auch für andere Geschichten gut belegt; man denke an die jungen Männer, die Abraham zur *Akeda*, zur Bindung Isaaks, begleiten, und an die Gesandten, die mit Bileam zu König Balak reisen.[2] Sie verkörpern das eigentliche Leben, stumpfsinnige, durchschnittliche, unergiebige, blinde Zeugen des transzendenten Geschehens, uns gleich und doch auch wieder nicht gleich in unserem privilegierten Status als Leser.

(c) On und Ploni als komplementäre Gestalten aufzufassen, mag zugegebenermaßen eine eher gewagte Überlegung sein – doch es darf nicht übersehen werden, daß das Buch Rut sich stark auf die Patriarchenerzählungen stützt (die Erwählung Abrahams; Juda und Tamar) und sich ganz bewußt und deutlich auf das abgekartete Spiel gegen

---

1. Onomasiologisch scheint eine Verbindung zwischen On und Onan – ebenfalls eine gescheiterte dynastische Gestalt – zu bestehen.
2. Der erste dieser ›anonymen anderen‹ war wahrscheinlich jener Mensch, der Kain in einer ansonsten – abgesehen von Kains Eltern – unbevölkerten Welt hätte töten können (Gen 4,14); (so David Clines in einem persönlichen Gespräch mit dem Autor).

Ploni konzentriert. Als »Minderleister« in Augenblicken von höchster historischer Bedeutung sind On und Ploni strukturell identisch.

(d) Das Bild des stumm Leidenden läßt sich in fast direkter Linie weiterverfolgen zu Michals Gatten Palti, zu den *Anijjim/Annivim* der Psalmen und zu den Propheten; da ist der verstummte Hiob des Prologs; da sind Jeremias Bekenntnisse, bevor er spricht; da sind die Gottesknechtlieder. Wer vermag zu sagen, wo diese archetypische Figur zum ersten Mal explizit im biblischen Denken auftaucht?

(e) Das Bild des unsichtbaren und doch anwesenden anderen, dessen man halb unbewußt gewahr wird, dem man jedoch nicht als Handelndem begegnet, ist so eindeutig ein subversiver Kunstgriff, daß wir mit einer gewissen Berechtigung davon ausgehen dürfen, daß eine Frau die Schöpferin dieses vielschichtigen, facettenreichen Charakters war, eine These, die noch gestützt wird durch das auffallende Fehlen irgendeines Belegs für diese Hypothese.

Postscriptum

Es läßt sich jedoch noch eine andere, simplere Erklärung des Phänomens »On« denken. Sie wird hier nur mit Zurückhaltung vorgetragen, da die Gefahr nicht von der Hand zu weisen ist, daß damit in unzulässiger Weise zeitgenössische Wertvorstellungen in die Vergangenheit projiziert werden.

In der Beschäftigung mit dem Text des Exodus-Buches werden wir immer wieder auf die sagenhafte Großzügigkeit der Israeliten hingewiesen. Als sie einen Tabernakel bauen sollen, kennt ihr Spendeneifer keine Grenzen. Geht es darum, ein Goldenes Kalb zu gießen, knausern sie nicht mit Goldschmuck. Doch unter all den Steuern und Zehnten, die als notwendig für die Aufrechterhaltung des Kultes und den Unterhalt der Priesterkaste erachtet wurden, findet sich nirgendwo ein Hinweis auf ein Honorar, das für die Kompilation und Aufzeichnung der Heiligen Schrift Israels entrichtet wurde. Vielleicht trat, als es darum ging, diese Rechnung zu bezahlen, ein einzelner vor und erbot sich, die Kosten zu tragen – doch nur unter einer Bedingung: daß sein Name in der Schrift verewigt würde. Was mußte On wohl bezahlen, so fragt man sich zu Recht, um die Verfasser des Textes dazu zu bringen, seinen Namen zu erwähnen? Und umgekehrt, wieviel mußte Ploni dafür springen lassen, daß sein Name unerwähnt blieb?

Ploni Almoni

Wie schon im Kapitel über Boas gesagt, kommt im vierten Kapitel des Buches Rut ein Ungenannter vor, der rechtmäßige »Löser«, der sich aus Angst, seine Familie finanziell zu ruinieren, weigerte, die Option auf den Erwerb von Noomis Acker zu übernehmen. Der hebräische Terminus, mit dem er bezeichnet wird, ist »Ploni Almoni«, ein Begriff, der in Übereinstimmung mit seiner biblischen Verwendung (zum Beispiel in 1 Sam 21,3, wo er »der eine oder andere« heißt) in den rabbinischen Quellen als Platzhalter gebräuchlich wurde, wann immer es galt, Anonymität zu wahren; er ist etwa gleichbedeutend mit »Herr Müller« oder »Herr Maier«. Die Anonymität des »Lösers« im Buch Rut erfüllt einen doppelten Zweck: Zum einen erlaubt sie dem Betreffenden, seine Identität geheimzuhalten, was seiner Familie die ewige Schande erspart. Zum anderen wird damit in schon beinahe tragikomischer Weise der Familienname eines Mannes aus dem Bewußtsein gelöscht, der seinerseits nicht bereit war, den Fortbestand des Familiennamens seiner Verwandten zu sichern, wie es eigentlich seine religiöse Pflicht gewesen wäre.

Man kann die Geschichte aber auch ganz anders lesen, und ich habe mir diese Freiheit anläßlich eines Purimfestes genommen. Aus einem bestimmten Grund erschien es mir angebracht, auch hier wieder eine theologische Schule zu parodieren. Zur besseren Verständlichkeit des Textes sei hier noch auf drei Begriffe verwiesen, die darin zum Teil verballhornisiert oder als Teil von Wortspielen auftauchen: Ein »Bet Din« ist ein rabbinisches Gericht, das über die Aufnahme von Konvertiten entscheidet, und zwar ganz besonders im Blick auf die Ernsthaftigkeit ihrer religiösen Beweggründe – in der jüdischen Welt gibt es immer wieder Streit darüber, welches Bet Din die Urteile eines anderen in dieser heiklen Angelegenheit zu akzeptieren hat. »Raschi« ist natürlich der große jüdisch-französische Bibelkommentator des Mittelalters. »Peschat« wiederum ist ein Terminus für den »schlichten Wortsinn« eines Textes, der nicht unbedingt mit seiner wörtlichen Bedeutung zusammenfallen muß.

Wir haben es hier ganz eindeutig mit einer Vertuschungsaktion zu tun. Doch an wen wendet man sich wohl und wieviel muß man dafür bezahlen, seinen Namen aus der Bibel herauszuhalten? Erst mit dem Aufkommen der sozio-ökonomischen und anthropologischen Forschung und mit den neuen Möglichkeiten der Computertechnik wurden derlei Fragen für die Bibelexegese beantwortbar.

Wieviel etwa verdiente Mose, wie hoch war der Kreditrahmen Waschtis? Bekam Bileam Kilometergeld für seinen Esel? Hätte Amos den Priester Amazja vor das Berufsgericht in Bet-El bringen können, weil seine Entlassung unrechtmäßig war? Wie groß war der Versicherungsanspruch der Bürger von Jericho, und weigerte sich die Versicherungsgesellschaft womöglich zu zahlen, unter Hinweis darauf, daß der Schaden in der Stadt auf »höhere Gewalt« zurückzuführen sei?

Der ganze ökonomische Unterbau biblischer Zeit kann unseren wissenschaftlichen Fragen und natürlich auch den Antworten, mit denen wir rechnen können, eine völlig neue Perspektive geben.

Der eigentliche Durchbruch kam mit der Erkenntnis, daß die Computertechnik bisher nicht richtig eingesetzt wurde. Wenn man nur die alten Fragen stellt – wie viele Leute schrieben am Buch Genesis? Wieviele Jesajas gab es? –, dann ist, ganz gleich, auf welche Antworten man kommt, immer irgend jemand aus völlig unwissenschaftlichen Gründen erbost. Und überhaupt lassen sich solche Fragen auch mit Papier und Bleistift und einer Menge Geduld lösen.

Wenn aber *der Computer* die Fragen festlegt, die es zu erforschen gilt, dann läßt sich damit eine völlig neue statistische Wissenschaft etablieren, was natürlich sogleich auch neue Stellen, ja neue Fachbereiche an Universitäten erforderlich macht sowie die Bildung von Unterabteilungen an stärker traditionell ausgerichteten Instituten, die sich ganz darauf spezialisiert haben, die neuen Ergebnisse zu widerlegen. Endlich zeichnet sich ab, daß nun auch die Bibel den ihr zustehenden Platz im Computerzeitalter findet.

Doch um zu unserem Ausgangspunkt zurückzukehren: Im vierten Kapitel des Buches Rut wurde der Name des Mannes, der Noomi ihren Besitz hätte erhalten und Rut heiraten sollen, unterdrückt und statt dessen der anonyme Terminus »Ploni Almoni« eingesetzt. Wissenschaftler der traditionellen Richtung glaubten, daß diese Abänderung vom Verfasser ganz bewußt vorgenommen wurde, und zwar aus religiösen Gründen. Wer nicht bereit ist, den Namen seines Verwandten zu bewahren, aus Angst, sein eigener Familienname könne durch diese Pflichterfüllung Schaden nehmen, wird damit bestraft, daß alle Spuren seines eigenen Namens getilgt werden – eine angemessene Strafe – Maß für Maß – für solche Pflichtvergessenheit!

Eine dermaßen simple Erklärung, mag sie auch noch so gut gemeint sein, konnte dem kritischen Blick einer Welt nach Watergate nicht standhalten. Der Name wurde aus dem Bericht gelöscht? Kein Zweifel, da hatte jemand gezahlt!

Warum wollte der Betreffende aus der Sache herausgehalten werden? Er, oder vielleicht auch ein Nachfahre von ihm, schämte sich wahrscheinlich ganz einfach. Wer läßt sich schon gern nachsagen, er habe die Chance verpaßt, Urgroßvater von König David und Ahnherr des Messias zu werden?

Das würde zwar die Null-Informations-Strategie erklären. Demgegenüber steht jedoch die Aussage eines Gelehrtenteams aus Jerusalem: »Die Religiös-Assoziative und Sozio-Historische Investition (RASCHI) des Unternehmens rechnet sich nicht.« Die Wissenschaftler sind der Ansicht, daß wir die Motive des »Pseudo-Lösers« oder »Schwindel-Almoni« woanders zu suchen haben.

Allerdings sind aus methodologischen Gründen Vorbehalte an ihren Schlußfolgerungen anzumelden, die hier schon allein im Interesse der objektiven Wahrheitsfindung zur Sprache kommen müssen.

Denn ihr angeblich neues Programm, das unter dem Titel ›Polyvalent-Ergebnisorientierte Schwerpunkt-Anthropometrie-Technik‹ (PESCHAT) auf den Markt kommen soll, ist letztlich nichts anderes als der kaum bemäntelte Versuch, moderne Voraussetzungen auf eine antike Kultur rückzuprojizieren, was nach wissenschaftlichem Maßstab eindeutig unzulässig ist.

Sie kommen zu dem Ergebnis, daß der anonyme »Löser« sich weigerte, Rut zu heiraten, weil er davon ausging, daß bei ihrer Konversion, sofern diese überhaupt durch eine offizielle religiöse Autorität vollzogen wurde, gravierende Formfehler gemacht wurden.

Dagegen ist sogleich einzuwenden, daß die Vorstellung, Elimelech, Noomis verstorbener Mann, hätte einer Heirat seiner Söhne mit moabitischen Frauen zugestimmt, ohne daß diese zuvor eine rechtskräftige Konversion durchlaufen hatten, völlig abwegig ist – wenngleich sich die Existenz eines kompetenten Bet Din in Moab nur schwerlich beweisen läßt und Elimelech, zumindest laut Text, zum

Zeitpunkt der Eheschließung seiner Söhne möglicherweise nicht mehr am Leben war.

Die Tatsache, daß seine beiden Söhne ebenfalls starben, ist zwar bedauerlich, doch keinesfalls als Beleg für göttliches Mißfallen zu werten, wie Hiob schlagend bewiesen hat.

Die zweite These des Gelehrtenteams ist nicht weniger problematisch. Ihr zufolge waren es Plonis eigene radikale, ja reformerische Neigungen, die zu seinem Sturz führten, weil er das Prozedere von Ruts Übertrittszeremonie in Frage stellte. Nach der alten Tradition war es völlig korrekt, wenn Rut, nachdem sie aus Liebe zu ihrem Mann in das israelitische Volk hineingeheiratet hatte, die Worte sprach: »Dein Volk ist mein Volk und dein Gott mein Gott« (Rut 1,16).

Es war einzig und allein Plonis unorthodoxe Privatüberzeugung, daß als Motiv für eine Konversion nur religiöse Gründe akzeptiert werden dürfen, nicht aber der bloße Wunsch, sich mit einem Juden zu verheiraten. Daher seine Behauptung, sie hätte zuerst »dein Gott ist mein Gott« sagen müssen. Wieder einmal wurde die Mißachtung traditioneller Werte bestraft – und Ploni im Rennen um die Stammvaterschaft des Messias disqualifiziert.

So plausibel diese Theorie auf den ersten Blick auch scheinen mag, ist doch allein der Gedanke, daß es im alten Israel derartige religiöse Kontroversen gegeben habe, absolut unhaltbar. Unveränderliche Gesetze, vom göttlichen Geist inspiriert, werden nicht zum Gegenstand menschlicher Privatüberzeugungen gemacht oder launenhaften Abänderungen unterworfen – einmal abgesehen von Zeiten, in denen das politische Kalkül oder, seltener, der gesunde Menschenverstand es nahelegen. Ein solches »Szenarium« ist also viel zu weit hergeholt.

Wahrscheinlich war Ploni Almoni letztlich einfach nur ein Rassist, der nichts mit einer Moabiterin zu tun haben wollte (»ehe ich mein Erbe aufs Spiel setze«, Rut 4,6), und je weniger wir über ihn wissen, desto besser.

Wieder einmal haben unsere Bibelredaktoren, indem sie seine Identität verschwiegen, hervorragende Arbeit geleistet, auch wenn dabei ein paar Schekel den Besitzer wechseln mußten.

Bigtan und Teresch

Das Buch Ester eignet sich in geradezu idealer Weise als Vorlage für ein Purimspiel. Diesmal sollen jene Bibelwissenschaftler aufs Korn genommen werden, die sich daran machen, die Bibel völlig neu zu überarbeiten, weil der eigentliche Text ihrer Ansicht nach verschüttet ist. Als ich einige der Argumente, die ich dieser Gruppe in den Mund gelegt habe, noch einmal überlas, fing ich doch tatsächlich beinahe an, die wissenschaftlichen Möglichkeiten meiner Persiflage ernsthaft in Erwägung zu ziehen! Wahrhaftig eine verkehrte Welt – ganz, wie es sich für Purim gehört!

Der Beitrag enthält zudem eine Reihe von Spitzen gegen die sogenannte »Gematria« (ein aramäischer Terminus, der vom griechischen Begriff »Geometrie« abgeleitet ist). Die Gematria ist ein rabbinisches Zahlensystem, bei dem die Summe des numerischen Wertes der Buchstaben eines Wortes gebildet und dann mit ähnlichen Summen, die durch Addition der Buchstaben anderer Wörter entstehen, verglichen wird. Diese Methode hat eine lange, höchst respektable Geschichte, vor allem in der jüdischen Mystik, doch da sich mit dem numerischen Äquivalent von irgend etwas so gut wie alles und jedes beweisen läßt – zumal, wenn man entsprechende Änderungen vornimmt, wo das System einmal nicht ganz so zu greifen scheint, wie man es gern hätte – ist sie sicherlich ein höchst fragwürdiges exegetisches Werkzeug.

Louis Jacobs erzählt die Geschichte von dem Rabbi, der fragte: ›Warum essen wir eigentlich am *Schabbat Kugel* (»Kuchen«, aus dem Jiddischen, keineswegs aus dem Hebräischen!)? Antwort: »Weil der numerische Wert von *Kugel* der gleiche ist wie der von *Schabbat*!« Wenn man nun jedoch hergeht und die Buchstaben von *Schabbat* (*Schin* = 300, *Bet* = 2, *Taw* = 400, was eine Summe von 702 ergibt) aufaddiert und mit der Quersumme von *Kugel* (geschrieben *Quof* = 100, *Waw* = 6, *Gimel* = 3, *Lamed* = 30, Gesamtsumme 139) vergleicht, so sieht man auf einen Blick, daß die beiden Wörter keineswegs denselben numerischen Wert haben und *Schabbat* einer sehr viel größeren Zahl entspricht als *Kugel*! Was ist also die Lösung? Mehr *Kugel* essen!

Nun aber zu Bigtan und Teresch.

Zwar können wir große Teile des biblischen Berichts fraglos als authentische Aufzeichnung tatsächlicher Ereignisse und Personen gelten lassen, doch es gibt bestimmte Passagen, bei denen wir weniger sicher sein können, was ihre Authentizität betrifft. Dies hat nichts mit der Wahrhaftigkeit des anonymen biblischen Verfassers zu tun, sondern damit, daß er, oder je nachdem auch sie, zum Teil Sekundärmaterial von zweifelhafter Herkunft zitiert hat.

Es gibt dafür kaum ein besseres Beispiel als das Buch Ester, das auf Passagen aus den Chroniken der Könige von Persien und Medien und den privaten Tagebüchern von Königin Waschti basiert. Angesichts der bekanntermaßen nicht geringen Neigung königlicher Chronisten zu Übertreibung und tendenziöser Darstellung muß es umso mehr überraschen, wie unkritisch die Gelehrten diese Quellen akzeptiert haben.

Besonders schön läßt sich dies an den beiden jeweils sieben Namen umfassenden Listen am Anfang des Buches zeigen, von denen eine die Namen der »Eunuchen« (1,10), die andere die der »Fürsten« (1,14) und Ratgeber von König Ahasveros nennt. Natürlich muß uns hier schon allein der Gebrauch der Zahl Sieben stutzig machen, jener idealen oder »runden« Zahl, die grundsätzlich ein Ausdruck der Vollkommenheit eines Systems ist.

Schon eine erste rasche Überprüfung der Namen weckt Zweifel an der Echtheit der Liste. In 1,10 zum Beispiel begegnen wir einem »Bigta« (*Bet, Gimel, Taw, Aleph*) und einem »Abagta« (*Aleph, Bet, Gimel, Taw, Aleph*). Da der einzige Unterschied zwischen den beiden in dem Buchstaben *Aleph* besteht, handelt es sich ganz offensichtlich um ein und dieselbe Person, deren Name lediglich verdoppelt wurde, um aus einer Sechsergruppe eine Gruppe mit der bedeutsameren Siebenzahl zu machen.

Dasselbe gilt für »Meres« (*Mem, Resch, Samech*) und »Marsena« (*Mem, Resch, Samech, Nun, Aleph*) in Vers 14. Die Anfügung eines *Nun* und eines *Aleph* ist eindeutig nicht mehr als ein recht plumper Täuschungsversuch; in beiden Fällen handelt es sich ganz klar um denselben Herrn – wieder waren es eigentlich nur sechs Leute.

Dieses Muster läßt sich beliebig erweitern. Der erste Eunuch heißt »Mehuman« (*Mem, Heh, Waw, Mem, Nun*), und es bedarf keiner besonderen Phantasie zu entdecken, daß hier die Konsonanten des bösen »Haman« (*Heh, Mem, Nun*) wiederauftauchen. Der große jüdische Exeget des Mittelalters, Magen Ot (übersetzt »Der Hüter des Zeichens«, so der Titel seines genialen, leider verlorengegangenen Werkes über biblische Wunder, von dem nur drei Sätze erhalten geblieben sind), gesegnet sei sein Angedenken, bemerkte denn auch in der Tat diese ins Auge springende Parallele:

»Mehuman, das ist Haman. Was aber geschah mit den fehlenden Lettern ›Mem‹ und ›Waw‹? Sie stehen für die 46 Silbertalente, die Haman dem König für seine Erhebung in ein hohes Amt entrichten mußte.«

Mit gewissen Vorbehalten ist dieses kleine Paradebeispiel der Gematria (der numerische Wert des Buchstaben *Mem* ist 40, der von *Waw* ist 6) noch nicht einmal so ganz von der Hand zu weisen, und in mancher Hinsicht erscheint es plausibler als Magen Ots eher erzwungen wirkender Versuch, die Verkürzung des Namens mit der Verkürzung in Zusammenhang zu bringen, die Haman durch den chirurgischen Eingriff erlitt, der ihn zum Eunuchen machte.

Immerhin sind wir heute in der Lage, Magen Ots bemerkenswerte Einsicht sogar noch zu übertreffen und zwei weitere Namen von der Besetzungsliste des Buches zu streichen. Bigtan und Teresch, die beiden Verschwörer, die einen Anschlag auf den König planten und dabei von Mordechai belauscht und schließlich an den König verraten wurden (Est 2,21-23), sind Anagramme von Namen aus den bereits erwähnten Listen in Kapitel 1. Teresch (*Taw, Resch, Schin*) ist kein anderer als der oben genannte Schetar (*Schin, Taw, Resch*; 1,14).

Für Bigtan scheint es auf den ersten Blick keine Namensentsprechung zu geben, doch in diesem Zusammenhang ist die Wissenschaft dem dreijährigen Sohn eines Kollegen zu Dank verpflichtet, der uns darauf hinwies, daß der Name »Bigta« in der Eunuchenliste (1,10) die Konsonanten *Bet*, *Gimel* und *Taw* enthält – genau wie der Name ›Bigtan‹.

Fehlt also nur das *Nun*. Wenn wir jedoch die sieben Eunuchen aus 1,10 mit den sieben Fürsten aus 1,14 malnehmen, erhalten wir die Zahl 49 (vorausgesetzt, die Fürsten haben nichts dagegen, mit den Eunuchen in einen Topf geworfen zu werden). Addieren wir dazu noch das übriggebliebene *Aleph*, den Anfangsbuchstaben von »Abagta«, so ergibt das die Summe 50 – das numerische Äquivalent des Buchstabens *Nun*!

(Wir freuen uns, an dieser Stelle diesem jungen Gelehrten, der ein lebendes Beispiel für den Wert einer fundierten jüdischen Erziehung vom frühesten Kindesalter an ist, unseren Dank aussprechen zu dürfen.)

Was ist nun aus diesen bedeutsamen Entdeckungen zu schließen? Zunächst einmal hatte der König, wie wir festgestellt haben, in seinen beiden Ratgebergruppen offenbar jeweils nur sechs Leute – bei den Eunuchen, die sein »Gesicht bedienten« (1,10), und bei den Fürsten, die sein »Gesicht sahen« (1,14), um die etwas blumige persische Ausdrucksweise aufzugreifen.

Von diesen wiederum können die zwei Verschwörer Bigtan und Teresch abgezogen werden, womit sich die Anzahl der Ratgeber auf fünf pro Gruppe reduziert. Von dem verbleibenden Rest wiederum machte Mehuman Karriere unter dem Namen »Haman«, so daß wir es nun mit einem auffallenden Ungleichgewicht zwischen den beiden Gruppen zu tun haben. In dieses Vakuum stößt Mordechai durch seinen raschen Aufstieg vor.

Zu welchem Ergebnis führen uns diese Überlegungen? Das persische Reich unter Ahasveros hatte wahrscheinlich mit schweren wirtschaftlichen Problemen zu kämpfen, bedenkt man die extravaganten Empfänge und Gesellschaften des Königs, die, einmal ganz abgesehen von den Kosten, einen großen Teil der Angehörigen der herrschenden Klasse und des Beamtenapparats über längere Zeiträume von ihren eigentlichen Aufgaben abzogen.

Statt diese Probleme nun öffentlich zuzugeben, reduzierte der König – in einigen Fällen durch vorzeitige Zwangspensionierung, in anderen durch physische Beseitigung – sein Kabinett um zwei Siebtel, wodurch er einen Nettogewinn von 28,5 Prozent in den höheren Gehaltsklassen erzielte (wahrscheinlich sogar noch mehr, wenn wir in Rechnung stellen, daß in bestimmten Fällen auch noch die Abfindungen wegfielen), während er gleichzeitig die Buchführung des Staatshaushalts frisierte.

Doch die Wahrheit setzt sich durch, wenn auch manchmal verspätet, und wir müssen unserem hebräischen Autor für die geschickte Art und Weise, in der er oder sie diese Wahrheit für uns dokumentiert hat, dankbar sein. Den Lesern blieb es überlassen, den Vertuschungsskandal, dessen Spuren sich bis in die höchsten Kreise, ja bis zum Thron zurückverfolgen lassen, aufzudecken.

Bedauerlicherweise kommen wir nicht um den Schluß herum, daß Mordechai und Ester von der Sache gewußt haben müssen, wenngleich wir allenfalls Spekulationen darüber anstellen können, wieweit sie aktiv daran beteiligt waren. Waren sie es, die versuchten, einer späteren Generation die Wahrheit in verschlüsselter Form mitzuteilen, indem sie die Namen gerade auf diese Weise überlieferten, da sie in ihrer damaligen Situation nicht offen intervenieren konnten?

Wir können darüber, wie gesagt, nur spekulieren, doch immerhin ist da der Name der Heldin, nach der die Schriftrolle benannt ist: »Ester« kommt von der Wurzel *satar* und bedeutet »ich verberge«!

10

Der Widerspenstige – Jona

In einer Sammlung wie dieser darf Jona auf keinen Fall fehlen. Das Buch Jona war eines der ersten biblischen Bücher, mit denen ich mich näher befaßte, und ich war in zunehmendem Maße fasziniert, sowohl von der Hauptfigur als auch von der literarischen Form des Buches selbst. Wie kam es, daß ein so kleines Buch von nicht mehr als vier Kapiteln zu so vielen widersprüchlichen Deutungen Anlaß gab? Sollen wir uns eher mit dem widerspenstigen Propheten identifizieren, der, zumindest vielen Kommentaren zufolge, doch ein recht engstirniger Zeitgenosse gewesen zu sein scheint, oder mit dem Verfasser des Buches, seinem großartigen Universalismus und seinem feinen Gespür für Ironie? Schließlich schrieb ich meine Abschlußarbeit am Leo Baeck College über Jona und machte das Thema dann zum Gegenstand meiner Dissertation in Heidelberg. Noch heute habe ich ein ganz besonderes Verhältnis zu diesem Buch. Ich lege es gern meiner Exegese zugrunde oder benutze es als Grundlagentext für die Einführung in die Exegese bei meinen Studenten oder als Schwerpunktthema für die Lesung aus den Propheten am Nachmittag des Versöhnungstags. Mittlerweile liegt ein ausführlicher Kommentar zum Buch Jona im *High Holyday Prayerbook* der britischen Reformsynagogen vor, für das ich als Mitherausgeber fungierte. Und immer noch taucht Jona hier und da in wissenschaftlichen Artikeln und anderen Arbeiten von mir auf und drängt sich in unzählige meiner Gespräche. (Ich erinnere mich zum Beispiel an eine Diskussion mit einem Politiker, der mir sagte, die Geschichte von Jona verkörpere für ihn den Alptraum jedes Politikers. Die Menschen glaubten Jona und bereuten tatsächlich, wo doch kein Politiker erwartet, daß man ihm glaubt! So brachte Jona sich letztlich um seine Arbeit.)

Warum also nicht das Schlußkapitel dieses Büchleins dem Buch Jona widmen? Und zwar, wie es sich für einen Abschluß und einen Abschied ziemt, in Gestalt einer Meditation.

Der Sohar, der wichtigste Text der jüdischen Mystik, sagt über Jona:

»In der Geschichte von Jona sehen wir das Ganze des menschlichen Lebens in dieser Welt. Jona, der in den Bauch des Schiffes hinabsteigt, ist wie eine menschliche Seele, die in die Welt hinabsteigt, wenn sie unseren Leib in Besitz nimmt. Warum wird sie ›Jona‹ genannt, warum ›bedrängt‹? Weil sie sich, sobald sie zum Gefährten des Leibes in dieser Welt wird, voller Nöte findet. Denn die Menschen sind in dieser Welt wie in einem Schiff, das das große Meer überquert und zu zerschellen droht.«

Die geängstigte und gequälte Seele auf ihrer kurzen Reise durch die Welt ist ein beliebtes Bild der jüdischen Denker des Mittelalters. Wir finden es schon in den *Sprüchen der Väter* (4.21):

»Diese Welt gleicht einer Vorhalle vor der kommenden Welt, bereite dich in der Vorhalle vor, damit du in den Palast eintreten kannst.«

Mit das beklemmendste dieser Bilder entwirft Jedaja von Beziers, ein Philosoph des 13. Jahrhunderts:

»Die Welt ist ein sturmdurchtostes Meer von ungeheurer Tiefe und Weite, und die Zeit ist eine zerbrechliche Brücke, die es überspannt. Ihr Anfang ist gehalten von den Stricken des Chaos, das dem Sein vorausging, während ihr Ende die ewige Seligkeit sehen soll und erleuchtet werden soll vom Licht des königlichen Angesichts. Die Brücke ist gerade so breit wie ein Mensch, und sie hat kein Geländer! Und du, Menschenwesen, gegen deinen Willen lebst du und wanderst fortwährend über sie, vom Tage deiner Geburt.«

Jenseits der Welt der physischen Gefahren mit ihrer ständigen Bedrohung für das nackte Leben liegt die Welt des Geistes, in der es nicht weniger Fallstricke zu überwinden gilt, will man die Reise unbeschadet überstehen. Seele und Leib, in problematischer Vereinigung aneinandergekettet, müssen sich vorsichtig tastend ihren Weg durch die beiden Welten suchen, stets in Gefahr, die eine mit der anderen zu verwechseln oder den legitimen Bedürfnissen und Forderungen der einen oder der anderen nicht zu genügen. In seinem Buch *Zeit des Erwachens* zeigt Dr. Oliver Sacks auf, wie es zu einer solchen Verwirrung kommen kann:

»Gewiß, es gibt die normale Medizin für den Alltagsgebrauch: eintönig, entzaubert, eine Medizin für die Behandlung von verstauchten Zehen, Mandelentzündungen, Kröpfen und Geschwüren. Aber wir alle hegen die Vorstellung von einer *anderen*, ganz und gar verschiedenen Art der Medizin: von etwas Tiefgründigerem, Älterem, Außergewöhnlichem, fast Heiligem, das unsere Gesundheit und Intaktheit wiederherstellen und uns das Gefühl völligen Wohlbefindens geben soll.

Denn im Grunde haben wir alle intuitiv das Gefühl, erst mal völlig intakt und gesund gewesen zu sein, d.h. unbeschwert, in Eintracht lebend, geborgen in der Welt und in völliger Harmonie mit uns selbst. Dann aber stürzen wir aus diesem ersten, glücklichen, unschuldigen Zustand und verlieren die eigene unendliche Schönheit und den kostbaren Glanz. Seitdem verbringen wir unsere Tage damit, das Verlorene zu suchen, und werden es vielleicht eines Tages auch finden. Das wird dann das Wunder sein, das Zeitalter der Glückseligkeit.

Es ist zu erwarten, daß solche Vorstellungen diejenigen Patienten am intensivsten hegen, die in extremer Weise dem Leiden, der Krankheit und der Pein ausgesetzt sind – und sich in Gedanken an das Verlorene und das Vergeudete verzehren, es dringend wiedergewinnen wollen, ehe es zu spät ist. In ihrer verzweifelten Sehnsucht suchen solche Menschen Geistliche oder Ärzte auf: um alles zu glauben, um eines Aufschubs, einer Rettung, um der Wiederherstellung oder der Erlösung willen.

Im wesentlichen ist das Gefühl, etwas verloren zu haben und es wiederfinden zu müssen, metaphysisch. Unterbrechen wir einen Menschen in seiner metaphysischen Suche und fragen ihn, *was* es denn ist, das er herbeisehnt oder sucht, wird er uns nicht eine säuberliche Aufstellung von Einzelheiten präsentieren, sondern einfach sagen: ›mein Glück‹, ›meine verlorene Gesundheit‹, ›meinen früheren Zustand‹, ›ein Gefühl der Wirklichkeit‹, ›das Gefühl, lebendig zu sein‹ usw.

Er sehnt sich nicht nach diesem oder jenem, sondern nach einer *allgemeinen* Veränderung, danach, daß alles wieder *in Ordnung* sein möge, makellos, so wie einst. Und es ist an diesem Punkte seiner mit einem so schmerzhaften Gefühl der Dringlichkeit verbundenen Suche möglich, daß er einer plötzlichen und grotesken Fehlannahme verfallen könnte – daß er (in Donnes Worten) ›die Apotheke‹ für ›die zur Metapher gewordene Gottheit‹ hält eine Fehlannahme, die der Apotheker oder der Arzt zu unterstützen versucht sein könnte.«[1]

Uns mag die Suche nach der »zur Metapher gewordenen Gottheit« allzuoft als eine entmutigende und erschöpfende Aufgabe erscheinen, voller Abgründe, in die wir stürzen können, nicht weniger gefährlich als die, die uns in der »Apotheke« erwarten. Eine Vielzahl von Wider-

1. Oliver Sacks, *Zeit des Erwachens*, Rowohlt Taschenbuch Verlag, 1994, S. 71-73.

ständen intellektueller wie emotionaler Art machen uns skeptisch, wieweit eine solche Suche überhaupt berechtigt ist; und ein Schriftsteller wie C.S. Lewis führt uns in seiner *Dienstanweisung an einen Unterteufel* die wenig einnehmende Realität organisierter Religiosität vor Augen, die uns möglicherweise so sehr abschreckt, daß wir den Gemeinschaften, die uns doch gerade eine Heimat für unsere geistliche Suche bieten sollten, bewußt den Rücken kehren. Irgend etwas steht unserer Suche im Weg – ob wir nun unserer materialistischen Zeit die Schuld geben oder dem Wirken unseres Unbewußten, oder ob wir den Grund dafür in einem äußeren Prinzip des Bösen sehen – allzuoft geben wir kurz vor dem Ziel auf, bescheiden uns mit der Sicherheit eines uns vertrauten, vielleicht schon liebgewordenen Unbehagens, vielleicht, weil uns unklar bewußt ist, welches Risiko wir auf uns nehmen, wenn wir den letzten Schritt tun.

Genau dieses Zögern wird besonders in jenen Geschichten in der hebräischen Bibel höchst lebendig geschildert, in denen es um die Berufung eines Propheten geht. Immerhin haben diese Männer wenigstens keine Zweifel über den Ursprung des an sie ergehenden Rufes, und einer von ihnen, Abraham, scheint sich sogar gleich in sein Schicksal ergeben zu haben. Bei anderen hingegen wird ein Augenblick des Zögerns, des Zurückschreckens spürbar, das sich ganz verschieden äußern kann. Mose zum Beispiel bringt eine lange Liste von Einwänden vor: Wer bin ich, daß ich die Kinder Israel retten könnte? Sie werden mir sowieso nicht glauben, daß du mich geschickt hast! Und außerdem kann ich überhaupt nicht richtig zu den Menschen sprechen! Am Ende wird er richtig brummig: »Ach, schick doch, wen immer du willst!« – »wen immer«, das heißt, »bloß mich nicht!« (Ex 4,13). Und dabei kommt sein ganzer Ärger, vielleicht ähnlich wie Gottes Verärgerung, nur daher, daß er sehr wohl weiß, daß er bereits angebissen hat.

Jeremia behauptet, er sei zu jung (Jer 1,6). Jesaja fühlt sich unrein (Jes 6,5). Amos beschwerte sich wahrscheinlich, daß er für seine Aufgabe nicht qualifiziert sei (Am 7,14). Und doch mußten sie am Ende allesamt gehen und ihre Aufgabe übernehmen.

Leon Roth hat es auf den Punkt gebracht:

»Es ist Mode geworden, das Verhältnis zwischen Gott und Mensch als einen Dialog aufzufassen. Das mag sein, wie es will; doch man sollte zumindest zur Kenntnis nehmen, daß es sich bei diesem Dialog um alles andere als einen Kaffeeklatsch handelt. Es ist vielmehr ein Ruf, ja ein Zur-Rechenschaft-Ziehen; und es ist beklemmend zu beobachten, wie einige von denen, die gerufen wurden, in dieser Berufung Schrecken und Leiden fanden, und wie manche, aus den unterschiedlichsten Gründen, versuchten, ihr zu entrinnen.«[2]

In einem solchen Kontext mußte geradezu ein Buch wie das Buch Jona entstehen, die Geschichte von dem Propheten, der sich seiner Berufung nicht nur verweigerte, sondern bis zum äußersten ging, bis an den Rand des Todes, um ihr zu entkommen. Dabei wissen wir nicht einmal genau, warum er sich so standhaft widersetzte, denn nach der typischen Weise biblischer Erzählungen wird zwar der äußere Ablauf der Dinge genau geschildert, wir erfahren jedoch nur sehr wenig darüber, *warum* sie geschahen. Wir, die Leser, müssen Jona auf seiner Reise folgen wie bei einer Schnitzeljagd: Wir finden unsere Hinweise in dem, was geschieht, doch letztlich werden wir die Geschichte immer mit unseren eigenen Erkenntnissen und, unausweichlich, auch mit unseren eigenen Erfahrungen und tiefinnersten Ängsten befrachten.

Der Ruf Gottes ist klar und deutlich. Er enthält eine Aufgabe für einen Mann, der bereits mit Aufträgen Gottes vertraut ist:

»Steh auf, geh nach Ninive in die große Stadt und verkündige ihnen, daß ihre Übeltaten mir zu Ohren gekommen sind!« (Jona 1,2)

Daß Jona ein Prophet ist, wissen wir, weil er an einer anderen Stelle in der Bibel (2 Kön 14,25) so bezeichnet wird. In unserem Buch wird er jedoch nirgends als Prophet eingeführt, ja der Tenor der ganzen Geschichte hebt darauf ab, Jona zum Jedermann zu machen, außerhalb von Zeit und Raum. Und doch ist Ninive ein realer Ort – die Hauptstadt des assyrischen Weltreichs, einer militärischen Großmacht, die den Schatten der Angst über den gesamten Nahen Osten wirft. Den Assyrern gebührt das zweifelhafte Verdienst, die Umsiedelungspolitik erfunden zu haben, bei der ganze Völker entwurzelt, anderswo angesiedelt und in ihrer Heimat andere besiegte Nationen

---

2. Leon Roth, *God and Man in the Old Testament*, Allen & Unwin 1955, S. 19.

heimisch gemacht wurden. Diese Strategie sollte sich als höchst erfolgreich bei der Zerschlagung des Nordreichs erweisen und war, nebenbei bemerkt, die Ursache für die legendären Zehn Verlorenen Stämme. Für Jona war Ninive das Berlin des Dritten Reichs. Nach Ninive wird er geschickt, doch nach Tarschisch flieht er.

Wir können sein Ziel genau ausmachen: Es liegt an der Südspitze Spaniens, das heißt, nicht nur in diametral entgegengesetzter Richtung zu Ninive, sondern im wahrsten Sinne des Wortes am anderen Ende der Welt, jenseits des Meeres. Es ist nicht nur eine Reise ins Ungewisse, die große Gefahren birgt, sie muß auch vom finanziellen Standpunkt aus kaum überwindbare Schwierigkeiten aufgeworfen haben! Wahrscheinlich kamen die Rabbinen aufgrund dieses Aspekts der Geschichte zu der Annahme, daß der Prophet reich gewesen sein muß, wobei sie, ausgehend von dem sorgfältigen Studium des hebräischen Textes, argumentierten, daß Jona immerhin das ganze Schiff zu seinem exklusiven Gebrauch gechartert habe! (Er bezahlte den Fahrpreis für das ganze Schiff, nicht nur für seine Passage; 1,3.)

Um Gott zu entkommen, muß Jona seine ganze Habe verkauft und alles hinter sich gelassen haben, nur um sich unter Lebensgefahr aus dem Staub zu machen. Auf der Flucht vor Gott durchläuft er noch einmal die Erfahrung der Patriarchen, des alten Israel und des jüdischen Volkes, die Erfahrung vom Weg ins Exil, doch diesmal geht einer diesen Weg gegen den Willen Gottes. Dennoch deutet der Verfasser an, daß hinter seiner Flucht mehr steht als nur der Versuch, sich vor der im Augenblick anstehenden Aufgabe zu drücken. Dreimal taucht im ersten Kapitel das hebräische Verb für »hinabgehen«, *jarad*, auf – Jona geht hinab nach Jaffa, hinab in das Schiff (V. 3) und schließlich hinab in den Bauch des Schiffes, um sich schlafen zu legen (V. 5) – und sogar noch ein viertes Mal, als Wortspiel im hebräischen Text, wenn es heißt, daß Jona in einen tiefen Schlaf »hinabsteigt«, *wajehradam*. Seine Reise hat eine Richtung. Sie führt in die Bewußtlosigkeit des Schlafs während des Sturms und schließlich ins Vergessen, als er sich über Bord werfen läßt. Der fliehende Jona ist auf einer Reise fort von Gott, auf einer Reise in den Tod.

Doch der Prophet ist auf seiner Reise nicht allein. Andere kreuzen seinen Weg und werden dadurch derselben Gefahr ausgesetzt, von der er anzunehmen scheint, daß sie nur ihm persönlich droht. Die Seeleute auf Jonas Schiff werden als Männer von bemerkenswertem Einfühlungsvermögen und bewundernswerter Großzügigkeit geschildert. Als der Sturm sie alle zu vernichten droht, beten sie zu ihren jeweiligen Göttern. Danach wenden sie die übliche Methode an, um den für ihr Ungemach Verantwortlichen herauszufinden: Sie werfen das Los, und das Los fällt auf Jona. Doch statt den Übeltäter sofort über Bord zu werfen, bilden sie eine Art Gerichtshof und nehmen Jona ins Verhör, um seine Identität zu klären. Wovor läuft er weg? Welchen Vergehens hat er sich schuldig gemacht? Als Jona, nachdem er eingestanden hat, für die jetzige mißliche Lage verantwortlich zu sein, gefragt wird, was zu tun sei, hätte er die Möglichkeit, sich zurückbringen zu lassen, doch er lehnt ab. Also versuchen die Seeleute ihn zurückzurudern, doch niemand kann für einen anderen umkehren. Als sie sich schließlich geschlagen geben müssen, wenden sie sich an Gott:

»Wir bitten dich, Ewiger, laß uns nicht um des Lebens dieses Mannes willen untergehen und leg uns nicht zur Last, unschuldiges Blut vergossen zu haben, denn du bist der Ewige, wie du es willst, so handelst du.« (1,14)

Sie sind in einer Zwickmühle: Wenn sie nichts tun, werden sie mit Jona ertrinken, wenn sie ihn über Bord werfen, machen sie sich eines Mordes schuldig und beschwören ihr eigenes Todesurteil herauf. Nur Gott kann ein solches Paradoxon auflösen. Jonas Lösung der Selbstopferung ist deshalb mehr als eine großzügige Geste, mit der er das Leben seiner Gefährten retten will – in diesem Fall hätte er einfach nur über Bord springen müssen, ohne sie alle mit in die Angelegenheit hineinzuziehen. Der Tod erscheint vielmehr als der logische Endpunkt seiner Flucht, und die Seeleute spielen daneben kaum eine Rolle; ihnen gilt allenfalls ganz am Rande seine Sorge.

Den Rabbinen dagegen waren die Seeleute sehr wichtig. Nach ihrer Darstellung machten diese wackeren Männer sogar noch einen weiteren Versuch, den Propheten zu retten. Zunächst ließen sie ihn an einem Seil nur so weit hinunter, daß seine Füße das Wasser berührten. Sofort wurde die See ruhig – also zogen sie ihn wieder an Deck, doch der Sturm erhob sich von neuem. Wieder ließen sie ihn hinab, diesmal bis zur Taille, wieder Stille, und wieder zogen sie ihn hinauf. Aber der Sturm kehrte zurück. Als die ganze Prozedur zum dritten Mal wiederholt wurde, ging ihm das Wasser bis zum Hals.

Am Ende blieb ihnen einfach keine andere Wahl, und sie warfen ihn ins Meer.

Zweimal berichtet der Autor von ihrer wachsenden Angst angesichts des immer wütender tobenden Sturms (1,5.10). Am größten ist ihre Angst jedoch, als sich nun Stille herabsenkt – aus ihrer Angst ist Furcht geworden, Ehrfurcht vor Gott (1,16). Sie bringen Opfer dar und legen Gelübde ab – und nach Ansicht der Rabbinen kehrten sie nach Jerusalem zurück und konvertierten dort zum Glauben an den einen Gott. Noch auf der Flucht dient Jona also den Zielen Gottes.

Wir können die ganze Geschichte aber auch gegen den Strich lesen – denn wie können wir überhaupt erkennen, daß unsere Reise in Wirklichkeit eine Flucht ist? Vielleicht an den Verletzungen, die wir anderen auf dem Weg zufügen, sofern diese Erkenntnis überhaupt in unser Bewußtsein dringt.

Es besteht kein Zweifel, daß Jona die ganze Zeit über weitere Botschaften von Gott erhielt. Einer der subtilsten Kunstgriffe des Verfassers ist es, die Worte, mit denen der Kapitän Jona auffordert, aufzustehen und seinen Gott anzurufen (1,6), völlig gleichlautend mit den Worten der göttlichen Berufung zu formulieren. Für den Kapitän bedeuten sie lediglich: »Wach auf und bete!« Jona aber vernimmt darin ein Echo des Rufes Gottes, der Gehorsam von ihm verlangt. So wird der Kapitän, ohne es zu wissen, zum Boten von Gottes Wort, und der Wind, der Sturm und später der Fisch, der Kürbis, der Wurm, die ganze Natur werden zum Werkzeug Gottes, das dem widerspenstigen Propheten das göttliche Wort bringt.

In Psalm 139,7 heißt es: »Wohin könnte ich fliehen vor deinem *Geist?*« Doch das Wort für »Geist«, *Ruach*, kann auch wörtlich mit »Wind« übersetzt werden – der Wind, der den Sturm aufs Meer bringt, der heiße Wind, der Jona ins Gesicht bläst, als er neben den Resten seiner Hütte sitzt, der Wind, der Teil einer Schöpfung ist, die ihrem Herrn dient. Oder ist das nur ein Alptraum, in dem Jona gefangen ist, ein paranoid verzerrtes Universum, in dem jeder Mensch, jeder Ton, jeder Windhauch ihn mit einer Botschaft bedrängt, die er um keinen Preis hören will? Dem fliehenden Jona erscheint selbst der Tod noch als die erstrebenswertere Alternative zu einem Leben mit dem Gott, der ihn wie ein Gespenst verfolgt. Doch nicht einmal dieser Ausweg wird ihm gewährt – in den Wogen erwartet ihn der Fisch.

Noch vor einem Jahrhundert mühten sich die Gelehrten, die Fisch-spezies zu identifizieren, von der ein Exemplar Jona verschluckt hatte – offenbar handelte es sich nicht wie zunächst angenommen um ei-nen Wal, sondern um eine Haiart. Heute sehen wir in diesem bemer-kenswerten Geschöpf eher so etwas wie einen symbolischen Mut-terleib. Dennoch ist es wichtig, sich klarzumachen, welche Funktion dieses Wesen für den Verfasser übernimmt: Es rettet Jona aus dem Meer und schafft ihn zurück aufs Festland, und es bietet ihm drei Tage lang eine Unterkunft, in der er seine Situation neu überdenken kann. Die Rabbinen waren übrigens empört, daß Jona so lange brauch-te, bis er sich endlich ein Dankgebet abrang.

Sie haben, ausgehend von einem Wechsel in der grammatischen Form des hebräischen Wortes für den Fisch zwischen Vers 1 und 2, eine faszinierende Geschichte darum gesponnen, was alles in dieser Zeit geschah. Diesem Genuswechsel zufolge verwandelte sich der Fisch von einem Vers zum anderen aus einem männlichen in ein weibliches Exemplar. Die Rabbinen konstruierten daraus eine lange Unterwasserreise Jonas, auf der er die Grundfesten der Erde und den Weg durch das Schilfmeer, den die Kinder Israel bei ihrer Flucht aus Ägypten gegangen waren, besichtigte und entscheidende Augenblicke in Israels Geschichte mit Gott nacherlebte. Gott wurde bei dieser Entdeckerfahrt dermaßen ungeduldig, daß er schließlich einen weib-lichen Fisch sandte, der Jonas männlichen Beförderer bedrohte, so daß dieser Jona schließlich in die Kiemen des weiblichen Fisches spie. Erst in der ungemütlichen Atmosphäre dieser neuen Herberge, auf allen Seiten von glitschigen Fischembryos umgeben, fühlte Jona sich endlich gedrängt, zu Gott zu beten!

Und auch dann noch waren die Rabbinen mit seinem Gebet, je-denfalls so, wie es in der Bibel zitiert wird (2,3-10), nicht zufrieden, weil sich darin keinerlei Hinweis darauf findet, daß Jona bereute oder sich für seine Flucht vor Gott entschuldigte.

War die Zeit, die Jona im Fisch verbrachte, ein Transformations-erlebnis? Ging er daraus mit einem neuen, höheren Bewußtsein oder zumindest mit größerer Einsicht in seine eigene Situation und mit größerer Selbsterkenntis hervor? Die konventionelle Psychologie würde darauf wohl mit »ja« antworten. Auf jeden Fall muß eine sol-che Erfahrung – eine Regression in den Mutterleib, in die dunkle Nacht der Seele, in die totale sensorische Deprivation – etwas in ihm bewirkt haben. Und doch – Jona legt eine dermaßen sture Vergeßlichkeit an den Tag, daß es schon beinahe wieder herzerfrischend ist. Sicher, er betet. Doch an dem Psalm, den er rezitiert,[3] fällt vor allem auf, was unerwähnt bleibt.

Am Anfang und Ende findet sich die nackte, an Gott gerichtete Aussage »du hast mich hineingeworfen« (V. 4) und »du hast mich heraufgeholt« (V. 7), ohne daß auch nur mit einem Wort angedeutet würde, wie es dazu kam. Etwas differenzierter ist die bildhafte Sprache, mit der Jonas allmähliches Hinabgleiten in die Tiefe beschrieben wird (»die Wasser schlossen sich über mir, die Tiefe war um mich, Schilfgras umschlang meinen Kopf, ich stieg hinab zum Sokkel der Berge ...«; 2,6-7), dem ein gleichzeitiges Emporsteigen in religiösem Sinn entspricht. Sagt Jona am Anfang noch,

»Ich bin aus deinen Augen vertrieben, aber dennoch werde ich auf deinen Heiligen Tempel sehen« (2,5)

so hat sich die Wortwahl zum Schluß, als er wieder von Gottes heiligem Tempel spricht, verändert:

»Als meine Seele in mir erlosch, dachte ich an den Ewigen, und mein Gebet drang zu dir, zu deinem heiligen Tempel.« (2,8)

In der Übersetzung geht das betonte »ich«, das in der hebräischen Fassung des Gebets von Jona so auffällt, verloren. In V. 5 etwa heißt es wörtlich: »Und was mich betrifft, ich sagte ...« – es wird also implizit deutlich, daß Jona immer noch glaubt, Herr der Lage zu sein. Doch als er dann tiefer und tiefer hinabsinkt (eine weitere Pha-

3. Die Wissenschaftler haben lange darüber debattiert, ob Jonas Gebet in Kapitel 2 in der ursprünglichen Fassung des Buches enthalten war, oder ob es sich dabei um eine spätere Hinzufügung handelt. Die Argumente für die zweite These (daß das Gebet an dieser Stelle gar nicht in den Text paßt, weil Jona noch gar nicht gerettet ist, daß nirgends von Reue oder Umkehr die Rede ist, daß das Gebet in Gedichtform geschrieben ist, während der Rest des Buches Prosa ist (sic!)), können allesamt durch Gegenargumente entkräftet werden, so daß neuerdings in der Wissenschaft die Tendenz besteht, es als echt anzuerkennen. In der jetzigen Fassung des Buches stellt es auf jeden Fall einen integrierenden Bestandteil dar und ist entsprechend zu interpretieren.

se des »Abstiegs«, der in Kapitel 1 begann), geschieht etwas mit ihm. In der entsprechenden, in der ersten Person gehaltenen Aussage in V. 8, als ihm das Bewußtsein schwindet, verschwindet auch das ›Ich‹, und ein körperloses Gebet dringt zum Tempel Gottes empor, entkleidet von allem Stolz und allem Egoismus. Jona sieht die Dinge tatsächlich aus einem anderen Blickwinkel – für einen kurzen Augenblick hat sein Innerstes sein eng umgrenztes Selbst verlassen und im Tempel Gottes Zuflucht gesucht. Doch die Erholung folgt auf dem Fuß, schon zwei Verse später (V. 10), sagt Jona in Anlehnung an den traditionellen Dankpsalm:

»Und was mich betrifft, ich werde dir mit dankbarer Stimme opfern; was ich gelobt habe, werde ich vollbringen.«

Das »Ich« ist wiederhergestellt, wie es ja auch erforderlich ist, da Jona nun aus dem Fisch zurückkehrt in die äußere Welt.

Aber was hat sich nun eigentlich geändert? Kapitel 3 beginnt mit der merkwürdigen Aussage:

»Das Wort des Ewigen erging zum zweiten Mal an Jona.« (3,1)

Darauf folgt praktisch dieselbe Botschaft wie in Kapitel 1.

Warum muß Gott seinen göttlichen Befehl wiederholen, nachdem Jona doch nun offensichtlich mit seiner Aufgabe ausgesöhnt ist? Die Antwort darauf liegt vermutlich in der Schlußsequenz jenes umstrittenen Gebets, das wir gerade betrachtet haben. In diesem schwachen Augenblick frommer Reue hat Jona gelobt, sich auf den Weg nach Jerusalem zu machen, dort Opfer darzubringen und Gelübde zu erfüllen, wobei er wahrscheinlich die Worte des bewußten Dankpsalms anstimmte, den er gerade ersonnen hatte. Da hat er sich doch wahrlich ein frommes Unterfangen vorgenommen, das er sofort in die Tat umsetzen sollte! – Aber Gott läßt sich durch diesen frommen Eifer nicht täuschen: Er setzt ihm ein klares »Nein« entgegen. Du hast noch immer eine Aufgabe in Ninive zu erfüllen, dorthin mach dich auf den Weg!

Noch der Rückzug auf die fromme Pflichterfüllung ist für Jona also nichts anderes als ein weiterer Versuch, dem Ruf Gottes auszuweichen. Wenn die Flucht *vor* Gott nichts hilft, gibt es immer noch die Flucht *zu* Gott, zu jenem bequemen Gott, der keine Forderungen stellt, die der Gläubige nicht leicht erfüllen könnte.

Diese Einschätzung von Jonas Frömmigkeit mag unbarmherzig erscheinen, doch für sie spricht das nicht besonders rühmliche Ende von Jonas abenteuerlicher Unterwasserreise, in dem eine gewisse Ironie unüberhörbar ist. Jona schließt sein Gebet mit einem triumphierenden *jeschuata ladonai!*, »Die Rettung kommt vom Ewigen!« – Gott hat sein Gebet erhört und hat ihn gerettet. Und tatsächlich hört Gott die Worte und spricht zu dem Fisch, der den Propheten daraufhin mit feinem Gespür für die Zweideutigkeit seiner frommen Beteuerungen ausspeit!

In Kapitel 3, als der noch immer zögernde und widerstrebende Jona endlich wenigstens in die Vorstädte Ninives verfrachtet ist – drei Tage braucht man, um die Stadt zu durchqueren, Jona ist jedoch nur einen Tag unterwegs (vgl. 3,3 und den Anfang von 3,4) – wendet sich das Interesse des Erzählers den Niniviten zu. Auf die Schreckensbotschaft hin schlagen die Wogen der Gefühle in der ganzen Bevölkerung hoch, die Menschen fasten und gehen in Sack und Asche, das traditionelle Zeichen der Bußfertigkeit auf die Androhung einer Katastrophe hin. Die Nachricht dringt sogar bis zum König, der sich ebenfalls sofort seiner Prachtgewänder entledigt, in Sackleinen wirft und in die Asche setzt. Schließlich ergeht ein königliches Dekret, in dem alle Einwohner angewiesen werden, zu fasten und in Sack und Asche zu gehen, ja das Fastengebot schließt sogar das Vieh mit ein.
   Die dreimalige Wiederholung von »Sack und Asche« und »Fasten« stellt eine gewisse Redundanz dar. Der Autor wollte damit den Ausbruch hektischer Aktivität in Ninive, der im Erlaß des Königs gipfelt, anschaulich machen, denn bis jetzt entsprechen all diese Aktivitäten immer noch den konventionellen Maßnahmen angesichts drohender Gefahr. Mit den Schlußworten des Königs dagegen erhalten die Ereignisse eine völlig neue Dimension:

»Jeder soll umkehren von seinen bösen Wegen und von der Gewalt, die an seinen Händen klebt. Wer weiß, vielleicht reut es Gott wieder, und Gott läßt ab von seinem glühenden Zorn, so daß wir nicht zugrunde gehen.« (3,8-9)

Mit diesen aus dem Buch Jeremia entlehnten Worten (s. Jer 26,3.13.19), die im Mund eines heidnischen Königs eine weitere ironische Fußnote darstellen, schlägt die Reaktion der Niniviten um vom Fatalismus zu moralischer Entscheidung. Die Rabbinen haben denn auch zu Recht darauf hingewiesen, daß Gott in der Geschichte nicht auf die konventionellen Bußsignale reagiert, sondern:

»Gott sah ihr Verhalten, er sah, daß sie umkehrten und sich von ihren bösen Wegen abwandten, und Gott reute das Böse, das Gott ihnen angedroht hatte.« (3,10)

Der Aufbau des Kapitels versinnbildlicht eine schrittweise Steigerung von einer Buß-Aktivität zur anderen, die schließlich durchbricht zu einer neuen Dimension religiöser Hoffnung – und genau dort, auf dem Höhepunkt, wartet Gott. Ein Kapitel zuvor erlebt Jona, während er tiefer und tiefer sinkt, einen ganz ähnlichen Durchbruch zu einer völlig neuen Gotteserfahrung – auf dem tiefsten Punkt der Hoffnungslosigkeit und Verzweiflung wartet Gott auf ihn. Die beiden Kapitel bilden damit gleichsam Spiegelbilder, und die Zeilen aus Psalm 139 (V. 8) fallen uns ein:

»Steige ich hinauf in den Himmel, so bist du dort!
Bette ich mich in der Unterwelt, bist du zugegen!«

Bei diesem jubelndem Bekenntnis, daß Gott überall gegenwärtig ist, auch an den äußersten Grenzen der Existenz, in der größten Freude und in der tiefsten Verzweiflung, fühlt man sich unwillkürlich an das berühmte Lied des chassidischen Meisters Levi Jizchak von Berditschew, den »Dudele«, erinnert:

»Wo ich gehe – du!
Wo ich stehe – du!
Nur du, wieder du, immer du!
Du, du, du!
Ergeht's mir gut – du!
Wenn's weh mir tut – du!
Nur du, wieder du, immer du!
Du, du, du!
Himmel – du, Erde – du,
Oben – du, unten – du,
Wohin ich mich wende, an jedem Ende
Nur du, wieder du, immer du!
Du, du, du!«[4]

4. Martin Buber, *Die Erzählungen der Chassidim*, Zürich 1992, S. 342.

Das ganze Buch Jona kreist um diese Leiter, die hinabführt in die Tiefe und hinauf in die Höhe. In Kapitel 1 wurden wir Zeugen der hektischen Flucht Jonas, in Kapitel 3 erleben wir die Aufregung der Niniviten, erst im Schlußkapitel endlich kommt es, zumindest oberflächlich betrachtet, zu einem Augenblick der Ruhe – denn Jona sitzt und sitzt und sitzt.

Jona schlägt sein Lager vor den Toren Ninives auf. Er weiß, daß die Menschen Buße getan haben, und doch hofft er immer noch, ja er wünscht es sich sehnlich, daß Gott die Stadt zerstören möge. Seine Ruhe ist nicht die Ruhe der Ergebung, der Harmonie, der Versöhnung; Jona tobt innerlich. Schon allein die Art, wie er da sitzt, wirkt auf den Beschauer komisch, denn drinnen in der Stadt sitzt der König in Sack und Asche und betet in großer Angst um die Rettung der Stadt, und draußen sitzt Jona ganz gemütlich unter seinem Schutzdach und betet um die Zerstörung der Stadt.

Warum ist Jona so zornig? Um das zu verstehen, sollten wir uns zunächst einmal einen weiteren glänzenden Kunstgriff des Verfassers zu Gemüte führen: die Art, wie Jonas zweites Gebet wiedergegeben wird (4,2-3). Jona beginnt mit der üblichen Einleitungsformel – derselben übrigens, die auch die Seeleute in Kapitel 1 benutzten: »Bitte, o Ewiger ...«, und am Ende wird er noch einmal dieselbe Form der Bitte verwenden – einen Imperativ, der durch den Zusatz »bitte« abgemildert wird:

»Also, o Ewiger, ich bitte dich, nimm mein Leben von mir, denn es ist besser für mich zu sterben als zu leben.«

Zwischen diesen beiden Sätzen jedoch bricht die ganze Wut, die sich, seit er zum ersten Mal von diesem verrückten Auftrag gehört hat, in ihm aufgestaut hatte, durch:

»War das nicht meine Rede, als ich noch zu Hause war? Deshalb versuchte ich zuerst nach Tarschisch zu fliehen, denn ich weiß, daß du ein barmherziger und gnädiger Gott bist, langmütig und voll großer Liebe, der von Strafe absieht!«

Jona zitiert hier die Liste göttlicher Attribute, die zuerst Mose offenbart wurden (Ex 34,6-7). Gottes Erbarmen und Gnade, seine Liebe zu den Menschen und seine Langmut angesichts ihres Ungehorsams.

Jona aber schleudert Gott diese Tugenden geradezu ins Gesicht – ich hab's doch gleich gewußt, daß du ihnen am Ende vergeben wirst, und das solltest du nicht tun!

So lautet zumindest Jonas explizite Argumentation. Was ihn eigentlich so aufbringt, müssen wir immer noch zwischen den Zeilen erraten. Manche Interpretatoren meinen, Jona sei ein Nationalist, der nicht will, daß der Feind, Ninive, straflos ausgeht, vielleicht weil er bereits vorhersieht, daß dieser Feind schließlich das Nordreich zerstören wird. Das würde Jona zu einem heroischen Patrioten machen, der bereit ist zu sterben, um sein Volk zu retten. Andere unterstellen ihm dasselbe Gefühl, fassen es jedoch negativ auf; sie sehen in Jona die Verkörperung eines engstirnigen Partikularismus, der sich gegen den Gedanken sperrt, daß Gottes Liebe sich auch auf Menschen jenseits der Grenzen Israels erstrecken könnte. Wieder andere sehen in Jona den Verfechter einer unerbittlichen Gerechtigkeit, der empört ist über die Nachsicht Gottes gegenüber Übeltätern. Man könnte noch weiter gehen und sagen, Jona ist ein Mensch, der möchte, daß das Universum nach klaren, unzweideutigen Gesetzen geordnet ist, ein System, bei dem man mit Sicherheit davon ausgehen kann, daß Handlung A ohne jeden Zufallsfaktor wie zum Beispiel Gottes so anarchisch erscheinende Liebe, die das ganze System durcheinanderbringt, zu Konsequenz B führt. Diese und ähnliche Motive könnten tatsächlich hinter Jonas Verhalten gestanden haben, daneben aber bleibt die noch tiefer gehende Frage nach der grundsätzlichen Spannung zwischen dem persönlichen, begrenzten Ich des Menschen und dem Willen Gottes, ganz gleich, in welcher Form und in welcher Begrifflichkeit der Konflikt auch dargestellt ist.

Die ganze Jona-Geschichte lebt von der ständigen Konfrontation: Gott schickt einen Wind aufs Meer; Jona steigt in den Schiffsbauch hinab und schläft während des folgenden Sturmes.[5] Gott sagt, daß

5. In den meisten Übersetzungen ist das Ende von 1,5 im Plusquamperfekt wiedergegeben – »Jona war in den untersten Raum des Schiffes hinabgestiegen«. Dabei spielte wohl die Annahme mit, daß es sehr unwahrscheinlich war, daß Jona während eines solchen Sturms in der Lage gewesen wäre, sich im Schiffsbauch zum Schlafen hinzulegen. Die Grammatik des Hebräischen läßt jedoch zu, die Form als einfache Fortsetzung des Geschehens zu lesen (»der Ewige schickte einen Wind – Jona stieg hinab ...«). Es handelte sich also um Jonas bewußte Reaktion

Ninive nicht zerstört werden wird; Jona will, daß es zerstört wird, und er ist entschlossen, so lange sitzenzubleiben, bis das Gewünschte eintritt. In diesem letzten Kapitel baut der Verfasser sogar das Gespräch zwischen Gott und Jona so auf, daß die Worte und Handlungen der beiden Protagonisten, die sich da gegenüberstehen, einander genau entsprechen. Im hebräischen Text umfaßt zum Beispiel Jonas lange Beschwerde am Anfang (4,2-3) genauso viele Wörter wie Gottes lange Erklärung am Ende (4,10-11). Schließlich bringt Gott ihrer beider Meinungsverschiedenheit auf den Punkt, wobei wieder betonende Personalpronomen verwendet werden, um den beiden Charakteren besondere Plastizität zu verleihen:

»Was dich betrifft, so dauert dich der Kürbis ... Was mich betrifft, sollte mich nicht Ninive dauern ...«

Auch hier wieder ist Gottes Ruf, wie Leon Roth es ausgedrückt hat, eine Aufforderung, Rechenschaft zu geben. Der Gott, vor dem Jona nicht fliehen kann, verlangt von ihm, sich genau dem Problem zu stellen, dem er ausweichen will.

Der Rest der Geschichte kommt nicht ohne ein bißchen Bühnenzauber aus. An die Stelle des großen Fisches treten eine Zauberpflanze, ein zerstörerischer Wurm und ein unangenehmer Wind. Die Heftigkeit des Sturmes wird durch die Grausamkeit der Natur ersetzt, in der Schöpfung und Zerstörung, Wachstum und Überlebenskampf so nah beieinanderliegen. Und der äußeren Zurschaustellung dieser Extreme entspricht eine ganze Skala von Gefühlen, die von Jona Besitz ergreifen: Als er die Stadt verläßt, ist er wütend; unter dem Schatten der von Gott geschenkten Pflanze freut er sich – über den

auf Gottes Tun – Gott forderte ihn mit dem Sturm heraus, woraufhin Jona ihm den Rücken kehrte und ins Bett ging! Falls jemand einwenden sollte, daß es schwierig ist, während eines solchen Sturms zu schlafen, so kann ich einen Kollegen als kompetente Quelle dafür anführen, daß dies durchaus möglich ist. Als er und seine Freunde mit einer Jacht in einen Sturm gerieten und ihnen klar wurde, daß sie nichts tun konnten und entweder überleben würden oder nicht, krochen sie in ihre Schlafsäcke, tranken jeder eine Flasche Whisky und verschliefen die Sache.

Schatten wie über diesen offensichtlichen Beweis göttlicher Gunst. Dann brennt ihm die Sonne auf den Kopf, als plötzlich er selbst mit der zerstörerischen Macht in Berührung kommt, die er so gern auf Ninive losgelassen hätte, und verzweifelt wünscht er sich den Tod. Wieder bedient sich der Autor der Wiederholung, um den jähen Perspektivenwechsel deutlich zu machen. Am Anfang des Kapitels wollte Jona aus trotzigem Beharren auf seinem Standpunkt gegenüber Gottes in seinen Augen unannehmbarem Verhalten sterben (4,3); er wollte sein Leben für ein Prinzip lassen. Am Ende bringt eine bloße äußere Unbequemlichkeit ihn dazu, erneut um den Tod zu bitten (4,8), und das gibt uns auch den Schlüssel für die merkwürdige Episode mit dem Kürbis an die Hand.

In einem letzten Gegenzug hält Gott Jona seine Gefühle für den Kürbis vor, »für den du nicht gearbeitet und den du nicht großgezogen hast«. Der Kürbis war Jona nützlich, er hatte eine gewisse Beziehung zu ihm, auch wenn Gottes Satz, Jona habe Mitleid für ihn empfunden, wahrscheinlich eher ironisch gemeint ist. Doch Gott hätte genausogut ein Haustier oder irgendein anderes Geschöpf für diese Demonstration auswählen können, wenn es einzig und allein darum ging zu zeigen, daß Jona etwas für ein anderes Geschöpf empfinden konnte. Warum also ausgerechnet ein Kürbis?

Die Antwort liegt in der Lösung einer anderen Frage, die die Gelehrten beschäftigt hat. Wenn Jona sich doch bereits eine Hütte gebaut hatte, um unter ihrem Dach vor der Sonne Schutz zu finden, was war dann der Zweck des Kürbisses bzw. was passierte mit der Hütte? Vermutlich wurden beide vom Wind umgeblasen, so daß Jona schutzlos zurückblieb, doch warum diese scheinbare Doppelung?

Während Jona mit Gott haderte und sich in eine theologische Debatte über Gottes Eigenschaften einließ, hat er noch etwas anderes getan. In V. 5 ist er aus der Stadt hinausgegangen und hat sich hingesetzt, um der Dinge zu harren, die da kommen sollen. Dann wird jedoch hinzugefügt, daß er aufstand und sich ein Schutzdach baute und sich darunter setzte, um in aller Ruhe auf die unmittelbar bevorstehende, ersehnte Katastrophe zu warten. An dieser Stelle scheint Gott das Gespräch mit Jona abzubrechen und genauso bokkig zu reagieren wie dieser, als wollte er sagen: »Es hat ja doch keinen Zweck, mit dir zu reden.« Der sprießende Kürbis signalisiert also: »Du bildest dir vielleicht etwas auf deinen gerechten Zorn ein, aber in Wirklichkeit geht es dir womöglich bloß um deine eigene Bequemlichkeit. Nun gut, wenn du Schatten willst, sollst du Schatten haben, den wunderbarsten Schatten, den du dir nur vorstellen kannst – vielleicht können wir unser Gespräch auf dieser Ebene fortsetzen.« So wird der Kürbis zum logischen Schlußargument Gottes, mit dem er die Klärung herbeiführt.[6]

Ninive wird durch Gottes Langmut gerettet. Nicht weniger erstaunlich ist Gottes Geduld mit seinem widerspenstigen Propheten, eine Geduld, die noch über das Buch hinausreicht. Denn obwohl die religiöse Tradition versucht, eine endgültige Antwort auf Gottes letzte Frage an Jona zu geben, endet die biblische Geschichte wohlweislich mit der Frage. Wir wissen nicht, ob Jona daraufhin in sich geht, ob Gottes Argumente ihn überzeugten. Wir wissen nicht einmal, ob dieser ungewöhnliche Mann, der eine Reihe extremer Erfahrungen hinter sich hat, am Ende tatsächlich ein anderer war als zuvor. Wir möchten es gerne glauben, weil theologische und heilende Berufe gleichermaßen den Mythos brauchen, daß die menschliche Natur veränderbar ist, daß Reue, Einsicht, inneres Wachstum, ganz gleich, welche Begriffe wir hier einsetzen wollen, möglich sind, und daß wir, die Ausübenden dieser Berufe, etwas dazu beitragen können. Doch vielleicht ist es eine erfrischende Notwendigkeit, ab und zu einem Jona zu begegnen, der das Recht behauptet, unbelehrbar, blind und stur auf seinem eigenen Willen zu beharren, trotz der verzweifelten Bemühungen anderer, einen solchen Menschen von einer Veränderung zu überzeugen oder ihn gar dazu zu zwingen. Doch dies nur nebenbei. Denn ob Jona sich nun ändert oder nicht, eines scheint klar: Er kann dem Ruf zur Veränderung, der ihn überhaupt erst in all seine Abenteuer stürzte, auf keine Weise entgehen.

6. Diese Deutung wird gestützt durch ein Wortspiel im Text. Jona baut seine Hütte, um *bazel* , »im Schatten«, zu sitzen. Der Kürbis (V. 6) dient ausdrücklich einem doppelten Zweck: *lih'jot zel al roscho l'hazil lo mera'ato*, »um Schatten auf sein Haupt zu werfen, um ihn von seinem Übel/Ärger zu befreien« (V. 6). Das Wort für »befreien« kommt von einer völlig anderen Wurzel als das Wort für »Schatten«, doch in dieser grammatischen Form wird daraus ein meisterhaftes Wortspiel (*lih'jot zel/l'hazil lo*). Wir könnten übersetzen: »Um ein *Schatten* über seinem Haupt zu sein, der ihm half, seinen Ärger abzu*schütteln*.«

Für den Psalmisten ist die Allgegenwart Gottes, wie wir gesehen haben, ein Gegenstand frommen Staunens; für Levi Jizchak von Berditschew ist sie eine Quelle der Freude. Für Jona aber ist sie der Alptraum eines Paranoikers. Ganz gleich, wie unsere Antwort aussieht, es gibt keine Möglichkeit, neutral zu bleiben.

»Denn die Menschen sind in dieser Welt wie in einem Schiff, das das große Meer überquert und zu zerschellen droht.«

Für Jona führt die Suche nach Sicherheit zum Rückzug aus dieser bedrohlichen Außenwelt mit ihren Menschen, seien sie nun Freund oder Feind, und ihrer Vielfalt an Geschöpfen, die alle seine Aufmerksamkeit und Sorge verlangen. Doch Gott wollte, daß er dem anderen begegnet, vielleicht, weil die Sicherheit, die Jona sucht, ein Mythos ist und keine Lösung für das Problem des Lebens bietet. Vielleicht steht dieser Gedanke hinter dem dunklen Satz des chassidischen Meisters Nachman von Bratzlaw. Auch er spricht von dem engen Pfad, den wir in der kurzen Zeit, die uns auf Erden gegeben ist, beschreiten:

»Die ganze Welt ist nur eine schmale Brücke, doch das Wichtigste ist, niemals Angst zu haben.«

Chronologie biblischer Erzählungen

um 1700	v.u.Z.	Patriarchen in Ägypten: **Abraham,** Isaak, Jakob und seine Söhne **»Elieser«.**
um 1500		Kanaan unter ägyptischer Herrschaft. Tutmosis III. (1501-1447) bringt Palästina völlig in ägyptische Gewalt.
um 1400		Erschütterung der ägyptischen Herrschaft durch die Hethiter in Nordsyrien und durch die Einfälle der nomadischen Chabiru (Sprachwurzel »Hebräer«) in Palästina.
um 1300		Mose. Auszug der Israeliten aus Ägypten. Nach Ramses II. zerfällt das ägyptische Reich. Palästina geht Ägypten verloren. **Schifra und Pua. Zippora. Pharao. Korach. Datan und Abiram. Bileam ben Beor. Balak. On ben Pelet.**
um 1200		Landnahme der israelitischen Stämme in Kanaan. Gleichzeitig kommen von Westen die Philister dorthin. Damit beginnt die jahrhundertelange Auseinandersetzung zwischen den Israeliten und den Philistern. **Jiftach. Noomi. Rut. Boas. Manoach. Ploni Almoni.**
um 1050		Samuel. Die Schwäche der ägyptischen und der babylonischen Großmacht ermöglicht die Bildung des israelitischen Staates.
um 1020		König **Saul. Rizpa. Goliat. Ahimelech.**
um 1000		König David. **Palti ben Lajisch. Urija. Batseba. Ahitofel.**
um 970		König Salomo. Bau des Ersten Tempels.
928		Reichsteilung, Nordreich (Israel) und Südreich (Juda).
722		Ende des Nordreiches, das assyrische Provinz wird. **Elischa ben Schafat. Amazja. König Ahas. Jona.**

608	Schlacht Judas gegen Pharao Necho bei Meggido. Die großen Propheten des Südreichs: Jesaja (740-701) und Jeremia (627-585).
597	Erste Deportation von Judäern nach Babylon. **Elnatan ben Achbor.**
586	Jerusalem wird vom babylonischen König Nebukadnezar erobert, der Erste Tempel zerstört. Ende des Südreiches. Beginn der Babylonischen Gefangenschaft. **Der Freiheitsdichter.**
586-536	Babylonisches Exil. Beginn des Judentums. Es bilden sich fromme Gemeinden, die an der Tradition der Väter festhalten.
538	Perserkönig Kyros (558-529), der das Babylonische Reich erobert hat, gestattet den Juden die Rückkehr nach Palästina und den Bau des Zweiten Tempels. Esra und Nehemia geben die geistigen Impulse.
515	Einweihung des Zweiten Tempels.
479	**Esther** wird Gemahlin des Perserkönigs Xerxes I. (Ahasveros). **Bigtan** und **Teresch.**

In diese Zeit werden die biblischen Geschichten hineinerzählt, die Frage der Historizität bleibt hier außer acht. Die im Buch vorgestellten Gestalten sind im Druck hervorgehoben.

LEO BAECK COLLEGE

Das **Leo Baeck College für Jüdische Studien** wurde 1956 gegründet. Nach dem Verlust europäischer Studienzentren durch den Holocaust und aus dem Bedürfnis der wachsenden Anglo-Jüdischen Gemeinschaft nach Erneuerung ihrer geistig-religiösen Führung heraus entstand der Wunsch, eine jüdische Hochschule zu gründen, an der die Traditionen jüdischer Wissenschaft in Europa fortgeführt werden konnten. Zu den eifrigsten Befürwortern des Unternehmens gehörte Rabbiner Dr. Leo Baeck, eine der bedeutendsten Gestalten des Judentums im 20. Jahrhundert. Leider konnte Rabbiner Baeck nicht mehr selbst als Lehrer an der neugeschaffenen Einrichtung wirken. Nach seinem Tod erhielt das College seinen Namen in der Hoffnung, daß an dieser Stätte Baecks Engagement für alle Aspekte jüdischen Lebens und Denkens weiterleben möge.

Bei der Gründung des Leo Baeck College wurden als Ziele der Institution festgeschrieben: »... *die Erforschung des Judentums in einem Geist der Verehrung für die jüdische Tradition, verbunden mit akademischer Freiheit und wissenschaftlicher Objektivität, voranzutreiben; die Kenntnis des Judentums in der jüdischen Gemeinschaft zu fördern und Rabbiner und Lehrer für moderne jüdische Gemeinden in Großbritannien und in anderen Ländern, insbesondere in Europa und im Commonwealth, auszubilden.«

Es ist das Anliegen des Leo Baeck College, Rabbiner mit einem wachen Bewußtsein für die lebendige Tradition des Judentums auszubilden, die ihnen in ihrem Dienst für Gott und ihre Mitmenschen eine Hilfe sein soll.

Seit 1989 ist das Leo Baeck College als akademische Ausbildungsstätte anerkannt. Die am College gepflegte Verbindung von rabbinischer und akademischer Forschung hat neue Möglichkeiten für das Studium des Judentums eröffnet. Neben der Ausbildung von Rabbinern, Religionslehrern und verwandten Berufen bietet das College auch Interessierten, die aus Nachbarwissenschaften kommen oder einfach ihr Wissen erweitern möchten, entsprechende Hochschulkurse an.

Jonathan Magonet

Wie ein Rabbiner seine Bibel liest

239 Seiten. Kt.
[3-579-01440-4] GTB 1440

Dem Rabbiner Jonathan Magonet
gelingt es auf inspirierende Art und
Weise, die Tradition der zweittau-
sendjährigen jüdischen Bibelexegese
mit heutigen textkritischen Ansät-
zen zu verknüpfen. Immer wieder
nähert sich dieser Bibelenthusiast
dem heiligen Text aus einer Fülle
unterschiedlicher Perspektiven –
seien es Theologie, Literaturkritik,
Psychoanalyse oder Sozialwissen-
schaften.

Gütersloher
Verlagshaus

Gerhard von Rad

Weisheit in Israel

427 Seiten. Kt.
[3-579-01437-4] GTB 1437

Neben Geschichte und Prophetie ist
»Weisheit der dritte Schwerpunkt
des Alten Testaments – von der
salomonischen Aufklärung bis zur
spätjüdischen Apokalyptik spannt
sich der Bogen dieser geistig-geistli-
chen Tradition.

Theologie des Alten Testaments

Band 1:
Die Theologie der geschichtlichen
Überlieferungen Israels.
10. Auflage. 512 Seiten. Kt.
[3-579-05002-8] KT 2

Band 2:
Die Theologie der prophetischen
Überlieferungen Israels. 10. Auflage.
474 Seiten. Kt.
[3-579-05003-6] KT 3

Dieses Werk eignet sich wegen seines klaren Stils und durchsichtigen
Aufbaus auch als Lektüre für Laien,
die ernsthaft in die Glaubenswelt
Israels eindringen wollen.

Gütersloher Verlagshaus